华东政法大学65周年校庆文丛

程序法治框架中的侦查权运作机制论衡

倪铁 / 著

法律出版社
LAW PRESS·CHINA

崛起、奋进与辉煌
——华东政法大学 65 周年校庆文丛总序

2017 年，是华东政法大学 65 华诞。65 年来，华政人秉持着“逆境中崛起，忧患中奋进，辉煌中卓越”的精神，菁莪造士，棫朴作人。学校始终坚持将学术研究与育人、育德相结合，为全面推进依法治国做出了巨大的贡献，为国家、为社会培养和输送了大量法治人才。一代代华政学子自强不息，青蓝相接，成为社会的中坚、事业的巨擘、国家的栋梁，为社会主义现代化和法治国家建设不断添砖加瓦。

65 年栉风沐雨，华政洗尽铅华，砥砺前行。1952 年，华政在原圣约翰大学、复旦大学、南京大学、东吴大学、厦门大学、沪江大学、安徽大学、上海学院、震旦大学九所院校的法律系、政治系和社会系的基础上组建而成。历经 65 年的沧桑变革与辛勤耕耘，华政现已发展成为一所以法学为主，兼有政治学、经济学、管理学、文学、工学等学科的办学特色鲜明的多科性大学，人才培养硕果累累，科研事业蒸蒸日上，课程教学、实践教学步步登高，国际交流与社会合作事业欣欣向荣，国家级项目、高质量论文等科研成果数量长居全国政法院校前列，被誉为法学教育的“东方明珠”。

登高望远，脚踏实地。站在新的起点上，学校进一步贯彻落实“以人为本，依法治校，质量为先，特色兴校”的办学理念，秉持“立德树人，德法兼修”的人才培养目标，努力形成“三全育人”的培养管理格局，培养更多应用型、复合型、高素质的创新人才，为全力推进法治中国建设和高等教育改革做出新的贡献！

革故鼎新，继往开来。65 周年校庆是华东政法大学发展史上的重要里程碑，更是迈向新征程开创新辉煌的重要机遇。当前华政正抢抓国家“双一流”建设的战略机遇，深度聚焦学校“十三五”规划目标，紧紧围绕学校综合改革“四梁八柱”整体布局，坚持“开门办学、开放办学、创新办学”发展理念，深化

“教学立校、学术兴校、人才强校”发展模式，构建“法科一流、多科融合”发展格局，深入实施“两基地（高端法律及法学相关学科人才培养基地、法学及相关学科研究基地）、两中心（中外法律文献中心、中国法治战略研究中心）、一平台（“互联网＋法律”大数据平台）”发展战略，进一步夯实基础、深化特色、提升实力。同时，华政正着力推进“两院两部一市”共建项目，力争到21世纪中叶，能把学校建设成为一所“国际知名、国内领先，法科一流、多科融合，特色鲜明、创新发展，推动法治文明进步的高水平应用研究型大学和令人向往的高雅学府”。

薪火相传，生生不息。65周年校庆既是对辉煌历史的回望、检阅，也是对崭新篇章的伏笔、铺陈。在饱览华政园风姿绰约、恢弘大气景观的同时，我们始终不会忘却风雨兼程、踏实肯干的“帐篷精神”。近些年来，学校的国家社科基金法学类课题立项数持续名列全国第一，国家社科基金重大项目和教育部重大项目取得历史性突破，主要核心期刊发文量多年位居前茅。据中国法学创新网发布的最新法学各学科的十强排名，学校在法理学和国际法学两个领域排名居全国第一。当然我们深知，办学治校犹如逆水行舟，机遇与挑战并存，雄关漫道，吾辈唯有勠力同心。

为迎接65周年校庆，进一步提升华政的学术影响力、贡献力，学校研究决定启动65周年校庆文丛工作，在全校范围内遴选优秀学术成果，集结成书出版。文丛不仅囊括了近年来华政法学、政治学、经济学、管理学、文学等学科的优秀学术成果，也包含了华政知名学者的个人论文集。这样的安排，既是对华政65华诞的贺礼，也是向广大教职员工长期以来为学校发展做出极大贡献的致敬。

65芳华，荣耀秋菊，华茂春松，似惊鸿一瞥，更如流风回雪。衷心祝愿华政铸就更灿烂的辉煌，衷心希望华政人做出更杰出的贡献。

华东政法大学65周年校庆文丛编委会

2017年7月

目　录

序

近年来,《余罪》《法医秦明》《卧底归来》等刑侦剧热播,吸引了一大批粉丝的追剧狂潮。细思之,刑侦剧的热潮似乎从未退却,中外莫不如是,从20世纪80年代的《便衣警察》《追捕》,到90年代的《英雄无悔》,再到《黑冰》《黑洞》《黑雾》,再到如今的《犯罪心理》《犯罪现场》《名侦探柯南》《神探夏洛克》等,它们打造了一个又一个曲折迷离的侦查破案传奇故事。从这一角度,我们可以说:侦查,从来都未从公众的视野中离开。它从不同的视角折射出自己的百变魔幻之姿:或是作家笔下神机妙算的大侦探,或是平民茶余饭后的密室游戏,或是民众闻之惊悚的变态凶案调查。在民间,"福尔摩斯""波罗""柯南""余罪"为民众平凡的生活平添了几分情趣。

侦查,既有光明正大的一面——收集证据、证实罪行、落实刑罚的打击犯罪的国之利器;同时,它又有着黑暗阴冷的一面——煎熬便衣警察的暗夜、约束公民权利的桎梏、再次切割被害人心灵之伤的手术刀,它往往与冰冷的犯罪阴谋、狡诈多智的罪犯、血腥弥漫的现场、凌乱晦暗的指纹脚印、明枪暗箭、斗智斗勇、法网恢恢、推理重构等词汇相勾连。

作为践行有"小宪法"之称的《刑事诉讼法》的最为重要的审前程序,侦查程序承担了切实保障公民刑事诉讼法权利的第一卫士角色。侦查处于刑事司法程序的靠前环节,一旦失去了有效规制,就不会被权力迅速俘获。在审判中心的司法改革尚未完成的当下,侦查权力就会左右整个刑事司法,审查起诉和审判程序就成了侦查程序的形式和附庸,实质上也就形成了侦查中心主义。[1]诚然，中国现今侦查程序越来越多地蕴含“人权保障”的内容：律师介入侦查程序以辩护人的身份越来越尽职地护卫着犯罪嫌疑人的程序权利，非法证据排除规则越来越体系化和程序化，重大侦查行为实施过程中的刑事见证制度渐臻完备。但是，近年来公众关注的“聂树斌案”“内蒙古呼格吉勒图冤案”等为代表的一系列错案被曝光并得以昭雪，一方面使得中国侦查体制备受指责，另一方面使得侦查程序异化及侦查权力控制成为学者热议的主题。2017年3月12日，在第十二届全国人大五次会议第三次全体会议上，最高人民检察院检察长曹建明作最高人民检察院工作报告时指出：深刻反省检察环节自身把关不严的沉痛教训，着力健全冤错案件发现报告、审查指导、监督纠正、赔偿问责等长效机制。曹建明指出：2016年，检察机关监督纠正违法取证、违法适用强制措施、刑讯逼供等侦查活动违法情形34,230件次，审查并纠正了聂树斌案、谭新善案、“沈六斤”案、李松案、刘吉强案、杨德武案等重大冤错案件。[2]这些冤假错案暴露出来的侦查权误用滥用问题，引发了不同背景的专家学者的深层次思考。

法治是治国理政的基本方式。在侦查程序运作中，法治也是治理侦查乱象和约束侦查权的基本方式，由是观之，刑事程序法治也应当是侦查权运作的题中之意。但是，当前中国侦查行为缺乏有效程序控制机制，侦查权背离了制度设计的初衷，某种程度上异化为“强职权主义”刑事诉讼模式下刑事斗争的工具，侦查程序也更多地体现出了“线型”的行政治罪色彩，侦查实践存在诸多不合理现象，不破不立、诱骗供信、违规羁押等非法侦查行为屡禁不绝，缺乏律师全面深度参与的侦查讯问程序更是弊病丛生。[3]通过对侦查权运行及其程序性控制体系的研究深入分析相关困境成因，有利于对中国现行侦查权运行机制的缺陷进行系统反思，也期望相关研究能够为中国侦查权力运行和侦查程序的合理化重构提供一些学理参考。

---

〔1〕 参见何家弘：《从侦查中心转向审判中心——中国刑事诉讼制度的改良》，载《中国高校社会科学》，2015年第2期；朱玉玲：《从以侦查为中心走向以审判为中心》，载《河南科技大学学报》（社会科学版）2016年第24卷第1期。

〔2〕 参见：《曹建明检察长作最高检工作报告（全文）》，载http://www.spp.gov.cn/tt/201703/t20170312_185077.shtml，最后访问日期：2017年3月16日。

〔3〕 参见张佐良：《当前我国讯问模式的主要缺陷和改革发展方向》，载《中国人民公安大学学报》（社会科学版）2010年第1期。

富有社会责任感和学术担当的学者更加关注侦查权运作过程中所折射出来的社会意义和法治意义，他们关注侦查法律术语和侦查程序所蕴含的人本精神和法治蕴意，关注侦查权力本身的扩展性及其有效制衡，关注侦查程序运作过程中的失范和异化现象，关注侦查程序公开所产生的社会参与意义，关注侦查作为法律制度资源的激励机制，关注情报引导下的侦查机制高效运作，关注侦查程序变革的他山之石，等等。从这些或隐或现于侦查程序运作过程中的各种透视角度看，侦查程序越来越多地成为一个社会法治程度的试金石！

针对侦查程序法治化和侦查权合理制衡的问题，已经有不少学者从不同视角开展相关研究。当前相关研究主要有以下几种类型：

第一，从比较研究角度，主张规范侦查行为、限制侦查权以建构法治化的侦查程序。如孙长永等学者（《侦查程序与人权》，中国方正出版社2000年版）从比较法的角度，细致研究各国的侦查程序法治和人权保障，提出了侦查权控制的问题，但尚未全面展开对侦查文化、侦查行为异化及其程序性控制机制的学术研究。

第二，以侦查程序运作本体论研究为出发点，主张从刑事实体法和程序法两个方面来约束侦查权力、规范侦查行为。如谢佑平、万毅（《刑事侦查制度原理》，中国人民公安大学出版社2003年版）从侦查制度的不同角度切入研究侦查体制的运作；杨郁娟（《侦查权的逻辑与经验》，中国人民公安大学出版社2010年版）从侦查权的主体分析入手，研究侦查权的性质、内容和控制等运作情况，从而规范侦查行为，但并没有将侦查程序及其具体行为作为其研究的重心，也没有涉及侦查异化现象及其法文化研究等。

第三，还有学者从侦查权力架构和配置等角度出发，主张建构合理的侦查权力系统，以此规范侦查程序运作。如周欣等学者（《侦查权配置问题研究》，中国人民公安大学出版社2010年版；刘方：《检察侦查权配置及应用研究》，中国检察出版社2012年版）则从权力配置角度研究了侦查权的横向和纵向结构问题，并提出了侦查权的优化路径，重构了侦查程序运作机制，他们尤其侧重于对警察侦查权、侦查程序的研究，对检察机关的侦查行为的程序控制机制研究尚不充分，也未能充分展开对侦查程序异化现象的研究。

第四，从侦查权力实际运行的角度出发，主张对侦查权进行全面控制，对侦查程序进行系统重构。如徐美君等学者（《侦查权的运行与控制》，法律出版社2009年版）则较为系统地研究了侦查权的运行，并建议对侦查权进行有效控制。但尚未涉及刑事侦查行为程序性控制及其法文化分析研究。

第五，从宪法学、检察学等专业视角透彻地研究侦查权力控制和侦查行为规范。如孙煜华（《侦查权的宪法控制》，法律出版社2014年版）撰文从宪法对侦查权的制约以及技术侦查批准手续等具体侦查行为合宪性进行论证。还有学者从职务侦查权控制体系的历史演变历程入手，分析侦查程序运作机制的历史经验和教训（王晓霞：《职务犯罪侦查制度比较研究——以侦查权的优化配置为视角》，中国检察出版社2008年版）；也有人著文以实证研究的方法，从侦查权内部控制角度来研究侦查权的程序性控制问题。

在国外，也有不少学者关注侦查行为规范、侦查权控制和侦查程序合理建构。一方面，国外学者（P.J.P.Tak, *The Dutch Criminal Justice System*, Willem-Jan van der Wolf, 2008）从程序人权保障的角度出发，在主张保护犯罪嫌疑人、被害人、证人等程序权利的同时，要求加强对侦查权进行严格制约。另一方面，不少研究者（Michael J.Palmiotto, *Criminal Investigation*, University Press of America, Inc. 2004; Madeleine Colvin, Jonathan Cooper, *Human Rights in the Investigation and Prosecution of Crime*, Oxford University 2009）从侦查行为的具体运作角度出发，关注具体侦查行为的合法性，主张以严格的证据规则和刑事诉讼程序来控制侦查权。

通过研究侦查程序人本精神蕴含、侦查正当程序建构、侦查权理论定位、侦查程序公开、侦查运作激励机制、侦查情报机制、侦查程序简约等问题，本书试图在借鉴其他国家侦查权制衡机制的基础上，建构符合中国刑事司法特点的侦查程序性控制体系。本书在行文中有如下几点较有特色：第一，研究视角专注于刑事法治立场，专门研究侦查行为的正当程序规制。第二，不仅关注侦查机制的当下状况，也着力挖掘侦查程序优化的法文化资源。第三，从实证研究的角度，关注中国侦查运作程序的异化现象与侦查程序的失范研究。第四，着力找寻适合中国侦查权力运作机制的激励路径。第五，研究目标不仅仅致力于控制侦查权、规范侦查程序运作，更关注侦查与审判、辩护之间的程序性制约与平衡机制。通过研究侦查程序机制异化现状，寻求合理规制侦查程序运作的路径，构建科学对策体系——内部制衡机制优化、外部制衡机制构建、权利制衡权力——能够为中国侦查权和侦查程序的合理化重构提供有益的参考，为中国刑事司法体制的完善建言献策。

第一章 侦查程序人本精神论略

对人的主体地位和基本权利的尊重，是所有法治国家侦查程序的应有之义。2006年，德国联邦宪法法院即在针对电子数据缉捕行动案件判决中宣称："并不否认国家采取措施有效地对抗恐怖主义威胁的必要性，承认警察机关有权发展新手段，以应对新的危险。"但是，侦查手段"只能以法治国家的方式为限""自由与安全之间的平衡只能由立法者来加以调整，警察机关不可以从根本上使重心发生偏移"。[1]中国在现代化的进程中，一方面厉行法治，另一方面也关注人的主体地位，提出"以人为本"来推进法治社会的建设。现行宪法在2004年第四次修正案在第33条增加一款，规定"国家尊重和保障人权"，从而在根本大法的层次上进一步体现了人本精神。在侦查程序的重构和实践过程中，以人为本精神作为制度革新的内质支撑具有特别重要的意义。在刑事诉讼框架中，"打击犯罪"与"保障人权"被设定为侦查程序的双重目标；但由于侦查主体同时作为犯罪追诉者的诉讼角色和地位，公安机关、人民检察院、监察委员会等侦查主体往往自然而然地将"打击犯罪"视

---

〔1〕 杨玉生：《德国电子数据缉捕行动引发的诉讼》，载《现代世界警察》2017年第3期。

为侦查程序的首要追求，[1]它最有可能对人权进行过度限制；特别是在我国“职权主义”倾向严重的侦查程序构造中，侦查权力扩张性明显、程序权利保障欠缺，当事人的权利与侦查权力之间的冲突迭起，应当以法律的人本精神为指导，改造现行的侦查程序。在侦查程序运行的司法实践中落实人权保障，其核心就是：以人为本，推进侦查程序的正当化建设，使权利和权力达到形式与内容的和谐。

一、人本精神及其侦查程序法治表象

人本精神以人为出发点和落脚点，它是内化于现代法律制度中的一种抽象准则，无论是在中国传统文化和西方文明中，都有迹可循。人文精神的理念渊源极为久远，在侦查程序法治发展中，它也形成了极为丰富的程序法治蕴意。

（一）人本精神理念定位及溯源

人本，即“以人为本”；作为一种内化于人们理念深处的处理和解决问题的准则，人本精神包含了丰富的内涵。在哲学层面上，人本精神具有与人文主义精神同等的价值蕴涵。人本精神的理念基础是：基于对人的主体地位、尊严、生命、价值和权利的认知，强调人的社会活动主体性和意志自由性，把每个个体都视为目的本身，而非实现目的的工具。其核心意义是：尊重人的生命和价值，强调人的主体地位，要求以人为中心对社会的政治、经济和文化进行

---

〔1〕 监察委员会作为职务犯罪侦查主体的新制度设计，制度改革依据是“在北京市、山西省、浙江省及所辖县、市、市辖区设立监察委员会，行使监察职权。将试点地区人民政府的监察厅（局）、预防腐败局及人民检察院查处贪污贿赂、失职渎职以及预防职务犯罪等部门的相关职能整合至监察委员会……二、试点地区监察委员会按照管理权限，对本地区所有行使公权力的公职人员依法实施监察；履行监督、调查、处置职责，监督检查公职人员依法履职、秉公用权、廉洁从政以及道德操守情况，调查涉嫌贪污贿赂、滥用职权、玩忽职守、权力寻租、利益输送、徇私舞弊以及浪费国家资财等职务违法和职务犯罪行为并作出处置决定，对涉嫌职务犯罪的，移送检察机关依法提起公诉。为履行上述职权，监察委员会可以采取谈话、讯问、询问、查询、冻结、调取、查封、扣押、搜查、勘验检查、鉴定、留置等措施。三、在北京市、山西省、浙江省暂时调整或者暂时停止适用《中华人民共和国行政监察法》，《中华人民共和国刑事诉讼法》第三条、第十八条、第一百四十八条以及第二编第二章第十一节关于检察机关对直接受理的案件进行侦查的有关规定，《中华人民共和国人民检察院组织法》第五条第二项，《中华人民共和国检察官法》第六条第三项，《中华人民共和国地方各级人民代表大会和地方各级人民政府组织法》第五十九条第五项关于县级以上的地方各级人民政府管理本行政区域内的监察工作的规定。其他法律中规定由行政监察机关行使的监察职责，一并调整由监察委员会行使”。参见2016年12月25日《全国人民代表大会常务委员会关于在北京市、山西省、浙江省开展国家监察体制改革试点工作的决定（草案）》。

全方位的塑造，建立起充分肯定人的价值和尊严的社会秩序。[1]同时，人本精神强调实现人的主体性，即人在机制运作中和社会生活中人的价值和功能问题。[2]而在法律领域中，人本精神体现为：重视公平、正义和理性，强调通过法律制度的设计保障个人平等、自由和权利，以及在法律地实施中充分地体现对人性的尊重。[3]

在我国古老的文明中，人本意识有丰富的本土资源可资追溯。在中国古代社会生活中，法律以刑为主，刑法严酷、司法擅断，但中国古老的法文化中依然蕴含深刻的"人本"意识。若从对人力量的关注角度来对中国文化中的人本意识进行追根溯源，则可以将研究视野拓展到两千多年前的先秦时代，当时著名的政治家管仲提出"以人为本""本治则国固，本乱则国危"。[4]汉代贾谊认为"民无不为本也"，唐太宗李世民提出了"国以人为本"的观点。在数千年绵延不绝的中华文明史中，儒家家学派致力于推行"民本"为基石的"仁"，并以礼教作为人本观念的理论载体，这也随着"礼法并用"的封建治国路线而深刻地浸入中国传统法律实践中，并在法律制度中体现为一系列的恤刑、整肃吏治以及司法公正等。但中国传统文化以维护等级特权为中心，并没有把所有人当作平等的个体来公正对待，所谓的"以人为本"也从来没有赋予民众以社会主体的地位。

中国古代的思想家们从巩固统治的"民本"的角度强调了人的重要性，包含现代法治精髓的"人本精神"却是纯正的西方文明"舶来品"，法治意义上的人本精神以及相关的理念体系是源于法治先行的西方国家。与"人本精神"相对应的英文是"humanism"，隐含人道主义、人文精神、人本主义、博爱精神和仁慈精神等广泛内涵。

西方思想家非常关注人的主体地位，并且无论是在内涵的体悟还是在外延的演绎上，都较中国古代思想家更贴近人性、切合理性。古希腊智者学派把人看作万物的核心和衡量事物存在与否的标准，"从而成为西方人本主义的最

〔1〕 参见吕世伦、张学超：《"以人为本"与社会主义法治——一种法哲学上的阐释》，载《法制与社会发展》2005年第1期。

〔2〕 参见王定顺、陈祖德：《职务犯罪侦查机制的实践与反思》，中国检察出版社2012年版，第168页。

〔3〕 参见何勤华：《西方法学史》，中国政法大学出版社1996年版，第109页。

〔4〕 参见高绍先：《传统刑法与以人为本》，载《现代法学》2005年第4期。

早思想”。[1]文艺复兴时期，人文主义作为反抗封建专制和神权压迫的重要武器，在西方世界得到更深层次的探讨。卢梭提出“人自身就是目的”的观点，而康德则从哲学上得出：在任何时候，都应当将人“同样看作是目的，永远不能只看作是手段”。[2]在西方的文化传统中，对个体本位的关注使得它们形成了荦荦大端的“人本主义”哲学体系，从个性出发，强调人的独立性和自由意志，并依此建立起了以保护人权为核心的法治体系，“近代以来西方国家的法律实践也充分印证了他们对人文精神的笃信”。[3]

（二）人本精神是程序法治精髓

法律的立足点一直是“世俗人”，规范的对象是人的具体行为，实现稳定合理的社会整体秩序，以保障社会成员的权利和利益。一言以蔽之，“法律的核心关怀是人”。[4]现代西方法治的理想以及实践，就其本质而言，就是对人的本性不断接近、不断回复的理念和实务运作。法治的道路，就是使人成为法律运作的价值和终极关怀，把人本身作为法治的逻辑起点和逻辑归宿，通过人性化的制度设计，尊重和保护一切人的合法权利。法律以尊重和保护人权的形式体现出了“人本精神”的法治精义，在法治社会中进行程序构建，同样要遵循现代法治所隐含的“人本精神”。

从西方的侦查程序法治化的发展轨迹可知：侦查的程序法治之所以能够形成，其根本原因在于它对人的尊重。实体法将“人之为人”的重要权利以法律的形式确定下来，并通过一系列复杂精巧的程序设计，使得人们在权利受到侵害时可以通过正当程序获得救济，从而实现其对法定权利的维护。在法治发展史上，对人的尊重和权利维护，一直与侦查程序法治化相伴相随。尽管人权保障的制度并非仅限于侦查程序，但从人权保障制度的近现代发展历史来看，人权保障确实是从侦查程序具有保障自由的作用扩展而来的。较早的也是最典型的体现人本精神的英国1215年《自由大宪章》就是通过对侦查程序的规定保障人权的。它有一项重要规定：任何人如未经其同级贵族之依法审

---

〔1〕 袁贵仁主编：《对人的哲学理解》，河南人民出版社1994年版，第257页。

〔2〕 ［美］E.博登海默：《法理学：法律哲学与法律方法》，邓正来译，中国政法大学出版社2001年版，第77页。

〔3〕 吕世伦、张学超：《“以人为本”与社会主义法治——一种法哲学上的阐释》，载《法制与社会发展》2005年第1期。

〔4〕 马长山：《法律的人本精神与依法治国》，载《法律与社会发展》2004年第4期。

判，或经国法判决，皆不得被逮捕、监禁、没收财产、剥夺法律保护权、流放或加以其他任何损害。时至今日，当代的《国际人权宪章》中，为保障人生活所必需的生命权、人身权、财产权以及隐私权，禁止非法逮捕或拘留等相关侦查程序事项的规定占了相当篇幅。即使是在“9·11”之后有人主张：对于某些恐怖分子，可以在经过严格举证和审批之后，对其实施刑讯，刑讯强度应以不威胁其生命为限度，[1]但总体来说，法治先行国家的侦查程序法治化进程充分地证明了：人本精神确实已经成为程序法治精髓，指导着侦查法治秩序的制度构建和实践运作。

在深层意义上，“以人为本”的人本精神构成侦查程序法治的核心和灵魂。法治背景下的侦查程序运作，就是以“人本精神”为指导的、充分尊重该刑事程序当事人的合法权利。侦查程序法治，就其本质而言，是指侦查程序的设置和运行必须依据合乎人生存、发展的正当性要求的法律，必须符合它所设定的促进自由和保障权利的目标，必须反映出对人的尊严和价值的尊重。正当侦查程序，由于其内容和形式的正当性，它必然是程序构造及其运行规律的理性表达；而侦查程序的运行规律要求其以人为本，为人而存在，并为保障侦查程序主体的自由和权利为主旨。可以说，正当侦查程序的构建、发展和变革，无不蕴含时代的人本精神诉求，人本精神某种意义上构成正当侦查程序的理念精髓。

二、侦查正当程序是人本精神程序表达

“人权是一种世俗的人文主义”，[2]在侦查程序领域中，与人文主义具有同等意义的人本精神集中反映为对程序参与人的个体权利的维护，反映出对程序主体诸项价值追求的保障。

（一）程序人权是人本精神的程序外化

人权是从不同的宗教、政治、种族和哲学背景中抽象出来的一种有限的普

---

〔1〕 本观点由哈佛大学法学院著名教授艾伦·德肖维茨提出。参见何帆：《大法官说了算》，中国法制出版社2016年版，第271页。

〔2〕 [美]迈克尔·伊格勒蒂夫：《作为偶像崇拜的人权》，胡水君译，载《环球法律评论》2005年第5期。

遍道德。[1]在侦查程序中，保障人权是通过侦查程序所保障的公民自由、平等、参与等诸项程序权利来实现的。侦查程序所保障的人权，没有超越一般人权的含义；但侦查程序中的人权并非是人权概念的简单置换，它具有侦查所独有的诉讼程序烙印，体现出特殊的程序人本精神。

1.侦查程序中人权的主体，是除国家机关之外的所有参与侦查程序的公民，包括了《刑事诉讼法》第106条中所规定的"当事人"和"诉讼参与人"，包括了当事人——犯罪嫌疑人、被害人，诉讼参与人——法定代理人、诉讼代理人、辩护人、证人、鉴定人和翻译人员；还包括了参与刑事案件现场勘查的刑事见证人等。其中，最主要的人权主体是处于被追诉地位的犯罪嫌疑人。人权主体不包括参与侦查程序的代表国家履行职务的警察、检察官、监察委员会官员、法官等。[2]所以，侦查程序中的人权仅仅涉及以诉讼参与人身份参与侦查程序的公民的权利，而不涉及其他身份公民的权利。

2.侦查程序中人权的内容是特定的，它主要是侦查程序参与人所享有的、不受国家侦查权力干涉的人身自由、财产、隐私等方面的权利。侦查程序中人权，由于其所处的特定诉讼阶段，它不会超出古典人权的含义，不会超出法定范畴而涉及公民的社会、经济和文化权利。虽然并不像某些学者论述的那么狭窄，"在所有的人权——人身自由、政治权利、经济和社会权利中，刑事程序只具体地保护人身自由"，[3]刑事程序也保护涉入程序的公民的财产和隐私等合法权利。侦查程序也反映这一特性，它只为公民人身自由、财产自由、隐私自由的人权保障提供最为具体的保障措施。

3.在形式上，侦查程序中的人权仍采取自然权利、法律权利和实有权利三者高度统一的模式。侦查程序中的自然权利，是人权主体，特别是犯罪嫌疑人，作为一个侦查程序参与者所应当享有的程序权利——参与权、平等权、受尊重权、沉默权、不得自证其罪权、程序违法的救济权等。侦查程序中的法律权利，则是指那些被我国法律法规所确立下来的、为人权主体所享有的程序权

---

〔1〕 参见Johannes Morsink, The Universal Declaration of Human Rights, Orgins, Drafting and Intent, Philadelphia：University of Pennsylvania Press, 1999。

〔2〕 中国在2016年12月26日，在实务部门的制度实践中开始启动了国家监察委制度改革，监察委员会整合了原隶属于检察机关的职务犯罪侦查的职能。但相关法律制度尚未明确监察委员会履行职务犯罪侦查的人员身份是否为监察官，亦未及时组织立法起类似检察官法的监察官法。

〔3〕 锁正杰：《刑事程序的法哲学原理》，中国人民公安大学出版社2002年版，第239页。

利——自行辩护权、聘请律师权、申请回避权等。而实有权利则是指那些人权主体实际享有的程序权利，实有权利往往是那些有法律规定的、有完善保障措施的、有配套救济程序的法定权利。在侦查程序的人权保障实践中，往往是自然权利大于法定权利，法定权利大于实有权利。

（二）保障人权是人本精神的集中体现

《刑事诉讼法》第106条规定，“侦查”是指公安机关、人民检察院在办理案件过程中，依照法律进行的专门调查工作和有关的强制性措施。侦查程序只是刑事诉讼程序中的一个特定阶段，侦查程序制度作为制度或规范层面上的权力运作机制，是侦查权力行使的步骤和方式的总称，侦查程序立足于控制和约束侦查权力的扩张性，着眼于使侦查权力行使具有程序合目的性，以保障人权在侦查过程中的实现。

一方面，人权保障是侦查程序的重要功能和目标。人权是“人之为人”的权利，即作为人应当享有的尊严、权利、利益和自由。[1]人权是从“人本主义”的视角出发来还原人的自然需求和社会需求，它从人安身立命的根本需要层次上揭示了人的本性，其落脚点还是“人”，强调对人性的尊重和满足。人权具有博大精深的内涵，其外延几乎涵括了人的自然本性和社会本性的一切基本需求。构建完备的侦查程序规则体系，使侦查权力的运作有章可循、有据可依，一方面是出于迅速查明案情、控制犯罪的考虑；但侦查程序的设置在另一方面也给侦查权力提供了条件界定、步骤限定和方式限制，从而保障了涉入侦查程序公民的人权。此外，人权保障的目标还赋予了侦查程序的正当价值，即只有保障人权的侦查程序才是正当的侦查程序。

另一方面，侦查程序体现着人权，并保障其在侦查实践中的落实。现代侦查制度大都形成了系统的人权保障体制，这种人权保障体现为具体的侦查程序规定了对具体侦查措施的适用条件、方式、步骤以及救济等。通过程序的合理设计，在不同的侦查程序主体之间科学地进行权利配置，并引导权力以人权为中心进行运作，从而保证人权在侦查实践中的落实。

（三）正当程序是人本精神的程序表达

一项符合法治标准的侦查程序，必须切合人本身的自然和社会需求，体现

〔1〕 参见尤俊意：《坚持以人为本理念，实现多元利益和谐统一》，载《政治与法律》2005年第3期。

"以人为本"的人本精神诉求。它也必须体现自由和秩序的程序价值,因其遵循宪法化和国际化的程序公正标准,符合正义标准的侦查程序被称为正当侦查程序。正当侦查程序应包含以下内容:[1]

1.侦查程序静态构造上的公正

犯罪嫌疑人权利的重大侦查措施的决定者应中立而独立,对侦查权力予以司法控制,保障人权的实现。侦查程序作为刑事诉讼程序的一部分,它必须具有诉讼的形式和构造,而最基本的诉讼主体构造就是"三方组合",即司法裁判者、追诉者和被追诉者三方,司法裁判者中立而独立地处分犯罪嫌疑人的重要权益,审批重大侦查行为。而侦查机关不得同时行使司法裁判者的权力,否则便会形成针对犯罪嫌疑人所运行的"行政治罪"不合理侦查格局,而我国当前的"线型"侦查权运作程序格局正好不幸落入该体制陷阱中。[2]

侦查机关与犯罪嫌疑人的程序主体地位应平等,以程序权利抗衡侦查权力。侦查程序中控辩双方的这种平等,并不是指两者在具体行为采取上的平等,而是指侦查机关和犯罪嫌疑人都具有平等的诉讼程序主体地位,犯罪嫌疑人不像在纠问式诉讼构造中处于客体地位,他不仅仅是被追究的对象,同时还是一个有正当权益需要加以保护的公民,其被赋予充分的程序权利来平等抗衡侦查机关的侦查权力。

2.侦查程序动态运行的公正

程序主体必须自主地、富有意义地参与到侦查程序中来,从而在程序运行中落实人权。正当侦查程序能够为程序主体,特别是为犯罪嫌疑人提供充分的参与机会,通过赋予其知悉权、申辩权、救济权等,使其能积极参加侦查程序;侦查权力主体应保障犯罪嫌疑人的这种权利,并在采取侦查行为时充分考虑犯罪嫌疑人的陈述、申辩等,使程序参与对该侦查程序结果产生积极影响。

阳光是最好的防腐剂。程序公开一直被视为正当程序的基本原则和重要指征,侦查程序的运行应做到适度公开,以公开实现对侦查权力的监督和制

---

〔1〕 参见樊崇义主编:《诉讼原理》,法律出版社2003年版,第59页。

〔2〕 参见牟军:《我国侦查程序的缺陷与重构——以刑事侦讯为视角》,载《西南民族大学学报》(人文社会科学版)2010年第4期。

约。“正义不仅得到实现，而且要以看得到的方式得到实现。”[1]在侦查程序的运行中，除了必须保密的事项外，侦查程序性事项应当对程序主体、司法机关以及社会公众公开。此外，侦查程序的公开不同于一般的诉讼程序公开，在具体实践中应做到在社会公共利益、人权保障之间的平衡。

三、当前侦查程序的“人本”困境及其归因

有多少个不同的分析视角，就有多少个不同的侦查程序形象；从人本精神的视角出发，我们将会发现当前中国的侦查程序面临着权利保障不力、权力扩张的“人本”困境。

（一）侦查程序中“人本”困境

在当前宪政体制框架中，立法、执法和司法各环节都相当关注侦查程序中的人权保障，制定了相当多的规则对侦查程序予以细致规范：《刑事诉讼法》第二编第二章设“侦查”专章，占程序规定的五分之一篇幅；公安部2012年发布的《公安机关办理刑事案件程序规定》大部分与侦查有关；2012年的《人民检察院刑事诉讼规则》单立“侦查”一章，而且在“强制措施”“审查逮捕”的两章中有大量条文涉及侦查程序。虽然规范侦查程序的法律规范已初成体系，但从人权保障角度来看，在侦查权运作的某些领域中，我国的侦查程序设置及其运作存在较为明晰的非理性，实践中形成“把秩序置于民主和个人自由之上”[2]的“人本困境”。

一方面，侦查程序的弱势参与人的人权缺乏足够的制度保障：

1.犯罪嫌疑人的程序权利范围过窄

其一，侦查阶段的犯罪嫌疑人辩护权并没有得到全面切实落实。2013年1月1日起施行的《刑事诉讼法》第33条规定：犯罪嫌疑人自被侦查机关第一次讯问或者采取强制措施之日起，有权委托辩护人；在侦查期间，只能委托律师作为辩护人。侦查机关在第一次讯问犯罪嫌疑人或者对犯罪嫌疑人采取强制措施的时候，应当告知犯罪嫌疑人有权委托辩护人。第36条规定：辩护律师在

---

〔1〕 西方法谚曰：The justice must be done, and it must be seen。

〔2〕 W.T.De Bary, *Asia Values and Human Rights*, *A Communitarian Perspective,* Cambridge, Harvard University Press, 1998, pp.1-16. 转引自［美］迈克尔·伊格勒蒂夫：《作为偶像崇拜的人权》，胡水君译，载《环球法律评论》2005年第5期。

侦查期间可以为犯罪嫌疑人提供法律帮助；代理申诉、控告；申请变更强制措施；向侦查机关了解犯罪嫌疑人涉嫌的罪名和案件有关情况，提出意见。第37条则规定了：辩护律师可以同在押的犯罪嫌疑人、被告人会见和通信。虽然，该法首次赋予了律师有权以辩护人身份参与侦查阶段。但在侦查阶段，只允许律师介入，但不允许犯罪嫌疑人一方聘请不具有律师身份的其他法律专家以辩护人的身份参与辩护。此外，辩护律师参与侦查程序的广度和深度有限，并未获得讯问、扣押、搜查等重大侦查行为实施时的在场权。

其二，犯罪嫌疑人会见辩护人的权利得不到全面实现。《刑事诉讼法》第37条规定：辩护律师持律师执业证书、律师事务所证明和委托书或者法律援助公函要求会见在押的犯罪嫌疑人、被告人的，看守所应当及时安排会见，至迟不得超过48小时。危害国家安全犯罪、恐怖活动犯罪、特别重大贿赂犯罪案件，在侦查期间辩护律师会见在押的犯罪嫌疑人，应当经侦查机关许可。可喜的是，律师要求会见犯罪嫌疑人基本都能够在48小时内得到安排，但犯罪嫌疑人主动要求会见自己委托的律师，得经过侦查机关的准许和安排，但法律并未明确规定如何保障犯罪嫌疑人主动提起会见律师的程序和时限。

其三，犯罪嫌疑人的沉默权未得到法律的确认。《刑事诉讼法》第118条规定：侦查人员在讯问犯罪嫌疑人的时候……犯罪嫌疑人对侦查人员的提问，应当如实回答。但是对与本案无关的问题，有拒绝回答的权利。在侦查讯问时，犯罪嫌疑人负有“如实回答”的义务，对“与本案有关的问题”不享有沉默的权利。同时，法律并没有明确侦查讯问时的律师在场权，这又留下了较大的诱供骗供等非法讯问的行为空间。

其四，犯罪嫌疑人的程序知情权得不到全面落实。诚如《刑事诉讼法》第118条规定的那样：侦查人员在讯问犯罪嫌疑人的时候，应当首先讯问犯罪嫌疑人是否有犯罪行为，让他陈述有罪的情节或者无罪的辩解，然后向他提出问题。基于侦查措施秘密原则，侦查对象所涉嫌的罪名以及已经掌握的确凿证据基本不向犯罪嫌疑人公开，特别是技术侦查措施的决定权、实施权由侦查机关一家独断，即使在技术侦查结束后也很少向犯罪嫌疑人公开所获得的证据以及技术侦查措施采取的依据等。

其五，犯罪嫌疑人的程序权利缺乏必要的救济。虽然法律规定：当事人和辩护人、诉讼代理人、利害关系人对于司法机关及其工作人员有下列行为之一的，有权向该机关申诉或者控告：（一）采取强制措施法定期限届满，不予以释放、解除或者变更的；（二）应当退还取保候审保证金不退还的；（三）对与案件无关的财物采取查封、扣押、冻结措施的；（四）应当解除查封、扣押、冻结不解除的；（五）贪污、挪用、私分、调换、违反规定使用查封、扣押、冻结财物的。受理申诉或者控告的机关应当及时处理。对处理不服的，可以向同级人民检察院申诉；人民检察院直接受理的案件，可以向上一级人民检察院申诉。人民检察院对申诉应当及时进行审查，情况属实的，通知有关机关予以纠正。但我国并未建立起重大侦查措施中立的司法审查机制，检察机关对侦查程序的监督先天滞后，对侵犯犯罪嫌疑人权利的违法侦查行为缺乏程序性制裁和其他及时救济路径，“无救济即无权利”，这构成了侦查程序人权保障的重要阻滞因素。

2.被害人权利保障不力

虽然我国2012年修改后的《刑事诉讼法》把被害人作为诉讼当事人对待，但其在侦查程序中的人权保障并不尽如人意。首先，在侦查程序中，被害人的程序知悉权利没有得到法律全面保障；没有把程序事项告知作为侦查机关的一项程序义务来规定，被害人无从知悉侦查情况，无法积极参加侦查程序。其次，在侦查阶段，被害人无权委托代理人；只有进入审查起诉阶段，他才能委托诉讼代理人，这不利于其合法权利的及时而充分维护。最后，对侦查阶段的被害人保护不力；我国并未建立起完善的被害人保护体系和相关的制度支持，被害人的人身权利、名誉权等易受不法行为的再次侵害。

3.证人权利得不到全面保障

《刑事诉讼法》第61条、第62条和第63条规定了较为粗疏的证人作证制度体系，“对于危害国家安全犯罪、恐怖活动犯罪、黑社会性质的组织犯罪、毒品犯罪等案件，证人、鉴定人、被害人因在诉讼中作证，本人或者其近亲属的人身安全面临危险的，人民法院、人民检察院和公安机关应当采取以下一项或者多项保护措施：（一）不公开真实姓名、住址和工作单位等个人信息；（二）采取不暴露外貌、真实声音等出庭作证措施；（三）禁止特定的人员接触证人、鉴定人、被害人及其近亲属；（四）对人身和住宅采取专门性保护措施；（五）其他必要的保护措施”。但目前我国没有建立起事前的证人保护的专门组织和人员，也缺乏明确的经费列支项目，对证人作证行为缺少足够的物质补偿。侦查程序中证人的合法的人身权利、财产权益得不到全面维护。

另外,"从秩序重于自由的传统出发",侦查机关"被赋予广泛的控制公民的权力",[1]且缺乏必要的程序制约,这大大压缩了参与侦查程序公民的权利空间:

1.我国现行法律法规赋予了侦查机关广泛的侦查权力,公安机关、检察机关、监察委员会可以在侦查中自行决定采取绝大部分的侦查行为,尤其是公安机关可以采取拘留、搜查、监视监听、邮检、扣押、查封等侦查措施,还可以依据行政性法规进行相关活动,除了逮捕措施必须经过检察机关的批准以外,其他侦查措施的采取均由侦查机关自行决定,而不受制于其他任何司法机关。我国未能实现侦羁分离,公安机关掌握着侦查权力和羁押权力,两种权力主体的身份同一,使得刑讯逼供和超期羁押屡见不鲜。据最高人民检察院2017年3月公布的数据,2016年有违法取证、违法适用强制措施、刑讯逼供等侦查活动违法情形34,230件次。[2]

2.侦查权运作的诸多方面缺乏具体程序规定;当前的《刑事诉讼法》只是在第50条笼统规定:侦查人员必须依照法定程序,收集能够证实犯罪嫌疑人有罪或者无罪、犯罪情节轻重的各种证据。严禁刑讯逼供和以威胁、引诱、欺骗以及其他非法方法收集证据,不得强迫任何人证实自己有罪。但并未明确可以使用诱骗进行讯问的条件、搜查证的签发制度、侦查程序违法的救济制度、便衣侦查人员的轻罪豁免制度等。目前尚缺少法律层面的细致全面规定,这就为不当侦查行为留下来广阔的自由裁量空间。

3.对侦查程序合法性的监督往往是滞后的,检察机关对侦查程序违法缺乏必要的监督手段,如对通知侦查机关立案而不立案的情形缺少相应的制裁手段;在今后监察委员会的职务犯罪侦查过程中,检察机关如何继续和加强监督这个拥有行政处置权和犯罪调查权的组织机构,也将是一个新的课题。

(二)"人本"困境的价值分析

从程序表象上看,我国目前的侦查程序陷入无法充分凸显人本精神的困

---

[1] [美]罗伯特·兰沃西、劳伦斯·拉特维斯Ⅲ:《什么是警察——美国的经验》,尤小文译,群众出版社2004年版,第54页。

[2] 参见《曹建明检察长作最高检工作报告(全文)》,载http://www.spp.gov.cn/tt/201703/t20170312_185077.shtml,最后访问日期:2017年3月16日。

境：侦查阶段的侦查权力呈扩张状态，而对参与侦查程序公民的人权保障则明显不力，在人权保障与权力扩张之间形成了剧烈的冲突。这种冲突源于中国传统人本理念的局限所致，也源于侦查程序对自由和秩序的双重程序价值追求的失衡。

1.自由的程序价值逐渐失落

自由价值反映了参与侦查程序公民的主体性和个体性，侦查程序所追求的自由是程序自由，即程序主体合乎程序目的地支配程序权利、选择诉讼行为。侦查程序所追求的自由价值，不是程序主体片面的需求满足，而是其侦查程序权利的全面维护；这种自由不是摆脱程序限制的主观任意性行为，而是合乎法治要义、正当程序的权利实现。

在侦查程序中，自由价值构成人权保障的程序价值基础。但我国历史上，人本实际上就是"民本"，其价值取向是以民为统治客体、为工具。"国家本位"观念、"义务本位"的法律意识深入人心，公民的"个人本位"思想和"权利意识"尚不发达，强大的、可与"政治国家"相提并论的"市民社会"观念尚未形成，这一法律文化意识反映到侦查程序的设置和运作中，就表现为不强调人的独立个体性和自由意志，自由价值取向淡化。而我国现代刑事诉讼制度建立以来，长期实行"强职权主义"的诉讼构造，更加剧了侦查程序自由价值的失落态势。

2.秩序的程序价值不断强化

如果说侦查程序的自由价值反映了人的自然本性，那么对秩序价值的尊崇，则充分体现了人的社会本性。秩序价值反映了侦查程序中权力运作的强制性和排他性，一般而言秩序是要实现"社会生活的某种稳定性，即在某种程度上长期保持它的形式"，[1]而侦查程序的秩序价值是要实现侦查权力运作的有序、高效，弘扬侦查程序的法治蕴义，以恢复被犯罪行为所破坏的社会的秩序。对秩序的尊崇导致对权力的膜拜，侦查权力[2]往往"以国家利益为名的理由要求保持不受制约的自由裁量权"。

秩序的程序价值构成了侦查权力扩张的价值基础。中国传统文化中的人

---

〔1〕 张文显：《法学基本范畴研究》，中国政法大学出版社1993年版，第258页。

〔2〕 [美]P.诺内特、P.塞尔兹尼克：《转变中的法律与社会：迈向回应型法》，张志铭译，中国政法大学出版社2004年版，第38页。

本主义者们关注群体精神和社会整体人格的塑造，突出弘扬人的社会性和集体性。集体主义观念、“家国一体”理念根深蒂固，传统法律文化提倡的不是个体价值、独立理念，而是积极宣教“义务本位”和信任国家权力，并教导民众尊奉“公共利益”，而最大的公共利益和国家需要就是秩序。这一价值追求体现在侦查程序中，就表现为扩大侦查权力，保证其高效运行以控制犯罪。目前，犯罪的高发态势、民众非理性的秩序偏好等因素都助长了侦查权力扩张趋向。

在中国传统的文化精神的指导下，侦查程序的两种价值追求也能在较低的层级上实现特定平衡。侦查程序对两种价值的追求，在大多数情况下是兼容的，侦查程序的设置和运行往往都尽力地“张扬人权”和“谦抑权力”，力图实现人权和权力在侦查程序中的和谐。但在以人本精神为内质的现代法治背景中，个人自由和权力秩序之间的冲突不可避免，这时在侦查程序中兼顾自由和秩序价值显得“不可欲”；甚至在特定情境下，侦查程序的实务运作要求必须择一而从，我国的侦查权力主体往往会下意识地优先考虑秩序价值的实现，而将自由价值置于秩序价值之下，这就形成了侦查程序中人权保障的不合理现状。

四、重塑凸显人本精神的正当侦查程序

“从国家追究犯罪的效果这个角度来观察中国的刑事程序，侦查毫无疑问的是整个程序的中心，在一定意义上也可以说，真正决定中国犯罪嫌疑人和被告人命运的程序不是审判，而是侦查。”[1]在这样的制度语境下，破解当前侦查程序中人权保障所面临的困境，关键在于使侦查的两种程序价值相协和，侦查程序在追求秩序价值的同时，更应弘扬程序法治的人本精神，着力于尊重和保障人权。其落脚点和突破点就在于：以人为本，推进侦查程序正当化建设。

（一）以法治理念重塑侦查程序的人本精神

在中国传统文化的人本意识中，虽然与西方法治文化同样对人的重要性给予了关注，但传统的人本意识从来都不曾赋予公民以社会主体的地位，也就未能对涉入侦查程序运行的公民的个体、权利、自由等予以充分的保障。在法

---

〔1〕 孙长永：《侦查程序与人权》，中国方正出版社2000年版，序言。

治现代化的背景之下，必须要用法治的理念来改造传统的人本意识，在侦查程序理念层面上，树立起健全的现代人本精神。

首先，要树立起程序主体本位的意识。在法治社会中，“法意识的最根本的基础因素是主体性的意识”，[1]任何人都要把人视为目的本身，而非实现目的的工具。无论是侦查权力机关，还是参与侦查程序的其他当事人，首先要认识到自己是作为程序主体的存在，同时尊重他人的程序主体地位；既要认识和维护自己在侦查程序运行中所具有的合法权益，也要认识和保障其他程序参与者的侦查程序权利。要在侦查程序参与者的内心深处强化主体本位的法治意识，并使以主体性为基础的人本精神升华为权利诉求的理念。

其次，应当树立起个体本位观念。[2]人作为个体，他是社会整体的基本构成单位；他只有获得独立的地位并拥有相应的权利，才能成为具有个性化的社会构成元素，才能整合成一个民主的、自由的、有创造力的法治社会整体。法治社会固然重视群体的存在，但更应关注个体的法治生存状况。侦查程序的法治化，就是要通过正当程序的构建，充分尊重程序主体的个性，保障他们个性化的合法权益。侦查程序参与者在体察人共性的同时，也必须要对程序主体的个性行为予以充分的关注，树立起个体本位观念，关心具体的人，保障人的具体程序权利。

最后，应当坚守权利本位理念。法治社会不同于以往其他形态的社会，一个重要的法治标志就是它的权利本位，而人本精神的实质应当是弘扬作为社会主体——人——具体的权利，弘扬人的主体意识和自主精神。人本精神要求侦查程序参与者必须认识到侦查权力的目标在于保障程序主体的合法权利，尤其要保障程序参与者所拥有的“优位于其他一切权利”的自由权利。应将权利本位理念作为人本精神的核心，并将之整合进侦查程序的设置、运作过程中。

（二）约束侦查权力以保障人权

构建司法审查制度，将独立而中立的裁判权主体引入侦查程序中，从而对侦查程序进行“诉讼化”改造。“允许以强制性侵犯公民的权利时，关键的是

[1] ［日］川岛武宜：《现代化与法》，申政武等译，中国政法大学出版社1994年版，第53页。

[2] ［美］迈克尔·伊格勒蒂夫：《作为偶像崇拜的人权》，胡水君译，载《环球法律评论》2005年第5期。

一方面必须对国家权力的强制权明确地予以划分与限制；另一方面必须由法院对强制性措施进行审查，使公民由此享受到有效的法律保障”，[1]应由法官作为中立的第三方介入侦查，对所有涉及公民权益的强制侦查行为，如逮捕、羁押、搜查、扣押、监听等由法官发布司法令状，对侦查行为进行控制。若情况紧急，不立即进行会有碍公共利益时，可在采取措施后立即报告法官以获得司法追认，由法官对涉及犯罪嫌疑人的重大侦查措施的合法性、合理性进行审查。

强化检察机关的侦查监督职能，实现检察机关对侦查程序的实时监督。我国检察的侦查监督除了逮捕行为是事前的审批，一般的检察侦查监督行为只是事后的合法性审查，具有滞后性。应通过完善刑事诉讼程序，设立侦查程序的检察事前通报、事中监督（重大案件讨论会的列席形式）、事后备案制度（建立文书制度）；在条件许可的情况下，可推广早年在山西、宁夏、河北等地检察机关探索在派出所派驻检察室或检察官将监督重心下移的经验，仿照在侦查部门的拘留所设立驻所检察室的模式，在公安机关的侦查业务部门、国家安全部门内设立检察机关的派出机构，从而使侦查监督经常化和制度化。[2]

分解侦查羁押的决定权、执行权和监督权，建立起侦羁相分离制度，以防止侦查机关“一权独揽”。侦查阶段中，通过拘留、逮捕与羁押相分离制度的建立和完善，在保障犯罪嫌疑人合法权利的基础上，在拘留、逮捕机关与羁押机关之间形成科学、高效、合理的权力制约格局。

（三）推进程序权利配置的正当化

进一步完善侦查程序参与主体的知情权，健全犯罪嫌疑人的程序权利告知制度。我国侦查程序中对于被拘留和被逮捕者，已有较为完善的权利告知和家属告知制度，规定了侦查机关在第一次讯问犯罪嫌疑人或者对犯罪嫌疑人采取强制措施的时候，应当告知犯罪嫌疑人有权委托辩护人。但法律并未明确规定侦查机关告知事项的范围，这对于保护犯罪嫌疑人的权利是不利的。侦查机关在确定犯罪嫌疑人后，都应主动告知犯罪嫌疑人被指控的罪名、理由

---

〔1〕［德］阿希姆·赫尔曼：《德国刑事诉讼法典》（中译本序言），李昌珂译，中国政法大学出版社1995年版，第6页。

〔2〕参见李心鉴：《刑事诉讼构造论》，中国政法大学出版社1992年版，第198～199页。

以及在侦查阶段应享有的各项诉讼权利。

完善辩护律师帮助制度，保障犯罪嫌疑人辩护权的全面实现。在相关刑事诉讼制度中，应确立侦查阶段为犯罪嫌疑人提供法律帮助的律师应享有相关的证据调查权；在侦查机关采取重大侦查措施时，律师有权在场，这些重大的侦查措施包括勘验、搜查、扣押和讯问，这可以增强律师的调查取证能力、有利于案件事实真相的查明、防止非法取证等行为的发生；同时，吸收具有法律专业知识的律师参与证据调查，有助于缓解侦查机关全面收集“有罪”和“无罪”证据的压力，最终必然有助于事实真相的早日重构。

借鉴外国的侦查实践经验，建立针对某些侦查程序决定的听证制度。针对某些重大的侦查程序决定，如立案、拘留、逮捕、撤案、建议提起公诉决定等程序性事项，犯罪嫌疑人或被害人表示不服的，可申请侦查机关举行由非本案侦查人员主持的侦查听证，“采取抗辩对质的听证解决之”。[1]犯罪嫌疑人、被害人以及相关的诉讼代理人、律师等均可参加，各方在听证会上可提出证据、质证、辩论。

建立完善的被害人、证人的保护制度，保障参与侦查程序公民的合法权利。侦查启动的程序决定必须告知被害人，告知其所享有的提起刑事附带民事诉讼的权利，告知其扣押、搜查等侦查活动的在场权以及申请调取证据权等，侦查终结做出的决定须通知被害人方。建立起由专门组织负责证人保护的专项制度，避免证人因作证行为而遭受人身、财产的不法侵害。

（四）推进程序权利救济的正当化

构建对侵犯程序权利的违法侦查行为的裁判制度。授予法官对侦查程序性事项的裁判权，对严重违反侦查程序的行为，法官有权作出否定性程序性判决。依照违法行为的性质、所侵犯的具体程序权利、造成的后果等，对该侦查行为的效力进行评价；同时，配置特定的民事、行政、刑事责任以及赔偿责任。[2]

对因程序权利受到违法侦查行为侵犯的公民，在国家救助制度之外，应建立起国家赔偿制度。被违法侦查行为所侵害的侦查程序当事人，有权因此而获得损害赔偿。在相关制度构建时，一方面，因某些国家机关或工作人员未

---

〔1〕 王以真：《外国刑事诉讼法学参考资料》，北京大学出版社1995年版，第171页。

〔2〕 唐磊、赵爱华：《论刑事司法中的秘密侦查措施》，载《社会科学研究》2004年第1期。

能尽到保护民众的职责的，法律应明确规定受侵害人可以据此获得国家赔偿。另一方面，应明文规定受侵害人可以从违法行为者处获得损害赔偿，包括财产性的和非财产性的损失补偿，还可以请求以适当方式恢复名誉。

第二章　侦查权制衡架构论纲*

随着刑事诉讼法不断完善，程序法治不断推进，侦查权得到了较好的规范，误用、滥用侦查权的现象得到了很好的治理，但仍有“害群之马”屡行不端。最高人民检察院检察长曹建明在2017年年初的工作报告中称：2016年，检察机关监督纠正违法取证、违法适用强制措施、刑讯逼供等侦查活动违法情形34,230件次。[1]近年来，湖北“佘祥林案”、河南“赵作海案”、福建“念斌案”、浙江“张氏叔侄奸杀案”、内蒙古“呼格吉勒图案”等多宗由误用滥用侦查权引发的冤假错案相继被纠正而进入公众视野。即使是刑事诉讼程序较为发达的法治先行国家，也难以杜绝侦查过程中检察官与警察的不端行为。在一向标榜保障人权、程序法治的美国，芝加哥市议会于2015年5月6日通过决议，对1972年到1991年，数十位遭受警方酷刑折磨的受害者提供金额总计550万美元的赔偿。据报道，多达100人当时曾受到芝加哥前警察指挥官乔恩·布尔格（Jon Burge）的刑讯逼供。芝加哥市警察局一名刑侦部门负责人曾因长期刑讯逼供于1993年被开除，十多年过后，他又被送上法庭，因虐待犯罪嫌疑人被判刑四年半。[2]

权力天然具有一种易腐性，所谓“权力导致腐败，绝对的权

---

* 感谢上海市公安局梁晓轩警官对本章结构和观点的贡献。

〔1〕 参见《曹建明检察长作最高检工作报告（全文）》，载http://www.spp.gov.cn/tt/201703/t20170312_185077.shtml，最后访问日期：2017年3月16日。

〔2〕 陈颖：《退役美国警察揭秘警队真相》，载《现代世界警察》2015年第9期。

力导致绝对的腐败”。[1]侦查权亦然，脱离了合理制约的侦查权，犹如脱缰之野马、泛滥之洪河，必然不同程度地侵害着所有涉入侦查程序中的公民，进而侵蚀着国家的刑事司法公信力，最终消解了公民对法治的信仰！有必要建构起一整套科学的、合理的制衡机制，一方面既能保证它高效实现证据收集、缉捕人犯、查明事实的任务；另一方面也能保证侦查权不侵越公民合法权利保障的藩篱，以此来监督权力的合法运作，有效防止侦查权力的肆意和失范。

一、侦查权定位的学理反思

《刑事诉讼法》第106条规定：侦查，指公安机关、人民检察院在办理案件过程中，依照法律进行的专门调查工作和有关强制性措施。但是法律并无关于侦查权定义的明确界定，这也间接引起了侦查权是司法权还是行政权的权力属性之争，也使得人们对于侦查权运作程序的诉讼化方面争执多多。有必要在厘清侦查权概念的同时，明确侦查权的权属，明晰其权力构造。

（一）侦查权的概念定位

在刑事法学界，很多刑事诉讼法学者和侦查学专家对侦查权作了众多表述，主要有以下几种理论定义模式：一是“内容概括式”概念模式，往往是基于刑事诉讼法的规定，将侦查权运作的内容高度概括为“专门调查工作”或“专门调查工作和有关强制性措施”来界定侦查权的概念，并以此来划定侦查权与审判权等其他司法权的界限。如有学者认为：“侦查权就是指实施侦查行为的权力。”[2]有学者认为：“侦查权是侦查机关依法进行的专门调查工作和采取有关强制措施的权力。”[3]还有人认为：“侦查权是国家司法权的一部分，指依照法律进行的专门调查工作和采用有关强制措施的权力。”[4]还有观点认为：“侦查权是国家赋予侦查机关依法查明案件事实真相的权力。”[5]还有人认为：“侦查权是指法定侦查机关为追诉犯罪，依法采取专门调查工作和强制性措施的

〔1〕［英］阿克顿勋爵：《自由与权力》，侯健、范亚峰译，商务印书馆2001年版，第342页。
〔2〕汪建成：《冲突与平衡——刑事程序理论的新视角》，北京大学出版社2006年版，第226页。
〔3〕《新编实用法律辞典》，中国检察出版社1998年版，第445页。
〔4〕曾龙跃主编：《中国检察百科辞典》，黑龙江人民出版社1993年版，第60页。
〔5〕王德光：《侦查学原理——侦查前沿问题的理性分析》，中国检察出版社2010年版，第5页

权力。”[1]很显然，这些定义是直接根据我国刑事诉讼法关于侦查的定义作出的延伸界定，即从概括侦查权的内容角度来下定义。

二是“内容列举式”概念模式，针对侦查权具体内容进行一一列举，明确具体地列明侦查权所包含的各具体措施使用权。如有学者认为：“侦查权是指以发现犯罪事实为对象，以收集确实、充分的证据而准备起诉工作为目的，由特定的侦查主体（包括侦查组织和侦查人员）按照法律规定的条件和要求，实施询问、讯问、勘验、检查、鉴定、搜查、扣押、查封、冻结、辨认、通缉等专门调查工作和拘传、取保候审、监视居住、拘留、逮捕等强制措施的行为。”[2]有著作认为：侦查权是“实体性调查处置权和调查与处置的程序权，前者包括讯问、询问、勘验检查、检验鉴定、传唤、拘留、逮捕、扣押、查封和冻结等权力，后者包括通知、告知、送达、出示有效证件、制作笔录、报告、决定以及批准等权力”。[3]“侦查权是侦查机关的调查取证权，采取强制措施权，预审权，依法移送起诉权，以及为查获犯罪分子而必须采取的紧急措施、特殊措施权，”同时进一步指出：“采取秘密调查手段，使用秘密力量和特殊技术方法等特殊措施权是有别于侦查权的‘侦察权’，只有一些侦查机关有侦察权……”[4]

三是“任务列举式”概念模式，即通过在概念中明确侦查权运作的具体任务和目标，以此来界定侦查权。这种类型的侦查权定义往往突出：收集证据、查明案件事实、缉获犯罪嫌疑人等侦查权运作目标，从而划定侦查权与公诉权、审判权的界限。有学者认为：“侦查权是依照法律对刑事案件进行专门调查工作，以收集证据，查明犯罪事实和查获犯罪人，以及采取强制措施的权力。”[5]该定义即是从侦查权运作的具体任务和内容的角度来下定义的。还有的认为：“侦查权是指依法收集证据，揭露和证实犯罪，查缉犯罪人，以及实施必要的强制性措施的权力。”[6]同类的观点还有：“刑事侦查权，是指刑事侦

〔1〕 杨郁娟：《侦查权的逻辑与经验》，中国人民公安大学出版社2010年版，第12页。

〔2〕 侯明：《侦查权司法控制的理论基础探究》，载《时代法学》2008年第2期。

〔3〕 张步文：《刑事侦查权研究》，中国检察出版社2007年版，第32页。

〔4〕 参见公安部政治部编：《刑事侦察学导论》，警官教育出版社1997年版，第207～208页。

〔5〕 杨春洗、高铭暄、马克昌、余叔通主编：《刑事法学大辞书》，南京大学出版社1999年版，第645页。

〔6〕 杨殿升、张若羽、张玉镶主编：《刑事侦查学》，北京大学出版社1993年版，第14页。

查人员按照管辖范围的分工对刑事案件进行专门调查工作和采取必要的强制性措施，以查明案件事实、收集犯罪证据，抓获犯罪嫌疑人的一系列国家权力。”[1]“侦查权应当被定义为政府机关为搜集证据材料、抓获犯罪嫌疑人、查明案件事实而享有的行使专门调查工作的权力，但是权力的行使不能随意侵犯相对人的权利。”[2]

四是“综合式”概念界定，即笼统地将侦查权主体、侦查权运作内容、侦查权运作任务等综合在一起，并不一一列明侦查权的丰富内涵。如有学者认为：“侦查权是指公安机关、人民检察院等享有侦查权的机关按照管辖分工，对刑事案件依法进行专门刑事调查工作和采取必要的强制性措施，以收集犯罪证据、查明犯罪事实、查获犯罪嫌疑人的一系列国家权力。”[3]有学者认为：“侦查权，是国家侦查机关和侦查人员，为实现侦查目的，依法定的侦查程序，运用特定的侦查手段开展侦查活动的权力。”[4]有人认为：“所谓侦查权，即指国家法定的侦查机关为实现侦查目的，依照法定程序，运用特定的侦查手段和采取相关的强制措施对刑事案件开展侦查活动的权力。”[5]也有学者认为：“侦查权是法定侦查主体，为实现侦查目的，依照法定的侦查程序，运用法定的措施和方法实施与监督侦查活动的权力。侦查权包括侦查活动实施权和侦查活动监督权两个方面。”[6]

我国台湾地区的学者对侦查权概念的界定，主要关注权力主体、目的、运作条件与结果。陈朴生认为：“侦查权，本属公诉权作用之一种；唯二者各自独立并不互为终结。”[7]他明确指出：“依一般之趋向，侦查权宜归于警察，公诉权属于检察官，并为保障个人之自由，对于侦查权行使之方式，亦以法律加以限制……”[8]刁荣华认为：“侦查权属于检察官、司法警官及司法警察，乃为实施侦查上之一切处分之权也，亦系公诉权作用之一种，受处分者应有服从之义

---

〔1〕 张新枫:《刑事侦查教材》，警官教育出版社1999年版，第8页。

〔2〕 徐美君:《侦查权的运行与控制》，法律出版社2009年版，第59页。

〔3〕 毕惜茜:《论我国侦查权的性质》，载《江西公安专科学校学报》2004年第2期。

〔4〕 郭晓彬主编:《刑事侦查学》，群众出版社2002年版，第52页。

〔5〕 杨正鸣、倪铁:《侦查学原理》，复旦大学出版社2013年版，第76页。

〔6〕 邹明理:《侦查立法若干问题研究》，载郝宏奎主编:《侦查论坛》，中国人民公安大学出版社2002年版，第232页。

〔7〕 陈朴生:《刑事诉讼法论》，台湾正中书局1971年版，第142页。

〔8〕 陈朴生:《刑事诉讼法实务》，台湾海天印刷有限公司1982年版，第262页。

务，故侦查机关行使侦查权有绝对性，不以刑罚权存在为必要，即知有犯罪嫌疑者，应实施侦查。”[1]

学者的上述表述从不同方面对侦查权进行了全方位的透视，极大地丰富侦查权概念的内涵和外延，有利于对侦查权的全方位研究的展开。但以上几种概念界定模式，既有各自的特色，但又存在一些局限：如“内容概括式”定位模式的侦查权定义，是我国立法以及多数研究者所使用的概念模式，但这一概念模式对侦查权含义的界定并不足以反映侦查活动本质特征。因为其他司法机关，如法院在刑事自诉案件的审理过程，符合一定条件时，也进行专门性调查工作，并可实施逮捕等刑事强制性措施，如我国《刑事诉讼法》第191条明文规定了：“人民法院调查核实证据，可以进行勘验、检查、扣押、鉴定和查询、冻结。”如果以“内容概括式”的侦查权概念来套，那就会发生法律的尴尬：同为国家司法机关实施的同样的查明刑事案件真实情况的行为，公安、国家安全和人民检察院实施的，就叫“侦查”，而作为司法机关的法院所实施的却不是“侦查”。“内容列举式”的侦查权模式界定的优势在于明确了侦查权的具体内容，指向性非常鲜明，让人一目了然，但是它难以克服列举式的局限，难以穷尽所有的侦查权行为内容。“任务列举式”概念模式能将侦查活动与刑事审判机关的调查活动区别开来，却无法区分侦查机关进行的调查活动与个人所进行的调查活动的性质差异。“综合式”的模式的概念界定则可以表达出侦查权的独特特征——任务的独特性和行为性质的独特性，通过表明侦查权运作的具体任务——寻找、搜集证据，查明、证实刑事案件事实和查获犯罪嫌疑人，表明侦查权运作的内容特质——专门性和强制性调查活动，把法院的刑事调查活动和公民个人所进行的调查活动区分出来了。

同时，以上四种概念界定模式，都强调侦查权的国家权力性质和强制性特征，除了徐美君教授的侦查权概念提到“侦查权应当被定义为政府机关为搜集证据材料、抓获犯罪嫌疑人、查明案件事实而享有的行使专门调查工作的权力，但是权力的行使不能随意侵犯相对人的权利”。[2]其他诸多概念定位多忽略了侦查权的权力法定性和人权保障性等特征。因此，它并没有真正揭示出

〔1〕 刁荣华：《刑事诉讼法释论》（上），台湾汉苑出版社1978年版，第295页。
〔2〕 徐美君：《侦查权的运行与控制》，法律出版社2009年版，第59页。

侦查权的实质内涵。众所周知，侦查权作为一种重要的国家权力，具有较强的扩张性与攻击性，侦查权的行使又往往伴随着对公民个人权利的强制性侵犯。正当法律程序理念已成为民主法治建设的主旋律。从这个意义上来说，权力的来源、主体、内容、目的和价值以及侦查权的限制应当成为揭示侦查权含义的主要的实质性要素，其应当既能把侦查权与其他权力区别开来，又能把侦查权与侦查的其他方面的内容区别开来。

一个概念是否科学，关键是考察它是否真实全面地反映了对象的本质特征；侦查权概念的科学与否，其判断之要义也在于考察该概念是否能全面而客观地反映侦查权的本质特征，是否符合法学理论逻辑，是否符合现代程序理念。侦查的“综合式”概念界定最能涵括侦查权的本质特征，也最能体现侦查权运作程序的现代法理蕴意。因此，我们有必要在“综合式”的侦查权概念界定基础上，将之进一步丰富和完善。一方面，必须明确：侦查权是国家通过法律赋予侦查主体的权能，“但是一切有权力的人都容易滥用权力，这是万古不易的一条经验。有权力的人们使用权力一直到遇有界限的地方才休止”。[1]另一方面，侦查权作为国家权能的一部分，其运作如果是任意的，就会出现滥用、泛化，危害社会和个人。因此，必须限定侦查权的目的、程序和适用对象等条件。

因此，我们将侦查权的概念界定为：针对已经立案的刑事案件，公安机关、国家安全机关、检察机关、监察机关等法定国家机关为收集犯罪证据、查明案情和查获犯罪人，严格依据刑事实体和程序法，切实尊重犯罪嫌疑人、被害人、证人等程序参与人的权利，所进行的侦查、预审等专门性刑事调查工作以及采取刑事强制措施的一项刑事调查权力。

（二）侦查权运作的特性解析

侦查权是国家权力的有机组成部分，区别于一般性的国家权力，带有强制性和专业性。虽然侦查权配置结构各有特色，但基本都具有以下特点：

1.侦查权具有法定性

首先，侦查权由法律明文授权，各侦查主体的侦查权限范围、管辖分工等由法律明文规定，凡是未经法律授权的组织和个人均无权行使侦查权。其次，侦查权的运行程序具有法定性，各侦查权主体必须严格按照各项法定程序和

---

〔1〕［法］孟德斯鸠：《论法的精神》（上），张雁森译，商务印书馆1961年版，第154页。

步骤依次进行。最后，侦查权行使的方式和手段也是法定的，专门性调查工作和有关的强制措施都有相关法律规定可循。例如，我国《刑事诉讼法》规定了侦查过程中可以采取的专门调查工作包括讯问犯罪嫌疑人、询问证人、勘验、检查、搜查、扣押、鉴定、通缉等；侦查过程中可以采取的刑事强制措施包括拘传、取保候审、监视居住、拘留和逮捕。

2.侦查权具有专属性

在大陆法系和英美法系诸国，刑事诉讼法大都明确规定有权行使侦查权的是警察机关、检察机关、预审法庭等特定国家机关，其他人都不享有侦查权。在中国，刑事诉讼法明确地将侦查权授予了公安机关、国家安全机关、人民检察院、监察委员会等特定国家机关享有；而中国所有的党团组织、民间私人侦探机构等都不享有任何侦查权限，甚至连蜚声国内外的国际刑事警察组织也不享有在中国进行侦查的权力。

3.侦查权具有目的特定性

整个侦查权的运作都是围绕着证据和犯罪嫌疑人这两个中心展开。侦查权运作的具体情况，直接影响着公诉的质量，决定着犯罪行为人能否受到应有的惩罚和无罪的人能否得到合法的保护。要完成刑事诉讼法的最终任务，侦查机关和侦查人员就必须完成收集到充分证据足以支持对犯罪的控诉和查获犯罪人保证其能够受到审判的具体任务。[1]因此，侦查权运作的目的是特定的——维护公平正义、保护程序人权、捍卫公民的自由。

4.侦查权具有天然扩张性

在当前的刑事司法权力框架下，侦查权都被定位成：国家强制力为后盾的刑事调查权力。侦查权的运作，究其本质而言，是侦查人员为了查明案情、收集证据而刑事案件进行的专门性调查活动。在刑事诉讼中，侦查程序作为审判的前置程序，是实现诉讼公正的前提和基础。没有正确的侦查，就很难有正确的起诉和审判。侦查主体代表国家进行犯罪追诉活动时，必然会采取各种带有强制性的侦查措施，如冻结、扣押、搜查、拘留、逮捕等，此时必然会采取限制和剥夺公民基本权利的手段和措施。

在现代法治国家中，公民人权受到以《宪法》为中心的法律体系的保障，

---

〔1〕 参见杨明：《侦查权探析》，载《法学》2001年第4期。

任何国家机关或个人不得侵犯。但是，侦查权的运作直接涉及程序参与人的人身、财产、隐私和生命等项权利的行使，虽然侦查权的这种限制不是最终的和确定的，但这种权益的阶段性剥夺或限制，同样致参与人于权利剥夺的状态。另外，侦查机关对犯罪嫌疑人采取必要的强制措施和进行相关的秘密侦查活动，是查明犯罪事实、揭露犯罪和惩罚犯罪所必要的。“刑事侦查是一个具有回溯性的证明过程，在此过程中，无论是被害人还是证人，他们透露犯罪嫌疑人实施犯罪行为的事实细节并提供证据的行为，都不构成对犯罪嫌疑人隐私权的侵害。”[1]因此，侦查权以法定的方式了解、介入乃至侵入犯罪嫌疑人的隐私，是必要和不可避免的，也具有程序法上的合法性。

(三)侦查权的权属界定

在当代中国的法治框架下，司法机关涵括了公检法司，具象地表述就是：中国的公安机关、检察机关、法院、司法行政机关都是司法机关，它们置身于在《宪法》第135条的约束之下，即人民法院、人民检察院和公安机关办理刑事案件，应当分工负责，互相配合，互相制约，以保证准确有效地执行法律。在刑事案件处理过程中，人民法院所行使的审判权、人民检察院所行使的包括控诉权在内的检察监督权、公安机关所行使的侦查权这三者之间，并无权力上下位之别，亦无权力高下之分。虽然中国的刑事诉讼模式属于典型的“强职权主义”，法官积极主动地主导着审判程序的运行，但中国的法官并无机会及时介入侦查等审前程序来裁判权力处置问题，或作出程序性裁判，其天生的消极性和中立性使得审判权呈现出典型的司法权特质。但中国的公安机关和检察机关、监察机关等都依法参与刑事案件的侦查，都被赋予了侦查权，它们手中调查犯罪的侦查权并不完全呈现出国际通行的行政权属性，反而部分具有司法权属性。

1.侦查权的定性模式

有学者认为侦查权属于行政权。他们认为：在价值上取向上，侦查权追求效率：在社会功能上，侦查权侧重维护社会公益；在启动、运行等权力运作上，侦查权具有积极主动性、单向性和鲜明的追诉倾向；在临事而变的运行风格上，侦查权具有权变性；在运作形式和程序上，侦查权具有相对自由性，裁

〔1〕 袁周斌：《隐私权视野下我国侦查立法之检讨——以〈刑事诉讼法〉的修改为背景》，载《湖北警官学院学报》2012年第7期。

量权较大，不具有终结性等特点。[1]侦查权的这些特征都与行政权相似，而与司法权特征大相径庭。同时，根据现行《宪法》第105条规定："地方各级人民政府是地方各级国家权力机关的执行机关，是地方各级国家行政机关。"而第107条规定："县级以上地方各级人民政府依照法律规定的权限，管理本行政区域内的……公安……等行政工作。"由此可见，我国公安机关是各级政府的职能部门，依法承担绝大多数刑事案件的侦查工作，其侦查权的行使具有行政组织性和纵向管理的特点，侦查权应当为行政权。

有学者认为侦查权当属司法权。持该种观点的学者认为：作为刑事诉讼的重要程序，侦查程序是为了正确判明案件事实、查明并缉捕犯罪嫌疑人、收集证据，最终为实现国家刑罚权的刑事司法活动提供事实基础和证据基础。侦查机关进行侦查活动是国家公权力追诉犯罪行为人法律责任，侦查权运作本身也是一个判断的过程，因而具有司法权的性质。在侦查权运作的过程中，侦查权必须遵守严格的法定程序，尤其是冻结资金、讯问等强制性侦查权的运作必须遵循严格的程序，刑事强制措施的采取要受到严格的法律程序限制，并以一定的证据为实施前提。一旦对公民的人身权利构成威胁时，还要通过充分的诉讼权利保障和司法救济程序来维护权利人的合法权益。因此，可以看出侦查权乃是一种追求平等保障和程序正义的司法权。

还有部分学者认为，侦查权既是行政权，也是司法权，它是混合两种属性的复合权力。持该种论点的学者认为：除了具有国家公权力的法定刑、强制性、专门性和职责性特征，侦查权还具有司法权的独立性以及行政权的主动性特征。[2]一方面，侦查权具有行政性，主要表现为：侦查权具有职权性和裁量性，公安侦查人员、检察机关自侦人员和监察委员会侦查人员在侦查过程中具有程序自治性和办案相对独立性，侦查机关有权在法律规定的限度内依职权主动进行侦查，并享有广泛的自由裁量权。另一方面，侦查权具有司法性，主要表现为：在行使侦查权的过程中，检警机关必须尽可能地做到客观公正，并且接受法律的严格约束，在逮捕等某些侦查权具体行为时还应当受到诉讼内

---

〔1〕 陈永生：《侦查程序原理论》，中国人民公安大学出版社2003年版，第44～78页。

〔2〕 宫万路：《侦查权的属性初探》，载《侦查论坛》（第2卷），中国人民公安大学出版社2003年版，第290～296页。

或诉讼外的事后审查。[1]不仅是“上命下从”的公安机关侦查部门，还是“检察一体化”的检察机关侦查部门，他们所承担的侦查权具有行政性，其所进行的侦查就其实质内容来说，可以视为一种行政权；在侦查活动中所依循的侦查程序，无疑在某种意义上也是具有追求效率、强调权宜变通的行政程序。但侦查程序绝不仅仅是简单的侦查权运作的流程，它同纯粹的行政程序具有显著的不同，它必须遵循大体相当于司法程序的行为准则，并且接受司法审查和诉讼化控制。从侦查权的属性上来看，无疑它具有行政权和司法权的两种特质。

2.两权属性的界分

“行政是国家利益的代表，司法则是权利的庇护者。”[2]行政权的理念特征是其代表国家和社会公益行使权力，具有强烈的意志性，负载着公众的压力和期望，体现出对政府负责，对社会负责。行政权是一定的行政主体为完成其行政任务、履行行政职责以实现国家的行政职能而享有的国家权力，是将国家法律规定的职能目标在社会生活中加以实现，其本质在于执行。司法则向法律负责，代表着“法律”所要求的“公正”精神。而司法权是一种对纠纷的事实以及法律的适用进行审查判断的权力，本质上是一种判断权。它们之间最本质的区别在于：司法权以判断为本质内容，是“判断权”，而行政权以管理为本质内容，是“管理权”。判断是一种“认识”。司法判断是针对真与假、是与非、直与曲等问题，根据特定的证据（事实）与既定的规则（法律），通过一定的程序进行认识。管理是一种“行动”。行政管理发生于社会生活的全过程，其职责内容可以包括组织、管制、警示、命令、劝阻、服务、准许、协调等行动。[3]具体来说，两者主要有如下区别：

第一，行政权具有主动性，而司法权具有被动性。行政权总是积极、主动地干预和管理社会生活以维护国家利益。只要有利于实现社会稳定、经济发展、道德健康和公众安宁的，行政机关就必须主动采取行动，而不能消极无为。而相比之下，司法权则处于消极的静止状态，非因请求而不做主动干预，否则做出的判断结论则是无效的。

第二，行政权注重效率性，而司法权则关注公正性。实践中，绝大多数的

〔1〕 孙长永：《侦查程序与人权——比较法考察》，中国方正出版社2000年版，第4～9页。
〔2〕 [德]拉德布鲁赫：《法学导论》，米健译，中国大百科全书出版社1997年版，第100页。
〔3〕 孙笑侠：《司法权的本质是判断权》，载《法学》1998年第8期。

社会事务需要采取高效、快捷的方式处理。行政权的实施以追求效率为其首要价值目标，并且在社会矛盾面前具有鲜明的倾向性，注重权力结果的有效性，在发展变化的情况中具有灵活应变性。而司法权的价值取向是追求公正和中立，因为审判涉及国家权力和公民个人权利之间的激烈冲突与对抗，故而司法机关只有确保当事人之间权益分配的公平公正，才能真正化解纠纷、排除冲突。

第三，行政权具有从属性，而司法权具有独立性。行政权在运行中具有“上命下从”的性质，一般采取“首长负责制”“一体化”的指挥或领导体系。上级行政机关对下级行政机关、行政机关首长对其下属工作人员的职权活动可以实施积极干预，表现为要求下级在职权活动中体现出上级的政策和决议，保证上级政策和决议的统一贯彻和实施。而司法权的行使则与此相反，其典型特征即是独立自主性。按照现代法治理念，世界各国都对司法权的主体进行了严格限制，规定只有法院才有权行使司法权。同时要求保护法官的个体独立性，要求法官既不能受其他机关、社会团体以及上级法院的影响，也不能受本级法院其他法官包括院长等的影响。司法独立对于防控国家权力滥用，维护公民的权利和自由方面具有重大意义。

第四，行政权具有单方性，而司法权具有多方参与性。行政权在运行模式上存在上下位的结构模式。与对抗式的司法权运行所呈现出的控辩审“三角”模式不同，行政活动是由管理者与被管理者双方构成的，并且双方主体的地位是不平等的，拥有行政权的管理者处于支配地位，在作出行政决定时通常采取单方面的运作形式。而司法权的运作一般要有作为第三方的裁判者参与，并且裁判活动要在争议各方同时参与的情况下进行。司法裁判的结果要想得到当事人和社会公众的接受，就必须确保司法程序符合正义的基本要求。因此，现代法治国家都十分强调司法程序的多方参与性，并且尽量给予控辩双方平等的发表意见的机会。通过这种公正的司法程序，从而确保了裁判结果的正当性与可接受性。

第五，行政权带有效力先定性，而司法权具有效力终极性。行政行为具有公定力，即行政行为一经做出，就需要预设其效力，从而保障其得到稳定、直接地执行，并且在未经法定程序否定之前，有先行推定其为合法的效力。但是行政行为究竟是否合法或者合理，行政机关自身则不具有决定权，其必须接受法院的司法审查。因此，相对于行政权的效力先定性，司法权则具有效力的终极性。在实质意义上，司法权的终极性就体现为司法权是国家对任何社会冲突所作出的一种最终的、最权威的裁判。也就是说，法院在作出生效裁判之后，非经法律明确规定，不得随意启动再审程序，控辩双方之间的利益争端一旦以生效裁判的形式加以解决，一般就不得再将这一争端纳入司法裁判的范围，也即我们通常所说的"一事不再理原则"。

3.侦查权的行政性本质

虽然现代法治理念不断渗透、司法性越来越侵染，但侦查权本质上仍然是行政权。首先，从侦查权的启动方式上来看，侦查权体现的是主动性，贯彻的是行政权积极干预、主动追究的行事原则。[1]侦查权的启动以获悉犯罪信息为前提，只要有犯罪发生，侦查机关就必须采取行动予以追诉，刑事诉讼法中也明确规定除少数几类刑事自诉案件归法院直接管辖外，其他案件都要求侦查机关主动寻找线索、证据，积极破案。侦查活动是以收集犯罪证据、查获犯罪人为目标的。为了及时查清案件真相，一旦犯罪可能发生，侦查机关就必须主动采取行动。否则，就可能失去最佳的破案时机。大陆法系国家把侦查机关对犯罪的这种主动追究模式称为"职权主义"模式，其中的含义不言自明。

其次，从侦查权的内部结构要素来看，侦查权采取的是行政权的组织模式。侦查主体都采取行政性组织管理模式，实行上命下从、上下一体的组织原则和工作机制，这是一种典型的行政管理模式。[2]侦查机关作为同级政府的一个职能部门，在机构建制和权力运作上严格强调集体的统一性，上级对下级可以直接领导，下级对上级的指令必须服从。同犯罪做斗争是一个多方配合、协同作战的系统工作，要有效地调动人力、物力资源，协调一致地同犯罪展开斗争，特别是对有组织犯罪、跨国境犯罪展开斗争，侦查机关应当形成一体化。在这种上命下从的一体化机制下，侦查机关实行的是首长负责制。我们知道，在行政行为中，行政主体是不能排斥其上级机关或者其领导者的指挥和监督的。这体现在侦查过程中，则表现为侦查人员作为集体的一员，必须服从上级的统一指挥或调遣。唯有如此，才能集中优势，全力击破案件。

再次，从侦查权的运作方式来看，侦查权具有较大的裁量性。即侦查机

〔1〕 参加谢佑平、万毅：《刑事侦查制度原理》，中国人民公安大学出版社2003年版，第160页。
〔2〕 参加谢佑平、万毅：《刑事侦查制度原理》，中国人民公安大学出版社2003年版，第161页。

关有权在法律规定的限度内依职权主动开展侦查活动，并享有一定的自由裁量权。侦查是一种正义与邪恶的较量，侦查机关能否有力战胜犯罪嫌疑人，关键取决于侦查手段的调整能否及时适应案情的变化。为了确保侦查机关能及时适应案件、犯罪嫌疑人以及各种客观环境境因素的变化和发展，及时调整侦查谋略和手段，立法必须赋予侦查机关一定的自由裁量权。否则，侦查机关则可能因法律的种种限制而无法及时调整策略，从而丧失案件侦查的最佳时机。

复次，从侦查权的目标来看，侦查机关奉行的是行政权的效率优先原则，强调"快速反应"机制。因犯罪发生的时间一维性及不可重塑性，对犯罪的重现只能凭借对证据的掌握在理性思维中对犯罪过程加以重构。而很多证据的收集具有很强的时效性，随着时间的推移，其证明力也会随之降低。此外，为了控制犯罪的现实危害性，防止犯罪嫌疑人逃避法律追究，侦查人员还必须采取紧急侦查措施来实现侦查目的。我国《刑事诉讼法》相关条文也明确规定了侦查人员在某些特定的紧急情况下，可以径行采取搜查、扣押，甚至采取强制措施。侦查机关在制订侦查计划，采取各种侦查措施时，都是将效率作为第一位的价值目标的。

最后，从侦查权的处置结果来看，侦查权具有行政权的非终极性特征。在侦查中，侦查人员进行的搜查、扣押、逮捕、拘留等侦查行为，仅仅是一种处理性决定，而不具有终极性。在运作过程中，其往往更注意对国家和社会公共利益和秩序的维护，公民的个人权利在很多情况下须作出让步。然而，任何侦查行为都带有极强的暴力性和侵害性，都可能直接或间接地限制或剥夺公民的权利和自由。为了保护公民的合法权益免受来自侦查机关的侵害，现代法治国家都在法律中明确规定了侦查机关作出的决定不具有终极性。对于已作出的处理决定，不仅作出决定的侦查机关及其上级机关有权进行复查和改变，而且经过利害关系人的申请，法院也有权对其进行最终的审理和裁判。

4.侦查权的司法性特色

作为国家刑事追诉权的重要组成部分，侦查权虽然本质上是行政权，但其受制于审判权和法治程序，其司法性特色越来越浓烈，主要体现为：

第一，侦查权运作的自主性和独立性。即不受外部力量的非法干涉，具体说就是侦查机关在执行具体的侦查工作时，不受来自上级尤其是政党或政府的直接干预。侦查权不受非程序因素或程序外的干扰，只有从法律上保证侦查机关相对独立自主地行使侦查权，排除消极因素对侦查权的影响，才有可能客观、公正地进行侦查，切实保护好公民的权利。

第二，侦查权在运作过程中具有某些程序处置权。在现行刑事诉讼框架中，侦查权能量较大，在权力范围、幅度及强制力方面都较大，对涉案公民、法人的人身财产权发生重大影响。根据现行刑事诉讼法的规定，对于搜查、扣押、通缉等涉及个人财产、隐私、自由等权益的强制性侦查行为，公安机关有权直接决定并执行；对于拘传、取保候审、监视居住等强制措施，公安机关在侦查中有权自行发布决定，自行执行。可以说，除逮捕以外的其他所有强制措施和强制性侦查手段，都是由公安机关自行决定、自行执行甚至自行延长和变更的。对于这些涉及公民权益和人身自由的事项中，公安机关拥有权威的决定权。在某种意义上，可以说在中国的刑事司法实践中，侦查权实际上扮演的是司法权的角色。

第三，侦查权在行使时越来越体现程序的公正和公开。无论是从保障公民权利的角度出发，还是从发现事实真相的角度出发，当今侦查权的设计都开始注重程序的公正、公开。侦查权的运行，特别是侦查机关在作出可能对公民权利产生重大影响的决定时，也力争做到公正和公开。从此意义上说，侦查权已在司法化。从各国的规定来看，侦查机关都承担着客观调查、收集证据的义务，在行使侦查权时必须客观公正，不能单方面谋求给犯罪嫌疑人定罪。侦查公开不仅是一种人权保障措施，有利于保障犯罪嫌疑人、被害人的合法权益，而且也有利于提高司法机关的办案质量和水平。当然，要把握司法化的程度，否则将影响侦查的效率，反而不利于公民权利的保护和侦查效果的实现。

第四，侦查权的行使遵循着正当法律程序的要求。权力容易滥用，因而必须对其加以限制。侦查机关任何权力的行使都必须受到法律的制约和控制，遵循正当的法律程序。侦查法治乃是行使侦查权的基本原则。侦查机关虽然有一定的裁量权，但由于侦查权同一般的行政权相比，其强制性特征更为突出。因此，侦查机关在进行具体侦查行为时必须做到客观公正。这就需要法律对其进行严格的规制，在排除外部干扰的情况下，将侦查活动纳入法治轨道。

第五，从立法层面来看，侦查权适用的法律依据是规范刑事司法活动的法律文件。《刑法》第94条规定："本法所称司法工作人员，是指有侦查、检察、审判、监管职责的工作人员。"《刑事诉讼法》第17条规定:"根据中华人民共和国缔结或参加的国际条约,或者按照互惠原则,我国司法机关和外国司法机关可以相互请求进行刑事司法协助。"按照我国有关立法和国际条约的规定,公、检、法三机关在办理刑事案件过程中,都可以向其他国家有关机关请求提供司法协助,可见刑事诉讼法已认可公安机关是司法机关。同时根据1995年9月18日《公安部法制司对〈关于解除刑事强制措施后是否可以提起行政诉讼的请示〉的答复》也明确指出,"公安机关在办理刑事案件中依法对被告人采取取保候审等刑事强制措施,是刑事司法行为,不是具体行政行为"。

二、侦查权运作的程序规制框架

权力需要规制,侦查权具有天然扩展性,更需要合理的正当程序进行强有力的规制,以达到节制权力的效果。而同时,我们所关注的不仅仅是权力节制的效果,而是要将我们的诉讼程序导向权利保障和权利救济的公民自由之地。

(一)侦查权程序规制的学理阐释

侦查权首先是一种国家权力,它具有政治上的强制力量和刑事司法领域的支配力量。在侦查程序中,侦查权合法侵入涉案公民生活的方方面面。此时,相对于没有国家作为后盾的其他程序参与者,侦查权处于天然的绝对优势地位。在侦查权运作过程中,必然涉及对犯罪嫌疑人的人身权利、财产权利、隐私权利等合法权利的限制或剥夺,甚至会临时性地剥夺被追诉者的人身自由。侦查机关所采取的各项侦查手段或多或少地都具有一定的强制力,并对犯罪嫌疑人、律师、被害人、证人、司法鉴定人、翻译人等侦查程序参与者产生或轻或重的司法性支配力。如果没有一种严格的侦查权制衡机制,侦查程序缺乏足够的平衡能力,就可能存在侦查机关和侦查人员滥用侦查权的危险,涉案公民程序权益就无法得到保障,司法公正就只能是空中楼阁。

侦查权的正当程序规制不同于一般意义上的侦查权控制。从世界范围来看,防止侦查权的扩张和滥用,主要是从以下几种方式对侦查权加以程序规训:一是对侦查机关在侦查过程中能够行使的权力加以明确的规定,即法律保留原则。目的在于既能使侦查机关按照法律规定执法,又能让相对人清楚地知道侦查机关的权力范围,以便对抗侦查机关的滥用权力行为。二是以司法权控制侦查权。这是西方国家普遍的做法，体现了司法的权威性和最终性，也是国家权力制衡理论的根本体现。三是赋予犯罪嫌疑人在侦查过程中享有充分的权利，以权利抵制侦查权的滥用。[1]通常认为侦查权控权模式主要包含三方面，即侦查机关的内部监督，检察机关的司法控制，以及法院的侦查权事后控制。其中，检察机关的法律监督，甚或法院的事后控权均可认为是侦查权制衡模式之内容。侦查机关的内部监督可认为是侦查权制约与侦查监督的必要组成部分，但其内涵与价值显然与制衡理论有所区别：其一，外部权力的合理分离和制约有助于达成制衡格局。制衡所追求的是权力与权力、权力与权利之间的达到大致均衡的目标，既有相互制约，也要到达势均力敌的平衡状态。而侦查机关内部监督，显然更多意义上的是制约而无势均力敌的平衡。其二，外部权力制衡，内部权力节制，各有侧重，相辅相成。相较于外部监督，侦查机关内部监督并无法达到权力平衡的效果，但并不意味着制衡不需要侦查机关内部制约与监督，权力的自我谦抑和自我约束同样非常重要。

（二）正当程序模式的侦查权规制

道德怀疑主义和刑罚实用主义构成了正当程序保障模式的哲学基础。与程序控制模式相比，正当程序模式的侦查权规则较少关注侦查效率，主要致力于公平，即所有的被告都能得到平等对待，对于个案正义尤为注重。其主要特征在于程序法定性，赋予所有被告以正当程序权利，并关注最弱势群体的相应权利救济。以至于在次模式下，对于辩护权极为尊重，乃至以覆盖面极广的法律援助措施充分保障犯罪嫌疑人的辩护权。正当程序保障模式对警察的权力进行多重限制以保护嫌疑人的权利，刑事追诉的重心移到审判阶段，警察不应当为提高侦查效率对公民进行逮捕或拘留，嫌疑人可以保持沉默，享有充分的会见律师权。

从其形成、发展、现状以及所呈现的主要特征来看，侦查权规制的正当程序模式体现出了以权利实现为主线的价值理念，视个人权利为国家权力的来源，以权利制约权力亦成为了限制权力的根本。作为一方当事人的检察官，在刑事诉讼中，同样以当事人身份来追求诉权利益的实现。在正当程序模式下，

---

〔1〕 参见徐美君：《侦查权的运行与控制》，法律出版社2009年版，第165～166页。

检察机关在诉讼中的地位始终是受当事人平等原则支配，被看作与被告人具有同等地位的诉讼当事人，检察官以一方当事人的身份参加诉讼，双方法律地位和诉讼手段平等。在这平等追求自身权利实现的过程中，检察官的权力制衡作用相对削弱，其自身的存在价值更强调维护检控诉权的利益。至于侦查权的实际制衡则交由辩护权等权利救济来实现。

三、侦查权程序规制的技术路径

（一）以审判为中心的侦查权力规制

根据当前我国主流理论和实践情况来看，侦查是刑事诉讼法的中心，而警察作为侦查权的中坚力量。主要基于三个事实：一是警察是侦查的主力军，他们承担了大部分刑事案件的侦查职责，拥有广泛而强大的侦查权是理所当然的。二是在“检警一体化”或检察指挥警察尚未得到确立的情况下，在现有侦查体制和侦查理论框架中，普通刑事案件还是由公安机关直接进行侦查，大量侦查业务的完成和侦查权的具体行使还是操持在警察手中，尽管检察官、监察官员虽然也可参与或直接侦查刑事案件，但这部分的案件的比例毕竟是较低的。三是无论刑事诉讼结构是“线性”的还是“等腰三角形”的，也无论“侦查中心主义”的还是“审判中心主义”的，抑或侦查权在理论上是否隶属于国家刑罚权的下位权力，侦查权在事实上成为支撑国家刑罚权和相应刑事诉讼制度的基础，侦查活动是国家追诉刑事犯罪的事实起点，侦查活动的成效总体上决定了国家刑事追诉的效率和水平，虽然侦查活动的效率已深受起诉、审判尤其是刑事证据制度的制约，但“侦查中心主义”在一定历史时期内仍具有其立足的空间，换句话说，作为侦查主力的警察，在刑事诉讼中具有某种中心地位，其侦查权力是难以削弱的。〔1〕加强对警察侦查权的控制，可以从以下几个方面入手：进一步完善办案部门侦查取证、预审部门负责移送起诉、法制部门负责办案监督的警察侦查程序自我控制机制；构建起办案程序机制、办案责任制度、监督机制、涉案财务管理制度等体制。〔2〕

当前，中国正大力推行审判中心为导向的司法体制改革。2015年6月12日，党的十八届四中全会通过的《中共中央关于全面推进依法治国若干重大

---

〔1〕 参见张步文：《刑事侦查权研究》，中国检察出版社2007年版，第218～219页。

〔2〕 参见甘肃省公安厅2016年12月8日印发《甘肃省公安厅办理刑事案件工作规范》。

问题的决定》(以下简称《决定》)提出:“推进以审判为中心的诉讼制度改革,确保侦查、审查起诉的案件事实证据经得起法律的检验。”推进以审判为中心的诉讼制度改革,切实发挥审判程序应有的终局裁断功能及其对审前程序的制约引导功能,纠正公、检、法三机关“配合有余、制约不足”之偏,纠正以侦查为中心的诉讼格局之偏,实现以审判为中心,完善对限制人身自由司法措施和侦查手段的司法监督,实现审判程序影响前移,才能及时制止和纠正违法行为,从源头上防范刑讯逼供和非法取证。最高人民法院副院长沈德咏大法官提出:将推进以审判为中心的诉讼制度改革规划为近景、中景和远景三个目标阶段,其中景目标正是:通过深化司法改革,进一步优化刑事司法职权配置,以实现审判对侦查及公诉活动的有效制约。[1]以审判为中心进行的司法体制改革,加强对侦查权的制衡,正是其题中之意。

审判中心的改革导向,并不一定将整个刑事司法体制引向以法院为中心的“审判中心主义”的诉讼架构。审判中心主义是当前世界各国司法体制普遍奉行的典型价值观,诉讼阶段论则是当前我国刑事诉讼程序运行的主要理论渊源。首先,我国《宪法》并未直接规定刑事审判之中心地位。其次,《刑事诉讼法》尽管较为重视审判环节,但出于政治权力配置格局和刑事司法的现实考量,审判地位并未显得格外重要。最后,在我国刑事司法实践当中,审前程序往往占据了重要篇幅,审判环节“书面审”和“仪式化”的气息较重,而刑事司法技术方面则显得薄弱。总之,法院在主体构造上欠缺能够彰显“审判中心”地位的宪法和法律确认;在程序设计方面,也没有承认审判对于侦查、起诉、证据规则和上诉程序的广泛影响。在“审判中心主义”理念之下,审判作为刑事司法中心,对于侦查、起诉起着广泛而深刻的影响,而反观中国侦查对审判的影响力则力有不逮。若能在本次司法改革的基础上逐渐建构起“审判中心主义”的刑事诉讼框架,则司法权能够实现对于侦查权的强有力控制,法院得以程序正当之名义有效规制侦查机关、公诉机关所采之侦查追诉行为的合法性。此外,证据规则的适用也使司法权可以通过对证据效力的评判,实现对追诉机关收集证据等侦查行为的制约与监督。

---

〔1〕 参见沈德咏:《略论推进以审判为中心的诉讼制度改革》,载《中国法学》2015年第3期;参见沈德咏:《以统一刑事司法标准为核心,快推进以审判为中心的诉讼制度改革》,载《人民法院报》2015年6月21日。

（二）权力谦抑走向程序法治

作为一项实现刑罚权的强有力的国家权力，侦查权应该具有谦抑性。有学者将侦查权谦抑的概念定义为：力求以最少的侦查成本获得最大的社会效益，其核心是侦查权与侦查活动的限制与收敛，包括侦查权的限制与侦查活动的限制。[1]另有学者认为：侦查权谦抑性是指对侦查权运行的克制。[2]即便刑事法律已有较为精确的界定，但对刑事程序执行人员而言，在具体案件中，仍有必要判断是否逮捕、释放、起诉、撤销案件或接受有罪答辩，警察权力的概括目标就是一开始时判断行为是纳入刑事程序还是民事程序。承认需要自由裁量权并乐于接受它，在法治社会中要对警察自由裁量权进行限定，防止侦查自由裁量权的滥用，保持侦查权运行的克制性。[3]尽管对于侦查谦抑性尚未形成一个高度确然性的定义，在充分借鉴刑事司法领域关于谦抑性界定的基础上，侦查谦抑性应包括主体、程序、侦查法治三方面。

侦查权是刑事诉讼中的重要权力，受刑事司法天然属性之影响，侦查权极易侵犯公民的基本权利且存在“扩张”的冲动。[4]侦查权制衡是人权保障的必然要求，刑事司法公平正义价值理念的应有之义。这就要求侦查权实现在纵向和横向上的合理配置以及侦查权分权来实现侦查权制衡。注重侦查法治化建设，通过法律规定严格限制侦查主体的数量，并且为侦查权之运行设置具有可操作性的详细规制。除此权力制衡与侦查法治之外，仍应注重以权利制衡权力，即赋予公民人身、自由和财产等权利不受非法侵犯等诸多保护措施，建立犯罪嫌疑人不被自证其罪等基本人权保障制度，从而实现侦查权在理性与伦理指导下“有限扩张”，断绝刑讯逼供、非法取证等侦查权异化乱象生成之根。

“以审判为中心的改革导向”和“侦查权力谦抑走向程序法治”具有内在的同一性，是侦查权制衡模式的两个必要组成部分，这两个目标共同确立了侦查制衡的构造框架。前者通过司法控制对侦查权施以广泛影响，这主要表现在审前程序的司法威慑作用，审判程序的错误纠正与司法裁判效力。后者则

---

〔1〕 熊立荣：《侦查谦抑性论纲》，载《政法学刊》2005年8月刊。

〔2〕 程晓璐：《检察机关诉讼监督的谦抑性》，载《国家检察官学院学报》2012年2月刊。

〔3〕 高博：《宪政视野中的侦查谦抑性》，载《人民检察》2013年第5期。

〔4〕 孙煜华：《侦查权力的宪法控制》，法律出版社2014年版，第22页。

通过侦查权分化制约与检察机关的外部制衡实现对侦查活动的动态控制，通过侦查权内部配置实现侦查权高效运行与权力平衡，通过检察机关的外部监督避免前者之不足。这样一来，将侦查权压缩至外部司法控制以及检察权程序控制的双重约束之下，使其在限制侦查权、保障人权的机制的模式中运行，不但实现了侦查权的良性运作，还在较高的层次上实现了侦查效率和人权保障的平衡。

（三）侦查程序主体权能均衡

侦查程序主体权能均衡，即为各程序主体之间的法权平衡。侦查程序主体包括了参与侦查程序运作的各方，既有拥有侦查权的国家机关，也有拥有审判权的司法审查机关，也包括了被追诉方的犯罪嫌疑人和辩护人，以及被害人、证人、鉴定人、翻译人、刑事见证人等程序参与主体。所以，侦查程序主体权能均衡包括两方面：一方面，从整个刑事司法层面上看，主要指依《刑事诉讼法》规定相互制约、相互配合的三机关权力结构，通过宪政框架下的国家司法权力合理配置，体现“审判中心化”；另一方面，从侦查行为参与主体的层面考虑，主要指侦查机关、犯罪嫌疑人乃至被害人之间的权利界分与平衡。这种均衡应包括如下：（1）均衡的基础是侦查程序法权结构均衡，即犯罪嫌疑人、被害人、证人等参与侦查程序的各主体的程序权利与侦查机关的权力占比均衡，要求在整个法定之权格局中，权力与权利在体量大致相当，一方不会形成针对另一方的压倒性优势。（2）横向权力结构均衡，即同一级别不同侦查机关之间的侦查权配置的权力均衡，如省级国家监察委员会职务犯罪侦查权、省公安厅经济犯罪侦查权等。（3）纵向权力结构均衡，即在中央和地方之间、上下级地方侦查机关的侦查权均衡。（4）不同侦查机关之间的政法综合权重均衡，即侦查机关或领导岗位所分享的执政党权威性资源与现有法定职权的综合权重，这是非常具有中国特色的侦查权力社会影响力评价要素。[1]

实现保障公民自由的最大化，同时最小化地降低权力运行阻力，这是构建侦查权能平衡的两个重要维度。侦查权存在的正当性源于近代启蒙思想家提出的契约精神、人民主权理论，这就导致侦查权本身带有强烈的授权属性，

---

〔1〕 参见童之伟：《对监察委员会自身的监督制约何以强化》，载《法学评论》2017年第1期。

其行使权力的基础显然不能超过授权之“权利”，侦查权的运行有赖于寻求其中的“均衡中心”，也即惩罚犯罪与保障人权的侦查权运行之最佳平衡点。刑事司法的首要目标是实现刑罚的价值，维护社会秩序。但充分考虑到基本人权保护与对权力滥用的合理怀疑，实现惩罚犯罪和保障人权之间的动态价值均衡，则需通过侦查权分权以及建构正当程序维持侦查权框架内的权力平衡。在刑事司法权力谦抑理念的指导下，侦查权运行主体之间需有充分权能以缓和权力内在的异化冲动。

1.权力主体权能均衡

当前中国政制框架中，侦查机关、检察机关、审判机关涵盖刑事诉讼的三个主要程序：侦查、起诉与审判。仅以普通犯罪的侦查权为例进行分析，我们可以发现侦查权力主体权能均衡应包括：(1)警察侦查体系内的侦查权制衡。依据《刑事诉讼法》，普通刑事案件的侦查权应当归属公安机关，对于侦查监督权能则交由检察机关负责，当前侦查监督乏力的症结主要在于检察机关的柔性监督泛滥与刚性监督缺位，提升检察机关对侦查权制衡的有效性亟待解决。应当完善检察机关对于公安机关撤销案件与不立案的监督，改变现有的“人民检察院应当要求公安机关说明撤销案件的理由，人民检察院认为公安机关撤销案件的理由不成立的，应当通知公安机关恢复侦查，公安机关接到通知后应当恢复侦查”的柔性监督，增加检察机关恢复侦查的介入权，并建立起公安机关不恢复侦查的行政追责制度，甚至可以通过赋予检察机关以侦查行为评价权和侦查人员考评权、晋升建议权等。

(2)即将全面转隶的检察机关自侦体系下的侦查权配置问题。虽然从2016年年底开始，国家不断调整职务犯罪侦查权力配置，但当前普设的检察机关自侦体系监督乏力的症结，仍可归因于权力分工与制约的不合理配置。根据《刑事诉讼法》的规定，人民检察院实行职务犯罪、补充侦查、审查逮捕、侦查监督、审查起诉、参与公诉等多项事权，并由其担当总的法律监督职能。而就上述法律授权而言，似乎侦查权、侦查监督权、批捕权、公诉权法律监督权并非同种属性之权，甚至存在一定程度的制约关系。但是侦查权与侦查监督权同置于一体，这些权力之间既有包容关系，也有交叉关系，既有上位权力，也有下位权力，这一权能结构必须予以转变。似可采取以下措施开展改革：第一，将补充侦查权与公诉权分立，对于介于侦查与起诉之间的补充侦查进行明确的界分。在我国未实行“检警一体化”的背景下，将补充侦查权赋予公诉机关，颇不合权力制衡的运作规律，建议将补充侦查权分出，检察机关可保留补充侦查决定权。第二，批捕权与侦查监督权分开配置。侦查监督包括对于整个侦查行为即包含侦查措施与强制措施在内一系列侦查活动，但检察院侦查监督部门负责审查批捕，在某种意义上可以说侦查监督依赖批捕审查这一措施来实现。审查批捕占用了较多侦查监督部门的资源，模糊了批捕权与侦查监督的概念，不利于侦查监督的开展。希望能够在全面改革完成后的监察体制下，能够避免检察机关原有侦查权力运作的各项弊病。

2.权利与权力的制衡

从侦查行为参与者的角度出发，侦查行为的三角程序构造急需改革。该结构的一角为侦查监督机关，另二角则分别为犯罪嫌疑人和侦查机关。一方面，需要建构起犯罪嫌疑人权利保障体系，以抗衡侦查权的肆意扩张。我国刑事司法实践中存在这样一种现象，犯罪嫌疑人遭受长时间地羁押，在讯问过程中又不允许律师到场，所谓律师对侦查行为的监督功能被弱化，甚至可以说是虚无化，嫌疑人的会见权、辩护权等都存在被侦查权阉割的空间。在缺乏律师等第三人介入的条件下，嫌疑人失去有效防御则势成必然，诉讼主体地位必定受到极大削弱，空有权利救济而无实现路径。在侦查权异化的极端情况下，犯罪嫌疑人难免成为追诉的客体。故唯有增强犯罪嫌疑人的诉讼主体地位，真正将法律赋权落到实处，才可与国家追诉人对抗。所以，强调侦控机关与犯罪嫌疑人在诉讼地位上的平等是对侦查权进行权利制约的前提。为构筑这一前提，首先要尊重犯罪嫌疑人的诉讼地位并给予诉讼权利保障，通过丰富基本防御权诸如辩护权与不得自证其罪权的内容，并将该种尊重置于宪法法治之中以彰显其不可侵犯性。

另一方面，从诉讼程序权利保障角度来看，需要建构检察侦查监督权运作体系。对于权力制衡力量——检察机关，应当落实其职权，完善侦查监督与审查批捕的纠错机制，细化对侦查机关行为的处罚规定，加强侦查行为的第三方审查，建立权力“正三角”之侦查主体结构，提高侦查效率和侦查行为合法性，实现侦查权制衡的权利等边结构。

（四）侦查权严守法治谦抑

我们无须过分担忧依规而行的侦查权的强大，而真正需要引起关注的是：

一旦侦查权力强大而无边、无序，甚至专横和滥用，将会如脱缰之野马、泛滥之江河，背离民主要义、法治原则和人文关怀，必须采取有效的程序法制框架对其加规范，不断提高侦查权的法治化、程序化和公开化程度，进而实现法律效果和社会效果的有机统一。由国家强制力为保障的强势侦查权主体应谦抑行使权力，能主动自律，主要指从法律程序上节制侦查权，并为其设置若干合理的限制条件。

第一，从宪政、法治、程序尊崇的综合角度，推行侦查权谦抑理念。侦查权既是刑事司法中的重要权力，在宪法范畴则是国家权力中最易侵犯公民基本权利的权力，对侦查权进行限制和约束是宪法法治的必然要求，也是当代权力制衡理论与权利救济法律文化的应有之义。首先，侦查权制衡法治化要求在宪法框架之内，在横向和纵向层面上合理配置侦查权，限制侦查权主体的扩张，制约侦查权行使的范围，限制侦查权启动的条件，非经法定主体、非经法定程序不得启动侦查权。其次，充分赋权，以宪法权利强化被追诉方的对抗效能，肯定沉默权以权利实在主义对抗可能发生的刑讯逼供、暴力取证等侦查权异化之可能。最后，于宪法层面充分肯定检察机关的法律监督权，细化其法律监督尤其是侦查监督之路径，为侦查权制衡树立宪法权威。

第二，从刑事诉讼法角度，应禁止法外侦查权，严守侦查程序。首先，对于侦查权的法外适用严厉禁止，构建谦抑性指导下的侦查权自我约束体系，以法律创制度，以制度指引侦查权实现审慎行使和谦抑行使。其次，以法治的名义明确侦查措施法定原则。侦查机关法定化，杜绝非法定主体行驶侦查权，符合法律规定的侦查主体，也应当严守法律规定，不能超越授权。再次，建立政法委、纪检监察部门违纪调查权与法定侦查权的程序的衔接机制。一方面，充分发挥侦查协作，法定侦查机关通过寻求上述非侦查机关的协作，提供必要的业务支持；另一方面，运用证据规则，将上述主体所收集的证据进行必要的刑事诉讼证据转化。复次，以审慎的姿态对待技术侦查与秘密侦查。我国现行《刑事诉讼法》并未对技术侦查与秘密侦查实行严格的界分，故将该两类侦查措施列于一处。如果在侦查活动中能够采用其他替代性侦查措施获取相应的证据和材料，那就不宜采取秘密侦查手段。在技术侦查措施的审批环节，更应加强管理，细化其适用的案件范围以及适用程序的审查，做好备案工作以实现事后问责；时间层次上，此等侦查措施完成目标则应即时撤销。此外，任意性侦查措施优先性应当得到法律的肯定，尽可能不采取强制措施或采取人身及财产侵犯性较弱的侦查措施，以避免不可逆转损害的发生。最后，完善侦查权主动退出机制，或可成为刑事转行政对接机制，即对于不够刑事立案标准又应当作为治安案件处置的，由公安刑侦部门转治安部门或其他行政机关以及有关部门处理。侦查程序的目的即是使侦查权在运行中，防止侵犯犯罪嫌疑人权利，真正实现侦查效益最大化。

第三章　侦查权运作程序公开论衡*

“程序公开是程序民主的应有之义，具体是指国家权力的运行程序应向利害关系人、社会公众和新闻媒体等公开，允许旁听、报道，接受社会公众等的监督。”〔1〕在世界各国的现代刑事诉讼制度发展进程中，可以发现一个凸显法治现代性的趋势——诉讼程序公开性越来越强，透明度越来越高。诉讼公开已经越出了传统审判程序的阶段限制，扩展到了审前程序的侦查阶段。法治先行国家的法律制度设计都强调侦查程序公开，通过立法确定侦查公开的程序限度，把侦查程序公开与侦查措施秘密相结合，也都把程序效益作为侦查信息公开与秘密的度量衡。

在法治昌明的网络时代，“知的权利应该认为是国民个人可以直接向国家要求的基本民权”，〔2〕侦查活动也顺应这一制度民主化的大势，从而使侦查程序的公开符合世界性的刑事诉讼制度发展潮流。侦查程序公开是相对于侦查秘密而言的侦查程序性原则，具有主体的专门性、对象限定性、内容特定性和范围扩展性等特征。侦查程序公开是基于一定的程序价值选择的结果，能产生一系列的程序效益：保护犯罪嫌疑人和被害人的合法权益、有利于刑事预警机制的建立，有利于推进侦查程序的民主化等。总之，作为规范刑事司法权力运行的侦查程序，

---

* 本章写作得到华东政法大学杨正鸣教授、上海市公安局倪瑞平研究员悉心指导，写作框架和具体观点都得益于他们的指点。

〔1〕 汪进元、汪新胜：《程序控权论》，载《法学评论》2004年第4期。

〔2〕 罗传贤：《行政程序法基础理论》，台湾五南图书出版公司1993年版，第110页。

必须遵循“规制行为一定要公开”的要求，[1]而在我国侦查司法实践中进行程序透明化的改造。

一、侦查程序公开本体论

（一）侦查程序公开释义

侦查程序公开有广义和狭义之分。广义上的侦查程序公开包含两层意义，第一层意义是指规定侦查程序的法律规范应当公开，“所有的这些规定不仅可供律师和当事人参照引用，而且可供任何人查阅”，[2]侦查程序公开与侦查程序法定有着密切的联系，因此严格禁止以不公开的文件规定或内部命令进行侦查程序活动。第二层意义上的侦查程序公开，是侦查行为的公开，即侦查的程序情况及其侦查事实的公开。

本书所讨论的侦查程序公开是从“法律实施的公开”[3]角度进行的，它是指侦查机关依法将其侦查活动的程序运行情况向其当事人和诉讼参与人及其近亲属、律师以及社会公众予以适度公开。侦查是侦查机关为收集犯罪证据、查明犯罪事实而进行的一系列专门性调查活动以及采取的有关强制措施。刑事诉讼语境中的侦查，是拥有法定职权的侦查机关按照一定的程序、步骤进行，并且每一侦查行为的采取都得遵循法律预设的形式、履行法定的手续；侦查中采取的强制性措施，往往意味着对侦查对象权益某种程度上的剥夺或限制，基于权利保障的人权需求和国家刑事司法权力的规范运作，要求侦查机关将其权力运作过程及其结果在法律规定的范围内公开。

侦查程序公开，是相对于侦查秘密而言的一个程序制度范畴。传统侦查学理论中有一个相当重要的“侦查秘密”原则，指的是：在刑事案件侦查终结前，检察官、刑事警察和监察官员以及代表诉讼参与人利益介入侦查阶段的律师，在侦查活动中执行职务而获知的相关事项，除法律另有规定或经过权利人同意或法官的批准外，一律不得泄露。[4]“侦查措施秘密”原则是建立在以下基础上的：保护无辜的犯罪嫌疑人名誉，防止犯罪嫌疑人获知侦查信息妨害诉讼

---

〔1〕［美］理查德·A.波斯纳：《正义/司法的经济分析》，苏力译，中国政法大学出版社2002年版，第25页。

〔2〕管育鹰：《程序公开的价值》，载《法制日报》2000年3月5日。

〔3〕李哲：《刑事程序公开论》，载《甘肃政法学院学报》2004年第2期。

〔4〕赵爱华：《论侦查秘密性原则与侦查公开措施》，载《江苏警官学院学报》2003年第2期。

进行，保证证人以及其他涉案人员的正当权利，维护法官最终裁决的权威性和防止法官受媒体不当影响等。为了国家的利益和保障侦查活动顺利地进行，侦查人员必须保守侦查秘密，即保守案件中涉及的国家的政治、经济、军事等秘密，商业秘密与个人隐私，以及侦查活动进行中不宜公开的案情、证据、犯罪嫌疑人及诉讼参与人的有关情况等。侦查秘性原则可以防止因泄露案情而导致犯罪嫌疑人逃跑、毁灭证据、打击报复证人等不利情况的发生，对于案件的侦破是很必要的。

而侦查公开是以侦查程序的现代化为制度底蕴的。在信息化的现代社会中，公开是公权力运作的必要属性与基本要求。若无公开性，权力就难以获得公信力，权力的权威性无从得以确立，其特定性难以明确，强制性难以体现。作为国家昭示和行使追诉权的一种过程，侦查程序需要公开，由此使得侦查权力的行使具有可预测性和民主性。侦查公开，首先是现代刑事程序正义的基本要求，是程序开放性、参与性的必然；同时，侦查公开还保证着惩罚犯罪、保障人权等诸项刑事诉讼目的的有效实现。侦查秘密则是以侦查程序的闭合性为前提的，而程序的闭合性意味着侦查权力主导整个侦查程序的运作，缺乏公开的权力必然是缺乏监督的权力，而"正义是对社会整体的、后天的非正义的征服"要"依靠外力才能实现（as Deusex machina）"，[1]而仅靠侦查权力主体的自律难以确保对侦查对象权利的充分维护。

（二）侦查程序公开的特征

侦查程序公开既有同于一般程序公开的特征，它又有着不同于刑事审判阶段、刑罚执行阶段的特点：

1.侦查程序公开的主体具有专门性

主体专门性，指的是只有法定侦查权的专门机关才有义务对正在进行和已经终结的侦查程序依法在适当阶段予以适当公开。在中国刑事司法体制中，负有侦查公开责任的法定主体有：公安机关侦查业务部门，它们负责普通刑事犯罪案件和经济犯罪案件的侦查公开；国家安全机关的侦查部门，有义务对危害国家安全犯罪案件的侦查予以必要的程序公开；人民检察院的侦查业务部门，有责任对贪污贿赂犯罪、渎职侵权犯罪以及其他职务犯罪案件的侦查

---

〔1〕［英］齐格蒙·鲍曼：《后现代性及其缺憾》，郇建立译，学林出版社2002年版，第54页。

予以程序公开；当前京浙晋地区的监察委的侦查人员有责任公开职务犯罪侦查的程序性事项；监狱的侦查部门，有责任对监狱中发生的刑事案件的侦查予以程序公开；海关中走私犯罪侦查业务部门，有义务公开走私犯罪侦查程序事项；此外，军事保卫部门、铁路公安局的侦查部门，有义务对其负责的刑事案件侦查的程序性事项予以公开。

2.侦查程序公开的对象具有限定性

这种限定性表现在侦查程序及侦查信息只对特定的程序参与主体或社会公众公开，有时“即便是对程序以内的程序主体来讲，公开也是十分谨慎的”。[1]侦查公开的对象有：(1)侦查程序当事人，包括犯罪嫌疑人、被害人等，他们是主要的侦查公开的对象，但对他们公开的侦查信息极为有限。(2)侦查程序当事人的近亲属、委托人以及其他有关人员；向这部分人公开侦查程序内容，主要是为了尽量减少刑事诉讼程序的进行给犯罪嫌疑人家庭带来的不安定感，为犯罪嫌疑人提供权利救济的手段；律师可以在侦查阶段提前介入，有获知犯罪嫌疑人所涉及的罪名、会见犯罪嫌疑人向其了解相关情况的权利等。(3)检察机关和审判机关，据其审查起诉、法律监督职权以及审判职权可以了解整个侦查行动及侦查所获知的内容。(4)参与到侦查程序运作的证人、司法鉴定人、翻译人等诉讼参与人，他们配合刑事司法的运作，必须在一定程度和范围内了解案情，在侦查过程中会接触到或多或少的侦查信息。(5)司法机关之外的其他国家权力机关与社会公众，在对人大代表等特定人采取特定的拘留、逮捕等强制措施时，侦查机关必须向权力机关报告或经其允许；在其他情况中，向权力机关的侦查公开等同于向社会公开。

3.侦查程序公开内容具有特定性

在案件的侦查过程中，法律规定的一般事实都可以公开，但为了保证侦查程序公开的合目的性，保护《公民权利和政治权利国际公约》第14条第1项规定的“民主社会中的道德的、公共秩序的或国家安全的……或当诉讼当事人的私生活的利益……”凡涉及以下方面的内容不得向特定范围之外的人员公开：首先是国家秘密，包括国家政治、经济、军事、文化等绝密机密情报等；其次是侦查秘密，主要包括侦查活动所获知的情报和线索，以及侦查措施和手段的

〔1〕 徐鹤喃、刘林呐：《刑事程序公开论》，法律出版社2002年版，第57页。

实施情况，侦查措施手段的组织部署、秘密侦查力量的布置；再次是涉案的商业秘密、个人隐私等，主要是调查访问所获取的被害人或其他人员的商业秘密情况和隐私等，这方面内容的保密在经济犯罪案件、性犯罪案件侦查中特别重要；最后是侦查公开的内容特定性还体现在未成年人犯罪案件中，有关未成年人情况以及可以据以推断出未成年犯罪嫌疑人的信息等，不得予以公开。此外，若侦查涉及信息虽然不属于上述保密对象的范畴，但一旦公开会给国家利益、社会公共利益或涉案当事人造成无可挽回的严重损失的，此种信息也不属侦查社会公开的内容。

4.侦查程序公开范围具有扩展性〔1〕

侦查程序公开范围的扩展性，某种意义上可称为"侦查公开的差序性"，〔2〕指的是侦查公开原则贯穿于侦查权力行使的全过程，但在不同阶段，其公开的内容、方式也有所不同；并随着侦查程序的推进而呈现出公开内容不断增加的趋势。公开范围的扩展性体现在随刑事侦查的程序运行，侦查公开的对象不断增加，予以公开的侦查信息逐渐增多，公开的侦查信息范围扩大。在侦查启动的立案阶段，犯罪事实的存否、犯罪责任的追究与否等，还都只是立案的司法官员的主观性判断，这一阶段可以确证而作为案件事实予以公开的信息极少，一般是仅限于案发事实、立案与否事实；随侦查权力的程序运行、证据的收集、犯罪嫌疑人的确定、强制措施的采取，侦查主体可以公开的侦查信息逐渐扩展到一般的程序性事实，侦查公开的对象也扩展到侦查程序参与主体以及犯罪嫌疑人的近亲属等；当侦查程序运行结束时，除法律和社会公益、司法利益不容许公开的外，侦查过程中获取的所有信息都要向社会公开。

（三）侦查程序公开的构造论诠释

侦查程序公开的构造，是指由一定的侦查公开目的所决定的，在侦查程序公开中，侦查人员、侦查监督人员、犯罪嫌疑人、证人及其律师、社会公众等相

〔1〕　参见杨正鸣、倪铁：《侦查公开的程序效益平衡论纲》，载《中国人民公安大学学报》（哲学社会科学版）2004年第3期。

〔2〕　参见施正文：《论征税公开原则》，载《法学评论》2005年第1期。"公开原则具有以下法律特征：一是过程性……二是有限性……三是参与性。"

关主体的法律地位和相互关系。[1]

1.侦查程序公开构造以公开为基石

侦查程序公开的构造，其本质是一种公开程序主体的法律地位和相互关系。诚如哲学所言：事物之间存在广泛的、普遍的客观联系，同时联系也是具体的、有条件的。侦查程序公开中，构造主体的地位和相互关系也可视为一种相对的联系，它也不是凭空产生的，而是由一定的程序公开目的决定的。从程序工具主义的角度来看，侦查程序公开构造正是为了实现其特定的公开目的服务的，即目的以构造为实现途径，构造以目的为基石。

单就侦查程序公开的目的本身而言，它是个抽象程序理念问题，但它并非是虚空的法哲学思辨，它通过程序公开构造得以现实地影响侦查运作。侦查程序公开的目的可分为根本性目的和形式性目的：侦查程序公开的根本性目的是为了实现自由和秩序，自由目的表现为以侦查程序公开约束侦查权力，防止权力滥用、误用或其他非法使用，防止权力非法侵犯公民的自由；而秩序目的则表现为公开促进了侦查程序的透明化、民主化，使得犯罪嫌疑人、被害人、证人、司法鉴定人以及社会公众，更容易接受自身充分参与和监督的侦查程序结果，有效安定了社会秩序。侦查程序公开的形式性目的是：实现程序知情、程序参与权以及程序监督，侦查程序的公开使得侦查信息以特定的形式为侦查程序参与人和社会公众获知，从而实现了公民的知情权利；充分的侦查信息通过程序公开得以传播，从而使利害关系人可以在准确的信息基础上参加到侦查程序中去；“黑暗是滋生腐败的温床”，而侦查程序的公开则可以引入“阳光”，以强大的监督力量构成对侦查程序依法运行的保障。

在侦查程序运行中，各个层次的公开目的有机整合成一个体系指引着侦查公开活动的进行。但各层次的目的、各目的个体之间的组合，并不总是和谐的、有序的，有时它们之间也会存在摩擦和冲突，自由目的和秩序目的常常会构成此消彼长的一对矛盾共同体，对不同根本性目的的偏重，就会构成了不同的目的模式。在具体的侦查程序公开实践中，在不同的公开目的模式指引下，

---

〔1〕 参见李心鉴：《刑事诉讼构造论》，中国政法大学出版社1992年版，第180页。原文将“侦查程序的构造”表述为：侦查人员、检察人员与被告人及其辩护人在侦查程序中的法律地位和相互关系。在该书的第7页，作者将“刑事诉讼构造”解释为：由一定的诉讼目的所决定的，并由主要诉讼程序和证据规则中的诉讼基本方式所体现的控诉、辩护、裁判三方的法律地位和相互关系。

往往又形成了不同的侦查公开构造。偏重自由维护和权利保障的侦查公开目的模式，往往会在司法实务工作中形成“司法型”侦查公开构造；此构造中的侦查程序各主体之间形成诉讼化的格局，即由追诉者、被追诉者和裁判者三方共同构成侦查程序公开主体，在三方之间建成类似于审判程序中的“等腰三角形”结构。而对秩序安定目标的偏爱，则会形成侦查权力主体对侦查程序的强力控制，从而使得“行政型”侦查公开构造成为其逻辑发展的必然；“行政型”侦查公开构造中排除了裁判者的存在，而追诉者的侦查权力空间则得到了极大的扩展，被追诉者的权利保障依赖于程序制约和权力自律。一言以蔽之：侦查程序公开的目的在自由与秩序上的偏重，决定了该构造的模式选择。

2.本构造主体是公开程序的主要参与者

侦查程序公开构造的主体具有极大的广泛性，它包含了侦查程序公开的主要参与者——参与侦查公开的刑事司法机关、程序当事人以及社会公众。在中国的刑事诉讼语境中，参与侦查程序公开的刑事司法机关应作广义的理解，它包括了参与刑事诉讼运作过程的侦查主体——监察机关、公安机关、国家安全机关、检察机关等的侦查部门，对刑事案件行使侦查监督权和审查起诉权的检察机关也包括在刑事司法机关之中。在中国的刑事诉讼中，并不是所有的刑事司法机关都能在侦查阶段介入程序。所以，在侦查程序公开中，除了在侦查机关的体系内部可以在侦查阶段获知相关侦查信息，其他各刑事司法机关都只能在不同诉讼阶段中，执行不同的诉讼职能时，依职权知悉有关侦查信息。

侦查程序当事人是程序公开构造的当然主体，在这一程序参与者中，最重要的主体是犯罪嫌疑人。侦查在刑事诉讼法中的定义是：法定的享有侦查权力机关进行的专门性调查工作，以及采取的有关强制措施。侦查工作无论在何种意义上，它都意味着对犯罪嫌疑人自由的限制和权利的制约，所有无论是进行调查工作，还是采取刑事强制措施，都是围绕着犯罪嫌疑人这个中心进行的。再强大的个人当面临有组织的有组织的国家刑事司法力量，都会显得弱小；而同时权力却天然具有一种易腐性，所谓“权力导致腐败，绝对的权力导致绝对的腐败”，[1]所以侦查程序有必要以科学的、合理的公开机制来保障犯罪嫌疑人的知情权，赋予犯罪嫌疑人所聘请的律师一系列侦查行为知情权，保

〔1〕［英］阿克顿勋爵：《自由与权力》，侯健、范亚峰译，商务印书馆2001年版，第342页。

障犯罪嫌疑人有意义地参与侦查程序，同时以程序公开来监督权力运作，有效防止侦查权力的泛滥。

侦查程序公开的另一个不可忽略的构造主体是被害人，中国的刑事诉讼体制把它归入侦查程序当事人的范畴。虽然在刑事诉讼法并无侦查机关向被害人公开侦查信息的明文规定，但被害人在侦查程序中处于利害关系人的诉讼地位，他有权提起刑事附带民事诉讼，有权在侦查机关不予立案或撤案时提起刑事自诉，依此推知被害人及其近亲属有权获知侦查程序进展情况。

侦查程序公开的构造主体还包括社会公众。社会公众并不是侦查程序构造的主体，因为在侦查程序中它并不具有诉讼主体的地位。严格意义上，社会公众与一般的刑事案件侦查程序之间并不产生直接的利害关系。但在侦查公开的程序运行中，社会公众却是重要的侦查社会公开的对象，他们关注侦查并不是因为其具体的利益涉入程序运行，而是出于社会行为选择的需要，或者是出于社会责任心的驱使，侦查程序对社会公众的公开度影响公开格局的完整性。所以，公众是侦查程序公开的主要参与者，成为侦查程序公开的构造主体必不可少的组成部分。

3.构造内容是主体之间的地位和关系

侦查程序公开构造是一种主体之间通过各种程序权利享有、义务承担等方式，在程序公开实践中形成的法律地位和相互关系。在不同的侦查程序公开的构造模式中，各构造主体之间的相对地位和相互关系也是不同的。由于公众这一构造主体并非侦查程序的诉讼主体，其在侦查程序中无独立于诉讼主体外的切身利害关系，所以其在本构造格局中的地位也并不独立，下文的构造模式的论述中，将会选取侦查程序诉讼主体——处于追诉者地位的侦查机关、处于被追诉者地位的犯罪嫌疑人、处于裁判者地位的法院——作为构造内容分析的模本。

上述对“目的决定构造”的论述中，涉及侦查程序公开的两种构造模式：“司法型”与“行政型”侦查程序公开的构造类型。[1]“司法型”侦查公开构造

---

〔1〕 参见谢佑平、万毅：《刑事侦查制度原理》，中国人民公安大学出版社2003年版，第136页。著者在同等意义上使用“侦查构造”与“侦查模式”的概念，并依据侦、辩、审三方在程序中的地位和关系将其划分为“司法型”侦查模式和“行政型”侦查模式。本书将该种模式划分引入侦查程序公开的构造中来，也依据三方的法律地位和相互关系将公开的构造细化为“司法型”公开构造和“行政型”公开构造两种类型。

对应的是“对抗制”刑事诉讼构造，在该公开的构造中，侦查机关、犯罪嫌疑人方和介入侦查的法院三方之间形成诉讼化的“司法型”格局。该类构造中，被追诉方享有追诉方同等的诉讼地位，法院作为中立的裁判者介入侦查程序，处于该构造“等腰三角形”格局的顶端。在“司法型”侦查公开的构造中，犯罪嫌疑人一方的程序告知权得到充分的维护，侦查机关所进行的行为也得向法院公开。

“行政型”侦查公开构造则对应的则是“职权式”刑事诉讼构造，体现在侦查程序中就是：侦查程序由作为追诉者的侦查机关垄断，犯罪嫌疑人处于被追诉地位，侦查一方以强大的权力对程序实行控制，双方的诉讼地位不平等；“行政型”侦查公开构造中排除了裁判者的存在，对法院的侦查公开只是事后的、有限的，裁判权对侦查的程序合法性控制力极为薄弱。在“行政型”侦查公开构造下，整个侦查程序以“秘密”为原则，程序公开是由侦查机关精心选择的形式化公开，而且这极为有限的公开也并非基于犯罪嫌疑人权利保障的目的，而是唯“侦查权力需要”马首是瞻。

由此可知：侦查程序公开的构造是以特定主体之间的法律地位和相互关系为内容的，不同的公开的构造类型具有不同的主体地位和关系；而主体之间地位和关系的具体组合形态，反过来又形成了不同的公开的构造模式。

4.构造表象化为侦查程序具体规则

作为一种主体之间的地位、结构和关系，侦查程序公开的构造不能以抽象的关系来实现自我，必须以具体的侦查程序规则的设置和运行为载体。这一载体形式集中体现为：侦查程序中的告知制度。现代侦查程序制度都把犯罪嫌疑人的权利保障奉为圭臬，各国刑事诉讼法律规则纷纷把侦查程序告知作为一项原则，并通过完善的规则保障犯罪嫌疑人知情权实现。无论在英美法系国家，还是在大陆法系国家，都规定犯罪嫌疑人在被采取强制措施或被讯问前，有权知悉其所涉嫌的罪名以及侦查行为的依据的事实等。侦查机关必须告知犯罪嫌疑人所享有的一系列诉讼权利，如辩护权、沉默权、不自证其罪权等。

侦查公开构造的另一重要的载体形式是：检察的侦查控制（或监督）制度和司法授权审查制度。德、日等国家刑事诉讼中的“检警一体化”制度，使得检察机关能够迅速准确地获知侦查程序情况和事实信息；而中国检察机关的侦查监督制度的运作，也能够保证检察机关知悉如逮捕等重大侦查行为，而审查起诉制度则保证了检察机关能够在事后获知具体的侦查程序情况。另外，司法授权和审查机制则能够使重大侦查行为必须由法院决定，从而保障了法院对侦查事项的知情，但法院对侦查程序运作情况的知情是较为滞后的。

该构造的程序载体还体现在：对违反侦查公开构造内容的行为的惩戒规则。对侦查公开构造所依托的具体规则的落实工作，不仅要依靠正面的程序公开规则来保障，也要为程序公开提供反面的激励——对违反公开规则的行为的法律效力加以否定性评价，并惩戒相关责任主体。

二、侦查程序公开的源流论析

从纵向的历史发展上来看，侦查程序的衍变是一个不断从秘密走向公开的发展过程；从横向的比较视角分析，我们又会发现侦查程序公开在不同的法系、不同国家有着不同的制度内涵。无论是对侦查程序公开的历史变迁阐述，还是对其进行比较法考察，都意在为中国的侦查程序公开的司法运作提供借鉴。

（一）侦查程序公开之变迁

在19世纪之前，“刑事案件调查以书面形式秘密进行，遵循严格的法则建构证据，乃是一种无须被告出席便能产生事实真相的机制”。[1]那个时期的侦查程序中，盛行“司法酷刑”，“受刑的肉体首先被纳入法律仪式中，而这种仪式应该产生并向一切人展示罪行的真相”。[2]“除了英国这一明显的例外，在法国以及多数欧洲国家，整个刑事诉讼过程”是“背着被告，至少是在他对指控或证据茫然不知的情况下进行的”。在刑事司法的程序运作中，了解案件是检察官的绝对特权，法国1498年的法令明确规定了先期调查应当“尽可能地认真而秘密进行”；1670年法令则规定了被告不得接触有关本案的材料，不能知道原告的身份，在反驳证人之前也不能知道证据的情况。在确立事实真相时，

〔1〕［法］米歇尔·福柯：《规训与惩罚》，刘北成、杨远婴译，生活·读书·新知三联书店2003年版，第41页。

〔2〕［法］米歇尔·福柯：《规训与惩罚》，刘北成、杨远婴译，生活·读书·新知三联书店2003年版，第38页。

“保密本身就要求规定一种关于刑讯事实的严格模式”。[1]

在法治时代开始来临之初，刑事诉讼制度逐渐蕴含了人权保障的内容，侦查和预审活动仍是秘密进行的：既不向社会公开，也不向律师和当事人公开。如“侦查秘密”在大陆法系国家的刑事司法中一直受到高度重视，传统的预审程序完全是在保密状态下进行的。侦查进展情况决不允许向犯罪嫌疑人透露，甚至不允许犯罪嫌疑人在场。即使设有嫌疑人和律师在场的程序，如预审法官讯问犯罪嫌疑人，也是在对外严格保密的情况下进行的，侦查程序参与者对于程序运行情况都有保密的义务。法国1808年《刑事诉讼法典》第11条规定：侦查和预审一律秘密进行，并不得损害犯罪嫌疑人的权利，一切参与此程序的人员应依照法律，保守职业秘密。[2]

刑事诉讼制度在历史的嬗变中发展，20世纪40年代后，在反思法西斯粗暴践踏人权的基础上，联合国通过一系列国际人权公约，将刑事程序公开作为国际人权保护的一个重要措施加以规定，并将侦查程序的公开作为重点。1966年的《公民权利和政治权利国际公约》第9条第2款规定；任何被逮捕的人在被逮捕时，应被告知逮捕他的理由，并应被迅速告知对他提出的任何指控。另外，针对被害人的程序公开也受到社会关注，《为罪行和滥用权力行为受害者取得公理的基本原则宣言》第6条（a）规定：应通过下述方法，便利司法和行政程序来满足受害者的需要：（a）让受害者了解他们的作用以及诉讼的范围、时间、进度和对案件的处理情况。随着世界各国刑事诉讼制度的发展，法治国家开始了大规模的刑事司法民主化运动，遵循“阳光是最好的消毒剂，电光是最好的警察”的公理，[3]刑事程序的公开由审判阶段全面延伸到侦查阶段，侦查程序运行的透明度越来越高，犯罪嫌疑人的诉讼地位和诉讼权利保障措施越来越务实和全面，律师参与侦查阶段的范围日益扩大，被害人的知情权在侦查阶段逐渐得以落实，法官也介入侦查为有关人员提供权利临时处分的审查和救济。从刑事司法的总体上看，侦查程序越来越透明，越来越有效益，也越来越公正。

---

〔1〕 [法]米歇尔·福柯：《规训与惩罚》，刘北成、杨远婴译，生活·读书·新知三联书店2003年版，第39页。

〔2〕 《法国刑事诉讼法典》，谢朝华、余书通译，中国政法大学出版社1997年版，第13页。

〔3〕 王名扬：《美国行政法》，中国法制出版社1995年版，第433页。

侦查程序运行由秘密到公开的发展历程，既是侦查程序当事人权利保障逐渐得到完善的过程，也是社会公众知情权不断得到满足的过程。知情权起源于新闻记者的口号和愿望，并被现代各国所普遍人可：1951年芬兰颁布了《文件公开法》把公民的知情权从新闻报道的自由权中分离出来，作为一项独立的权利予以确认，并将情报公开作为政府的一项义务。20世纪六七十年代，美国相继颁布了《1967年情报自由法》(Freedom of Information Act)和《1976年阳光下的政府法》(Government in the Sunshine Act)，确认了公民的知情权利。1977年，《德国宪法》规定：当局应当为民众提供信息，公民获取信息的费用一般由政府支付。[1]瑞典也以宪法条款确立了公民的知情权，在《瑞典宪法条例》第2章第1条规定公民有获得和接受情报的情报权。日本等国则以司法判例的形式确认了公民的知情权。此外，由于侦查权的属性长期争讼不定，有相当多的国家把侦查权定位为"行政权"，这就必然使得"二战"后行政公开的诸多立法当然地适用于刑事侦查领域的程序公开事项。总之，在公众知情权得到全面保障的社会背景下，侦查程序在得以向社会公众充分公开。

(二)英美法系国家的侦查程序公开制度

英美法系国家往往并不在刑事诉讼的审前阶段划分出专门的侦查阶段。在英美国家中，侦查、公诉的程序进行是处于一种"我中有你，你中有我"的混合状态。在侦查活动中，实行对抗式侦查模式，整个侦查程序以公开为原则。在对抗式侦查模式下，国家并不垄断侦查权，犯罪嫌疑人一方也可以聘请侦探进行侦查，侦查权力国家主体当然也无法独占侦查信息。

在侦查措施采取方面，英美法系国家极为注重侦查程序对犯罪嫌疑人及其所聘请律师的公开。由于对犯罪嫌疑人而言，"告知权是该人首要的、最基本权利，也是非常重要的诉讼权利"。[2]法律以极为详尽的条文规定了一系列制度，保障侦查机关告知犯罪嫌疑人采取侦查措施的理由以及有关权利等。如1791年《美国联邦宪法修正案》(Constitution of the United States: Bill of

---

〔1〕 Jane Steele, Information for Citizenship in Europe, *Policy Studies Institute*, 1997, pp.38-52. 转引自樊崇义主编：《诉讼原理》，法律出版社2003年版，第494页。

〔2〕 周欣：《欧美日本刑事诉讼——特色制度与改革动态》，中国人民公安大学2002年版，第39页。

Rights）第1～10条及第14条规定了公民的正当程序权利，其中就包含侦查程序知情的权利，特别是第6条更为具体地规定了犯罪嫌疑人和被告人有权“被告知控告的性质和原因”。美国著名的“米兰达规则”（Miranda Warnings）要求：侦查官员在讯问犯罪嫌疑人时必须告知其有权委托辩护律师，对受到拘押的犯罪嫌疑人，不论在指控前或指控后，讯问时都应有律师在场，方为合法。在执行逮捕和搜查的时候，美国警官在闯入住宅之前应宣布其目的和授权。〔1〕英国法律则规定警察将犯罪嫌疑人逮捕后，必须将其带到警察局才能进行讯问。在讯问前，英国除了要告知他有权沉默外，还必须告知他有聘请律师的权利，如果犯罪嫌疑人提出要聘请律师，则警察的讯问必须等律师到场后才能进行。1991年英国开始实施的《录音实施法》（Recording the Implementation Method），它规定警察讯问犯罪嫌疑人时除必须有辩护律师在场外，还应当同时制作两盘录音带；1999年实施的《录音实施法修正案》（Amendments to the Record Implementation Act）规定，警察在进行讯问时，除了必需制作两盘录音带外，还要同时制作两盘录像带，这些措施从物质条件上保证了侦查公开的有效进行。〔2〕

在英美法系国家，向被害人所做的侦查程序公开越来越受到重视。如英国在1990年内政部通过了《被害人宪章》（Victim's Charter），加强被害人在包括侦查程序在内的刑事诉讼中程序知情权和参与权。在案件侦查进行中，警察局和检控署有义务向受害人提供信息，告知受害人案件由哪个警察侦查，以及案件的处理进程，如嫌疑罪名、侦查情况等。〔3〕

英美法系国家普遍建立令状制度来保证重大侦查行为对司法机关的公开，这在采取羁押等强制措施方面表现尤为明显。值得注意的是，与美国的情况有所不同，英国在除了审前羁押这种严重限制人身自由权利的侦查措施必须向法官公开外，针对人身进行搜查等强制性措施的采取并不必向法官公开以获取令状。英国（主要指的是英格兰和威尔士）警察在侦查中完全是独立

---

〔1〕 Rolando v. Del Carmen, *Criminal Procedure and Evidence*, Harcourt Brace Jovanoich, Inc, 1978. 转引自宋英辉主编：《刑事诉讼原理》法律出版社2003年版，第109页。

〔2〕 一般而言，英国法往往指的是英格兰和威尔士相关法律制度的综合，并不包括类似于大陆法风格的苏格兰法，也不包括具有高度独立性的北爱尔兰法律制度。

〔3〕 参见徐立志：《欧洲归来话人权》，载《环球法律评论》2002年夏季号。

的，不受来自部门之外指示干扰，侦查终结后的起诉也由其审慎决定。[1]英国警察可以不加区别地采集、保留经搜查程序而得来的被检查人DNA信息，对人身检查不做严格限制。[2]英国和美国在长期的刑事侦查实践中形成了审前羁押的司法审查制度，英国1679年《人身保护法》（Habeas Corpus Act）规定：除了可以无证逮捕的情形外，若无治安法院治安法官（justice of the peace）所发出的附理由的逮捕令不得捕人，[3]对于被捕人必须在十日内提交法庭审理以决定是否羁押，逾期即应予以释放；[4]犯罪嫌疑人如果认为羁押不合法，可以向高等法院申请人身保护令。在美国，警察要获得逮捕证，必需首先向地方法官或其他司法官员提出经过宣誓的控诉书，将嫌疑犯罪事实、犯罪嫌疑人的姓名、身份、特征、要求逮捕的理由等，[5]向司法官员公开；警察在持司法令状将犯罪嫌疑人逮捕后，原则上在24小时内带至法官处，以审查逮捕行为的合法性，如犯罪嫌疑人提出要求，还得举行“预审听证”，以对抗方式进行审查，这时该侦查的透明化进一步得到提升。

为保证侦查程序公开得以实现，英美法系国家在刑事诉讼性法律中规定了公开的步骤、方式、方法及公开所必须履行的法律手续，而且对侦查程序公开规定了各种保障及救济机制。并且，英美法系国家还通过庭审前的证据交换，实现侦查程序运行结果的公开。同时，英美法系国家发达的媒体和健全的传媒法律体系高效运作，保证在不妨害司法公正的前提下向社会公众传递侦查信息。在美国，“对于逮捕或重要侦查之后可以作为新闻发布的情报消息，都制定了政策，如果记者在犯罪现场或逮捕现场拍照，只要他不妨碍执行侦查或逮捕的任务，并应当允许他这样做”，该类政策能够有效实施侦查的社会公开，满足社会大众的知情权。

（三）大陆法系国家的侦查程序公开制度

大陆法系国家在刑事诉讼的程序进行中，遵循诉讼阶段的运作设计，在侦查中实行的是纠问式侦查权配置模式：国家垄断侦查权，侦查程序的闭合性较

---

〔1〕 参见孙长永：《探索正当程序——比较刑事诉讼法专论》，中国法制出版社2005年版，第31页。

〔2〕 参见王志刚：《刑事人身检查制度研究》，中国人民公安大学出版社2012年版，第97页。

〔3〕 参见刘显娅、倪铁：《英国治安法官出现的原因》，载《历史教学研究》2013年第1期。

〔4〕 参见陈光中主编：《外国刑事诉讼程序比较研究》，法律出版社1998年版，第133页。

〔5〕 参见何家弘编：《外国犯罪侦查制度》，中国人民大学出版社1998年版，第127～129页。

英美法系国家的相关制度要严密的多，侦查信息的权力独占性强。但在它们的侦查制度中，侦查机关有义务对犯罪嫌疑人进行广泛的权利告知、律师对侦查活动的广泛参与、检警一体化的制度设计以及审前羁押的第三方介入等措施，充分体现了侦查程序的公开。

在法国、德国等大陆法系主要国家，都将侦查程序公开制度的焦点放在保障犯罪嫌疑人的告知权、律师充分参与侦查程序的权利上面。法国2000年6月15日第2000－516号关于加强保障无罪推定和被害人权利的法律，在保持侦查和预审秘密原则的同时，通过建立一些公开化的窗口，就所控的罪行和辩护理由进行公开的和对立的辩论，以赋予程序更大的透明度。《德国刑事诉讼法》第114条规定执行逮捕时要对被指控人宣布逮捕令；第147条则赋予辩护律师广泛地查阅案卷的权利，辩护人对讯问笔录、专家陈述的查阅是无条件的。[1]律师可以通过查阅对嫌疑人的讯问笔录、准许律师在场的法院调查活动笔录和鉴定人的鉴定了解侦查信息。德国法还对秘密侦查措施的公开做了规定，其规定了当事人的对秘密侦查措施的事后知悉权，即一旦对侦查目的、公共安全、他人人身或生命不再构成危险，应当将采取的秘密措施通知利害关系人。《意大利刑事诉讼法》第329条规定了侦查的秘密性原则，但嫌疑人在侦查终结时能够知道有关侦查的情况；第114条规定表明不再保密的文书，在初期侦查结束以前或在初期庭审结束后可以予以公布。还规定了侦查程序对犯罪嫌疑人律师的公开，法律规定当警察进行搜查、扣押、查封等行为时，辩护律师均有权出席和参加。

在大陆法系国家的侦查公开制度中，并没有放弃对被害人的侦查程序知情权利进行保障。如《德国刑事诉讼法》第171条规定，检察院侦查终结后决定停止程序时，应当通知告诉人，同时阐明理由；告诉人如果同时又是被害人的时候，在通知书中要向他告知可以声明不服可能性和对此规定的期限。

在侦查程序对法官的公开制度中，大陆法系国家对侦查的司法审查，不是通过治安法院的法官来进行，而是设置预审法官（或侦查法官）来实现的。德国在1975年之前也设置了侦查法官，负责处理审前羁押等事项的处理。《法国刑事诉讼法典》第122条规定了预审法官可以根据案情签发传票、拘票、拘留

---

〔1〕［德］托马斯·魏根特：《德国刑事诉讼程序》，岳礼玲、温小洁译，中国政法大学出版社2004年版，第65页。

证和逮捕证等，规定其享有在侦查行为之前或之后做出具有司法裁决性质的决定权，预审法官可以通过此制度获知侦查信息。法国的预审法官拥有侦查权，可以依法进行一切他认为有利于查明事实真相的侦查活动，[1]所以其侦查程序几乎完全对预审法官公开。德国则通过设置与法国的预审法官相似的侦查法官来进行司法审查职权，侦查法官隶属于地方法院，其办公地点设于警察局或拘留所，他的职权主要是：决定扣押、监视电信通讯、搜查、签发待审羁押和暂时逮捕令状，紧急情况下可以不经检察官的申请直接采取某些侦查措施。德国的侦查法官通过以上职权的行使，从而获知侦查程序中的具体事实等。

大陆法系国家往往实行的是"检警一体化"的追诉格局，侦查信息在负责侦查的警察机关和检察机关之间共享。在该追诉格局下，由检察官主导侦查程序运行，检察机关与司法警察之间的关系是领导与被领导、指挥与被指挥的关系。法国司法警察的职责是进行初步侦查以及对现行犯罪的侦查：他们负责对犯罪行为进行登记，收集犯罪证据以及在正式侦查开始之前查明犯罪嫌疑人。司法警察在获悉犯罪时，必须立即通知检察官，检察官在侦查中处于司法警官的上级地位，享有司法警察的一切职权，并可以指挥辖区内的司法警察的侦查工作，监督措施的实施。[2]而《德国刑事诉讼法》第163条规定了在侦查刑事犯罪行为的范围内，警察只担负辅助检察院的责任；警察的侦查被限制在初步的调查和保全证据上，对于在侦查中形成的案卷材料应当移送给检察官办公室；同法国一样，德国的检察官也可以领导侦查和自行侦查。[3]"检警一体化"模式下，侦查程序的运行完全展现在检察机关的视野之中。

大陆法系国家的侦查程序也对社会公众予以适度的公开，虽然传统上其侦查程序实行"预审秘密"原则，但大陆法系各国都在努力通过一些公开化的窗口进行侦查公开。[4]总体来说，大陆法系国家的侦查程序的社会公开力度在不断加强。

---

〔1〕［法］卡斯东·斯特法尼、乔治·勒瓦索、贝尔纳·布洛克：《法国刑事诉讼精义》，罗结珍译，中国政法大学出版社1999年版，第386页。

〔2〕［法］卡斯东·斯特法尼、乔治·勒瓦索、贝尔纳·布洛克：《法国刑事诉讼精义》，罗结珍译，中国政法大学出版社1999年版，第368页。

〔3〕［德］阿希姆·赫尔曼：《德国刑事诉讼法典（中译本序言）》，李昌珂译，中国政法大学出版社1995年版，第6页。

〔4〕宋英辉主编：《刑事诉讼原理》，法律出版社2003年版，第131页。

(四)中国侦查程序公开制度

中国刑事诉讼规则为侦查程序公开提供了“粗放型”的框架,通过一系列的制度设计,力图实现侦查活动对当事人、辩护律师和社会公众的公开。我国的侦查程序公开的具体制度体现为:

在刑事诉讼法律规则中,已经确立一整套对犯罪嫌疑人及其近亲属、所聘请律师进行的侦查程序公开制度。在侦查程序中,犯罪嫌疑人有权知悉自己涉嫌的罪名;有权知悉侦查人员姓名,以行使申请回避权;有权知悉将作证据的鉴定意见;有权知悉讯问笔录的内容,在其承认笔录没有错误后,应当签名或盖章。法律还通过一系列的告知落实了犯罪嫌疑人一方的侦查程序知情权:拘留、逮捕后,除有碍侦查或无法通知的情形以外,应当把拘留、逮捕的原因和羁押的住所,在24小时以内,通知被拘留人和被逮捕人的家属或者他所在的单位。取保候审或者监视居住的,司法机关应当及时告知当事人及其家属、律师。受犯罪嫌疑人委托的律师可以为依法参加侦查活动,通过查阅有关证据材料、进行相关的调查活动,获知侦查程序的信息。

中国刑事诉讼法把被害人作为程序主体来对待,在程序运行中对被害人的权利保护予以充分地关注,侦查制度中给他们的侦查程序知情留下了一定的空间。《刑事诉讼法》规定,侦查机关应当将用作证据的鉴定意见告知被害人;同时,该法通过规定被害人在侦查机关不立案或不予追究的案件进行自诉的权利,从而间接确立了被害人对侦查启动和侦查终结的知情权。

在设置侦查程序时,刑事诉讼制度并没有把法院纳入侦查构造中,所以对法院侦查公开仅仅是事后的有限侦查信息公开。而作为法律监督机关的检察院,在侦查程序运行的同时可以以监督者的身份介入程序,从而获知侦查信息;并且检察机关还被法律赋予审查起诉的职能,它还可以在侦查结束后、案件进入审查起诉阶段时获知大量的侦查信息。在侦查机关内部不同机关之间的程序公开,则是以移送、通报、协作等方式来实现的。

通过官方信息途径或新闻媒介等,社会公众可以或多或少地了解侦查程序的一些情况,但该种形式的侦查程序公开尚未在刑事侦查制度中定型和体系化。在中国的刑事诉讼制度中,社会公众还可以证人、见证人等身份协助侦查,从而获知侦查信息。法律还规定:必须保证一切与案件有关或了解案件的公民,有客观充分提供证据的条件,除特殊情况外,并且可以吸收他们协助调查；公民可以见证搜查、扣押等侦查措施。在通缉等侦查措施的采取中，侦查向社会公开的范围更大。

但是，正如某些学者所尖锐指出的那样："现行刑事诉讼法所确立的大量诉讼程序，不仅对于保护嫌疑人、被告人以及其他当事人的权益没有明显的意义，而且也不包含太多的价值含量，而是带有明显的技术性和手续性。尤其是那些涉及剥夺、限制各种公民权利的强制措施或强制性调查行为，既不受司法审查的控制，也缺乏必要的理由、期限、司法救济等方面的程序要件，而变成了公安机关、检察机关自我授权、自行实施的行政处罚行为。"[1]在侦查程序公开的领域中，侦查机关往往被视为行政机关，特别是在公安机关作为侦查主体时，把侦查程序公开视为警务公开的重要组成部分，而忽略了侦查程序公开的独特属性，导致很少有侦查部门单独设立新闻发言人来保障公众知情权的实现。

此外，我国侦查程序公开的规制形式和立法层次都相对较低：世界上很多国家，如瑞典、日本、德国、法国、美国、韩国等13个国家都制定了情报公开法或有关的法律规范；但我国目前还没有对侦查等刑事诉讼过程中的官方信息公开专门立法，更毋论侦查信息公开的专门立法了。

三、侦查程序公开的价值基奠

美国学者帕卡说过，每个刑事程序模式都有其特定的意识形态基础，代表某项价值选择，并有其主要目标和判断标准。每个模式代表不同的价值选择，而为程序实践所服务，刑事程序在实务运作中所表现出来的性格与形态如何，是由其日常技能所反映出的价值选择所决定的。[2]侦查程序的公开，既是顺应刑事程序现代化的需要，也是基于一定价值判断进行理性选择的结果。

（一）侦查价值概览

"价值"一词源于经济学中商品的价值，是商品的社会属性，体现的是生产者互换劳动的社会关系。而哲学家则"致力于发展出理解道德本性的工具，这一工具被称为价值学"，[3]他们把价值与道德目标相联系，从而发展出价值

〔1〕 陈瑞华：《刑事诉讼法的立法技术问题》，载《法学》2005年第3期。
〔2〕 李心鉴：《刑事诉讼构造论》，中国政法大学出版社1992年版，第24～25页。
〔3〕 [美]马斯洛：《人类价值新论》，河北人民出版社1996年版，第135页。

的哲学意义，它是“与人们利益和欲望发生关系的范畴”[1]“价值的真谛植根于人的需要”，[2]而人作为一种复杂的社会关系的总和，具有需求的多样性，亦即利益和欲望的多层次性，这就给价值带来了多元化的趋向。

价值是关涉到一切可以成为目的、理想以及可以成为爱好、欲望、兴趣之对象的东西，它具有广泛的社会意义，任何社会制度都无法回避价值考量。侦查程序作为一项刑事诉讼程序制度，它的价值是与诉讼价值密切相关联的。侦查程序价值作为人类诉讼价值的一种，是人们将法律价值运用于刑事侦查程序，“并由主体（通常是国家或公民）做出选择或评价的一种体现”。[3]就侦查程序来说，它的价值就是它的存在及其属性对人需要的满足；它包含了正义、效率、平等、自由、秩序等诸项价值。在侦查学理论界，由于分类标准的差异，存在不同的侦查程序价值观：目的价值观、过程价值观、工具主义价值观、程序主义价值观，等等。虽然在侦查程序价值观的归纳以及演绎上，学者众说纷纭；但无论是哪一种侦查程序价值观，都不否认价值的多元，都把侦查程序价值视为一个由众多价值元素组成的、多层次的有序系统。

在侦查公开的实践中，有关主体立场各异、诉讼理念有别，导致对程序公开价值的认识与选择有所差别；但该程序公开的运作过程，是侦查在具体领域中的程序实践，它必然体现着侦查程序所归依的价值基础——以正义、效率为主题的价值体系。侦查公开的价值不仅存在于正义、效率、效益等价值，[4]还存在于平等、参与、中立、独立等价值。在这一纷繁的价值元素整合而建构的价值体系中，可从三个方面入手来确立各价值位阶：第一个价值层次是实体性价值，即侦查公开要实现的伦理目标和理想结果：权利、秩序，这是程序公开的价值根基；第二个价值层次是程序性价值，即该公开程序运作在形式上所具有值得肯定的尺度：平等、参与、自治等，这一位阶的价值构成侦查公开的价值标准；第三个方面的价值是正义，它在价值冲突时作为平衡性要素而存在，其融合于实体性价值和程序性价值之中，并不独立于这两个价值位阶之外。

---

〔1〕 王守昌：《西方社会哲学》，东方出版社1996年版，第201页。

〔2〕 谢佑平、万毅：《刑事侦查制度原理》，中国人民公安大学出版社2003年版，第10页。

〔3〕 李晓明、辛军：《诉讼效益：公正与效率的最佳平衡点》，载《中国刑事法杂志》2004年第1期。

〔4〕 宋英辉：《刑事诉讼目的论》，中国人民公安大学出版社1995年版，第13～18页。

(二)侦查程序公开的实体性价值

侦查程序公开的实体性价值,也是通过该程序公开达到的实体性目标,它是侦查主体通过侦查程序的公开所要追求的、合乎自身需求的结果。该实体性价值具体而言就是:权利价值和秩序价值;它们是侦查公开“赖以存在的道德根据及其具体运作所要实现的理想结果”,[1]构成该侦查程序公开的价值根基。

1.侦查公开的权利价值

权利之所以成为侦查公开的价值取向,是因为权利是人类社会的一项终极价值目标、根本需求,是人类社会存续、发展的基本前提;故此,人类社会的任何制度设计,都不能违逆人对权利的价值追求。侦查公开也必然要将权利维护奉为圭臬,通过侦查程序的公开,保障权利——涉案当事人的人身财产权利以及社会公众的权利。

首先,侦查公开为犯罪嫌疑人提供人权保障。在具体案件的侦查中,程序的运作直接涉及犯罪嫌疑人的人身、财产、隐私和生命等项权利,虽然侦查权力对嫌疑人权利的这种限制不是最终的和确定的,但这种诉讼阶段性的限制,同样置犯罪嫌疑人于权利剥夺的状态。程序公开则以高度透明性的程序保障犯罪嫌疑人的正当权利,从而体现程序公开对被追诉者权利维护的价值。

其次,该程序公开维护了被害人权利。犯罪不仅是犯罪行为人对被害人个体权利的侵害,也是对社会秩序的破坏,自从国家垄断了对该类犯罪的追诉权力之后,[2]被害人不得不依附于强大的国家追诉力量,其独立的刑事追诉主体地位丧失。而国家的立场和着眼点不同于作为个体的被害人,所以,司法实践中往往会出现国家基于整体利益的考虑,而部分背离被害人的个人权益。而程序公开则为被害人及时有效地参与诉讼程序提供了平台,为被害人权利的维护提供了空间。

再次,侦查公开保障了社会公众知情权以及其他权利的实现。侦查活动

---

〔1〕 参见陈瑞华:《刑事审判程序价值论》,载《政法论坛》1996年第5期。在法哲学中,“价值”一词通常在两种意义上使用:一方面,它可指法律制度的伦理目标或道德理想,即法律制度赖以存在的道德根据及其具体运作中所要实现的理想结果,如正义、自由、平等、秩序、公共福利等。另一方面,价值又可以指人们据以确定和判断法律程序和法律制度正当、合理的标准和尺度。

〔2〕 在日本和美国,刑事案件只能由执行公诉职能的检察机关提起,它们国家的刑事诉讼制度中不存在自诉,这是国家垄断刑事追诉,是世界刑事追诉的普遍形态;我国则赋予了被害人一定程度上的自诉权,但在公诉案件中又未给予被害人以当事人诉讼地位。

作为一项刑事司法性的社会活动，它较之一般的社会行为更能影响社会的公正观念和行为模式的选择，这使该类侦查活动易为公众关注，公众对侦查活动，特别是那些震动社会的、影响较大的犯罪的侦查，享有知情权；侦查程序的公开，正是在这一意义上具有了维护公众知情权的价值。对社会公众而言，该程序公开的权利维护价值的第二层意义，是指通过公开，在犯罪案件发生的领域和部门形成预警机制，防止犯罪行为社会危害后果的扩大；也为公众趋利避害、选择安全行为提供判断和参照。[1]

最后，完善的侦查程序公开制度在其框架内，能够为侦查信息知情权的权利受侵者提供有效的救济。在侦查程序公开的制度运作中，程序公开不仅是执掌侦查权力的国家机关的单向公开，即由该机关决定公开某些情报内容；更重要的是侦查程序参与人和公众行使“知情权”，主动要求获取侦查信息情报，并在该权利受到侵犯时有权依法获得救济。

2.侦查公开的秩序价值

侦查程序的公开，既体现了对权利价值的追求，也体现了对秩序价值的追求。如果说前者反映了人的自然本性，那么对秩序价值的尊崇，则充分体现了人的社会本性。侦查公开的秩序价值，具体而言是指通过程序公开实现侦查权力运作秩序以及社会整体秩序的安定，从而实现“社会生活的某种稳定性，即在某种程度上长期保持它的形式”。[2]

侦查公开的秩序价值的第一个方面体现在：程序公开保证侦查权力运作的秩序。犯罪是对社会秩序的破坏，对该犯罪进行纠举的刑事侦查活动必须是有序的，否则只会造成社会的更深层次上的无序。侦查程序运行的公开，能够增强侦查权力运行程序的透明度，防止权力失控或滥用，有效实现侦查权力运行的规范有序。

该公开的秩序价值表现的第二个层次是：侦查通过程序公开，实现对被破坏秩序的恢复和安定。侦查活动能够及时纠举犯罪，使社会政治经济文化活动回复到平衡状态，从而起到安定社会秩序的作用。在该侦查程序中进行有效的公开，则能够使社会公众有机会获得准确及时的讯息，从而有序地组织自己的行为；及时有效的侦查公开，能避免因罪案调查引起的不必要社会恐慌，

---

〔1〕 劳拉：《案件信息披露应以何为标准》，载《燕赵都市报》2003年11月24日。

〔2〕 P.S.Cohen, *The Theory of Modern Society*, *London*, 1968, pp.18-19.

从而维护社会经济秩序。

秩序价值的第三个方面指的是：侦查程序的公开可以体现对整个社会秩序的安定。在侦查中，以合理的程序公开向社会公众宣示法律程序意义、诉讼正义取向、权利维护价值观等，树立刑事司法的权威；以程序的公开带动程序参与，弘扬侦查的法治蕴意，为社会活动提供秩序化的冲突解决模式，从而从更深远的意义上实现安定社会的秩序价值。

（三）侦查程序公开的程序性价值

侦查公开的程序性价值，是该侦查公开在程序运作的形式上所具有的表征。该程序性价值体现的是：侦查公开的程序作为“手段的道德性”，[1]它展现了公开的程序自身的公正性和合理性。侦查公开的程序性价值，主要就是指合理的公开程序所具有的平等价值、参与价值和自治价值等，这一位阶的价值要素构成了评价侦查公开对权利、秩序实现程度的价值标准。

1.平等价值

在侦查中，我国刑事诉讼实行的是“强职权主义”侦查权配置模式：国家垄断侦查权，侦查程序闭合严密，侦查权力主体对侦查信息的独占性极强。在侦查程序中，侦查权力主体主导程序，而有关的程序当事人获取侦查信息的手段和机会有限，欲在侦查程序主体之间形成平等的程序地位，只有确保程序当事人的权利，以权利来抗衡权力，实现在侦查中的程序性平衡。

一方面，侦查程序的公开后，可为参与该侦查程序的当事人提供程序事项以及其他侦查信息，在对有关信息的大量获得和分析的基础上，理性选择恰当的诉讼性行为，维护合法权利，从而实现与侦查权力机关的程序性地位平等。

另一方面，在侦查中进行的程序公开，通过透明的程序约束易扩张的侦查权力，保证权力遵循体现程序平等的规则运行。“阳光是最好的消毒剂，电光是最好的警察”，[2]侦查的程序公开将以有效的公开实现高效的监督，从而确保在侦查程序主体之间实现程序性平等。

2.参与价值

“参与，被视为是现代民主政治的核心，民主政治作为一种程序性政治，

〔1〕 陈瑞华：《刑事审判原理论》，北京大学出版社1997年版，第46页。
〔2〕 王名扬：《美国行政法》，中国法制出版社1995年版，第433页。

其实现就依赖于有效的参与机制的保障”。[1]程序参与是指程序运行中的当事人、其他诉讼参与人等，能够参与程序，对有关的权利事项有一定的知悉权，并能有意义地影响程序结果的产生。社会公众“对法律生活的积极参与会产生对法律的信任，对法律的信任同时又是他们主动参与这类活动的前提”。[2]完整意义上的程序参与包括了知悉和依据所知悉事项积极行动，还必然包含了这样的意义：参与是有程序意义的参与。从程序参与的一般意义可知：程序参与必须以知悉为逻辑起点和现实基础。侦查程序的公开本身是一个程序参与人参与侦查程序运行的过程，它为程序参与人的诉讼参与行为提供了条件和保障。在侦查程序公开中，就是以公开保障知悉，以知悉为基点，实现有关主体对侦查程序的有效参与。

其一，侦查程序对犯罪嫌疑人、被害人进行诸事项的公开，除因诉讼依法不宜告知的外，使侦查程序利害相关人有机会知悉影响其权利的程序事项等，陈述意见，行使程序赋予的权利，从而有效地实现程序公开的参与价值。

其二，侦查是一项刑事司法活动，它是在社会成员参与之下进行的社会活动，侦查程序的顺畅运行，离不开社会公众的有力支持。侦查程序的公开，能够将该程序进展以及其他一些信息传达给社会，一方面满足了社会公众的知情权；更重要的一方面是：通过公开，侦查获得了社会公众的参与，如公告、通缉、悬赏等，这为侦查程序的合法高效运作提供了监督和协助力量。

3.自治价值

侦查程序自治，是基于侦查程序的司法性提出来的。虽然关于侦查权是行政权还是司法权，在侦查学界一直争论不休，但我国刑事诉讼法把侦查机关纳入刑事司法机关范围，并把侦查程序纳入刑事诉讼程序范畴。刑事司法程序的属性决定了侦查程序必须遵守司法程序的独立性要求，这就使得侦查程序具备了程序的自治性。[3]侦查程序的公开，可在一定程度上保障公开制度对程序自治价值的追求。

---

〔1〕 谢佑平、万毅：《刑事诉讼法原则：程序正义的基石》，法律出版社2002年版，第279页。

〔2〕 [德]古斯塔夫·拉德布鲁赫：《法学导论》，米健等译，中国大百科全书出版社1997年，第149～150页。

〔3〕 谢佑平、万毅：《刑事侦查制度原理》，中国人民公安大学出版社2003年版，第41页。

侦查公开对自治价值的追求，最主要表现在：以程序公开实现侦查程序的功能自治。刑事程序是一项极为严厉的犯罪惩罚机制，涉入侦查程序的犯罪嫌疑人往往会利用各种社会身份，调动各种社会关系影响侦查的程序运作；同时，侦查的刑事司法过程中，特别是在经济犯罪侦查中，各种地方利益、部门利益集团（主要是那些形成共同利益的地方保护主义者或部门保护主义者）也会运用各种权力试图影响侦查程序；此外，由于犯罪是对社会秩序的挑战，往往会在一定范围内引起社会不安，从而成为公众关注的焦点，新闻传媒也会以各种方式对侦查活动产生推动作用或不当施压。而进行适当的程序公开，可以通过公开化的程序，使得那些试图不当干扰侦查的人望而却步；同时，也避免了不准确信息给社会舆论留下谣言传播的空间。侦查程序公开有力屏蔽来自舆论的、地方或部门保护主义的、行政的或党领导的不良程序影响，从而有力地落实了侦查程序的自治价值。

（四）侦查程序公开的正义价值

在侦查公开的司法实践中，由于程序参与主体的多元化、个体利益的差别性、社会价值需求格局的差序性，同时对诸种侦查程序公开价值元素的一体追求是不现实的。这样在侦查公开中，就存在个案具体价值取向的冲突，而以上提及的任何两个位阶价值都不足以为此价值冲突提供一个可行的解决标准，只能转而求诸两价值位阶之外的正义价值。

正义，又称公正、公平等，作为人类社会普遍追求的终极目标，具有多元性和普适性。正义的外延和内涵具有不明确性，不同价值主体都有不同的正义价值标准，故而关于正义，众说纷纭：亚里士多德认为正义是分配正义与改正正义的结合；佩雷尔曼则把正义区分为形式正义和具体正义；罗尔斯又提出了社会正义，戈尔丁则倡导程序正义。[1]具有“普洛透斯”之面的正义，其精准界定不易，但其核心内涵体现了“人性中的个人主义倾向与人性中的共有取向”的高度契合，[2]它是指“社会主要制度分配的基本权利和义务”。[3]正义价值具有多元化的取向，其价值核心是：自由、平等、安全、秩序、公共福利等价

〔1〕 胡锡庆主编：《诉讼法专论》，中国法制出版社2000年版，第216页。

〔2〕［美］E.博登海默：《法理学：法律哲学与法律方法》，邓正来译，中国政法大学出版社2004年版，作者致中文版前言，第6页。

〔3〕［美］约翰·罗尔斯：《正义论》，何怀宏等译，中国社会科学出版社1988年版，第5页。

值要素。

“正义不仅要得到实现，而且要以看得见的方式来实现”，于是公开便成为正义实现之路。侦查公开对正义价值追求，包括了该公开的程序实践对实质正义和形式正义的双重价值目标追求。

一方面，该程序公开的实质正义价值，体现在自由价值和秩序价值上：通过侦查公开的程序运作，以透明化、易于监督的程序设置，保证涉案人的自由不受非法侵害，也保障合法行为的自由得以实现；程序公开可约束侦查权力，使之运行有序，而且它可更有效地恢复被犯罪破坏的社会秩序。

另一方面，侦查公开的形式正义价值，是该公开的司法实践所依程序本身在形式上所具有的中立、平等、参与、效率等项正义价值。在中立、平等价值方面，公开使得侦查程序能够处于中立的地位，平等地对待程序参与方，有关侦查程序和信息平等地向双方公开，既不偏袒强大的侦查权力，也不压制相对弱小的权利人的权利。侦查程序的公开，满足了有关人员的知悉权，为其权利行使提供了前提条件。该程序公开还体现了效率的要求；英国有法谚云：迟来的正义为非正义（The justice delayed is the justice denied），而侦查程序中的公开可以形成高效的侦查信息网络，调动社会上一切积极因素来协助和监督侦查活动的及时进行，缩减延误，降低错误成本，提高侦查程序的效率。

由上述分析可知，侦查程序作为“一项旨在实现正义的法律制度”运作过程，遵循着“没有公开就无所谓正义”的法律信条，[1]在程序公开的实践中追求正义价值，并把它作为“一种切实可行的综合体和谐和体”[2]来实现。正义作为刑事诉讼活动的永恒追求和终极目标，它具有价值元素的整合性，是众多程序公开价值的谐和体。侦查公开所具有的正义价值，是糅合了该程序公开的实体性价值和程序性价值的整合体，具有广泛的价值内涵，表现了现代司法理念的多元化和平衡的价值取向。在侦查程序的公开中，当单个价值元素之间构成此消彼长的矛盾时，就有必要以正义作为衡量和取舍的价值平衡标准，在侦查程序公开的价值位阶之间进行动态的调整，每一次平衡都是对程序公开价值整体效益的提升，都是对实体正义价值和程序正义价值的进一步契合。

---

〔1〕［美］伯尔曼：《法律与宗教》，梁治平译，上海三联书店1991年版，第48页。

〔2〕［美］E.博登海默：《法理学：法律哲学与法律方法》，邓正来译，中国政法大学出版社2004年版，第322页。

四、侦查程序公开的效益机制

侦查公开的程序原则贯穿于侦查程序的整个诉讼阶段，对各侦查程序的参与主体具有普遍适用性，它以其所蕴含的科学、民主理念指导着侦查权力的运作。“刑事程序法制的基本目标，是制约负面效益，而不过度限制正面效益”，[1]侦查程序公开的这一刑事诉讼领域也不例外。对诉讼程序运行而言，侦查程序公开具有极高的正面程序效益。

（一）侦查程序公开的正效益

1.有利于保障犯罪嫌疑人的人权

侦查程序公开有利于犯罪嫌疑人的人权保障。侦查程序的运作直接涉及犯罪嫌疑人的人身、财产、隐私和生命等项权利的行使，虽然侦查权力对嫌疑人权利的这种限制不是最终的和确定的，但这种针对法律权利的诉讼阶段性剥夺或限制，同样致犯罪嫌疑人于权利剥离状态。同时，侦查效率性、侦查权力易扩张性以及侦查程序的天然闭合性，容易导致侦查权力的滥用、专横、腐败、侵犯人权。侦查公开则以高度透明性的程序保障被追诉者的正当权利，从而为犯罪嫌疑人提供有力的人权保障。当代法治国家无论在立法还是在司法实践中，都对侦查公开的人权保障功能给予关注和重视，例如，1999年英国《录音实施法修正案》（Amendments to the Record Implementation Act）规定，对警察讯问犯罪嫌疑人实行监控，以侦查公开保证被讯问人合法权利的维护。联合国亦制定了一系列公约将刑事程序公开性作为人权保护措施加以规定，这些足以说明侦查程序公开对于人权保护的重要意义。

2.有利于被害人的合法权益维护

侦查程序公开有利于被害人权利的维护。刑事犯罪不仅被视为是犯罪行为人对被害人个体侵害，也是对社会秩序的破坏，自从国家垄断了对犯罪的追诉之后，[2]被害人不得不依附于强大的国家追诉力量，其刑事追诉主体地位丧

---

〔1〕 原文为：The basic goal of the law of criminal procedure is to limit the harm without too severly limiting the good.［美］Ronald Jay Allen, William. J.Stuntz, Joseph.l.Hoffmann, Debra A.livingston:《刑事诉讼程序全书》（案例教程影印本），中信出版社2003年版，第71页。

〔2〕 在日本和美国，刑事案件只能由执行公诉职能的检察机关提起，它们的刑事诉讼制度中不存在自诉。美日等国由国家垄断刑事追诉，这是世界刑事追诉的普遍形态。我国则赋予了被害人一定程度上的自诉权，但在公诉案件中又未给予被害人以当事人诉讼地位。

失。国家的立场和着眼点不同于作为个体的刑事被害人，是故往往会出现国家基于局势整体的考虑背离被害人的权益。此时，若侦查程序秘密进行，则被害人作为弱势的个体无从获知诉讼进展，无从发挥对侦查程序运行的参与作用，在国家放弃追诉时亦无从及时获得救济。而侦查公开则为刑事被害人的及时有效的程序参与提供了制度依托，有效为其权利的维护提供了制度空间。

3.有利于刑事预警机制的建立

侦查程序公开有利于建立刑事预警机制，防止犯罪社会危害的扩大。侦查主体掌握的案件信息，是破案的重要线索，对特定的案件侦查信息予以保密，这对及时、准确地抓获犯罪嫌疑人十分奏效。但侦查信息也具有另外一层作用：它不仅是警方破案的内部信息，也是公众趋利避害、选择安全行为的判断参照。〔1〕当某类恶性案件会直接威胁到公众的生命财产安全，侦查机关应通过启动刑事预警机制，利用报刊、电视、广播或板报、橱窗等多种形式，〔2〕向公众通报嫌疑人的行为特点，提请公众提高警惕，向警察提供线索，同时加强防范，更好地保护自己；犯罪嫌疑人也有可能因强大的预警声势而受到震慑，从而有利于防范可能的犯罪。在2002年美国华盛顿的连环枪击案的侦查中，美国警方积极把特定的侦查信息公布给公众，媒体也长篇累牍地进行报道，华盛顿警方建议公众在出门走路时做"Z"字形前进，最终一名卡车司机根据警方提供的"白色切诺基货车"的线索报警，警方迅速将嫌疑人抓获。这起连环枪击案侦查过程充分体现了现代法治社会中侦查公开的强大效益：警方与民众的互动合作下仅仅短短的20多天就迅速侦破，保障了公众的安全。〔3〕

4.有益于侦查程序效率的提升

侦查程序公开能有效地提升侦查的效率，实现有限的侦查资源优化配置。侦查程序公开通过以下方式运作，提升效率的程序效益：第一方面，通过将案件的特点在侦查机关系统内公开，形成侦查权主体体系内的犯罪信息网络，为串案、并案提供依据。第二方面，侦查机关将追捕的犯罪嫌疑人的体貌特征、形象习惯等通过网络媒体等向社会公众公开，调动全社会的力量捕获犯罪嫌

〔1〕 劳拉：《案件信息披露应以何为标准》，载《燕赵都市报》2003年11月24日。

〔2〕 张光卿：《河北实行治安预警机制》，载《人民公安报》2004年3月10日。

〔3〕 林北湘：《公众应在案件侦破前知情》，载http://news.sina.com.cn/c/2003-11-24/05321173767s.shtml，最后访问日期：2017年3月18日。

疑人。如在2004年5月2日，费雷德里克斯堡一家旅馆外的垃圾箱里发现了一具尸体，警察勘查现场时，有个人挤进围观人群，向一位看热闹的妇女询问发生了什么事情，之后跳上街对面的一辆汽车，匆匆离去。这位妇女立刻掏出手机，拍下了那辆车的车牌号码。警方根据她提供的线索，在案发后39个小时后就逮捕了嫌犯。[1]第三方面，侦查机关在某些案件侦破中，有选择地公开侦查所获得的信息，运用"心理缉捕术"，以"信息激发法"来"媒体促动"，通过媒体发布刻画的罪犯条件等信息，促使罪犯在自责、悔罪心理支配下主动自首。也可"发动群众"，在一定范围内向群众公开公安机关分析确定的犯罪嫌疑人情况，发动群众主动揭发，加剧犯罪者的恐惧心理，查获犯罪嫌疑人。[2]第四方面，侦查机关将待侦案件公之于众，调动社会上一切积极因素来协助和监督侦查活动的及时进行，缩减不必要的延误，降低错误成本，从而提高刑事诉讼的效率。[3]

5.有利于提高刑事案件侦查的质量和水平

侦查程序公开以其透明性而易于监督，有利于提高侦查机关的办案质量和水平。[4]制约侦查机关办案水平的因素固然很多，但监督和制约机制无疑是一个不可忽视的因素，侦查程序的制约监督乏力或缺乏，必然导致司法侦查权的滥用，各国刑事司法之发展史可作明证。我国现阶段出现的刑讯逼供、非法取证、非法关押、超期羁押、以拘代侦等现象的弊端，亦可从中得到证明。从制约监督角度分析，侦查公开不失为一种明智选择，侦查公开即公开侦查程序性事项，从而使程序的透明度增强，外部制约机制强化，使侦查机关以及侦查人员有压力、有动力，责任心和责任感增强，从而有助于提高办案能力和办案水平。

6.有益于刑事司法权威的维护

侦查程序公开可以使法官免受侦查过程中的传言误导和维护刑事司法的权威。准确及时的侦查程序信息公开，一方面可以使侦查程序参与人充分了解侦查机关行使侦查权力的依据、过程和结果，从而真正地参与到侦查程序中，真正地影响有关的侦查程序性结论的作出，提高侦查程序结论可接受性，

---

〔1〕 何帆：《大法官说了算》，中国法制出版社2016年版，第069页。

〔2〕 丁文俊：《建构犯罪心理痕迹检验学的思考》，载《中国人民公安大学学报》（自然科学版），2003年第2期。

〔3〕 陈光中主编：《刑事诉讼法事实问题研究》，中国法制出版社2000年版，第113页。

〔4〕 刘根：《我国刑事侦查公开浅论》，载《井冈山师范学院学报》2001年第4期。

增强其对刑事司法权威的认同感。

另一方面可以使社会公众免受谣言的误导，正确而精确的侦查情报披露，有助于正确引导社会舆论。公开侦查秘密或不适当的侦查公开则会给新闻媒体带有主观色彩的过分渲染案件留下空间，社会成员因情感因素而形成的一边倒的舆论倾向，会给以后法官的审判活动带来压力，使其在未审之前就已经在感情的天平上有所倾斜了。适当的侦查程序的公开，能够解构这些带有煽动性和倾向性的报道形成的不良传媒的舆论环境，以正确的侦查程序情报引导公众，从而提高他们对侦查权的司法权威的信赖。

7.有利于推进了司法民主化

侦查程序公开还推进了司法民主化和程序透明度改造。司法民主作为法治时代普遍追求的价值目标之一，已成为人类社会发展不可逆转的时代趋势，是民主政治和社会发展的必然要求。侦查作为“刑事求刑”的国家追诉活动，其民主程度直接涉及犯罪嫌疑人、被害人、侦查机关与当事人组成的程序构建，乃至影响整个刑事法治建设。提升司法民主的水平，就侦查程序而言，首要的是增强侦查透明度，侦查程序的公开不但赋予了犯罪嫌疑人权利告知的机会、提供了权利救济的可能，为被害人参与侦查程序的运行提供了平台；同时为侦查权力主体的国家权力运作提供了监督和制约的边界，从而有力地推动了司法民主化改革的进程。

（二）侦查程序公开的负效益

尽管侦查程序公开能够产生上述的程序效益，但是任何一项制度都有着正、负两面，随着侦查程序公开制度在司法实践中的建立和运用，我们又必要对侦查程序公开的负面效应予以关注。相比于侦查程序公开带来的正面效益，其缺陷并不占主要地位，但它们也影响着公开实践的发展，侦查程序公开的负效应主要表现为：

1.一定程度上有损诉讼经济

侦查程序的公开增加了诉讼成本，不利于诉讼经济的实现；任何制度都要耗损一定的成本，侦查公开制度设计中，引入诸多的公开程序的主体，如侦查过程中涉及处分犯罪嫌疑人权利的司法授权、司法审查程序需要引入中立的第三方裁判者，讯问、勘查中需要引入律师或见证人等。多方主体参与的侦查固然增加了侦查公开的对象和范围，提高了侦查程序的透明性，但这也延长了侦查的诉讼程序进行的时间，增加了程序参与人的时间、金钱和其他司法资源的投入，这与现时刑事司法资源短缺时代所提倡的诉讼经济原则是相悖逆的。

2.可能有碍侦查机关高效打击犯罪

不恰当的侦查程序公开会妨碍对刑事犯罪的打击，过分暴露案件侦查情况和过程，容易使侦查活动陷入被动。大部分刑事案件立案时，犯罪嫌疑人并不明确，是否追究刑事责任也只是立案的司法人员的渗透着主观性的大致判断，不精确的信息公开形成的扭曲的社会压力，会影响侦查机关的后续活动，对侦查构成阻滞。侦查活动的前期，犯罪嫌疑人可能在逃或未被采取强制措施，大量证据未予固定，如在这时对某些侦查信息公开，可能会导致真正犯罪人伪造和销毁证据、威胁被害人和证人等，阻碍司法机关查明案件真相和影响刑事诉讼顺利进行。

3.对犯罪嫌疑人权利保障构成一定程度威胁

侦查程序的公开可能不利于保护犯罪嫌疑人的合法权利。侦查程序是侦查人员对犯罪事实真相进行了解和探索的阶段，其中被侦查机关列为犯罪嫌疑人的公民可能是无辜的，任何犯罪嫌疑人在法官判决其有罪之前均应该被推定为无罪。侦查公开可能会对犯罪嫌疑人的声誉产生不利影响，“对其工作、生活都会添置不必要的障碍”，[1]不利于其融入正常的社会生活。特别是我国有些地方不规范的侦查公开——“公捕大会”，对押解或抓获的犯罪嫌疑人公开报道等带给嫌疑人的不当影响更大。

4.公开可能引发犯罪传习

公开侦查程序，不可避免地要涉及犯罪实施过程等信息，某些犯罪方法、细节等被公开。可能使得有不良倾向的潜在犯罪人获知犯罪手法，并在客观上促使这些潜在的犯罪者“改进”犯罪技巧，“增强”犯罪技能，从而提高了犯罪行为人整体上的反侦查能力。这样侦查公开走向了其设立宗旨的反面，为顺应诉讼文明、司法民主而施行的侦查成程序公开倒成为了传习犯罪方法的“经典”途径。

5.不恰当的公开会贬损刑事司法的公信力

侦查程序的公开，是通过多种渠道向侦查程序当事人以及社会公众进行

〔1〕 樊崇义主编:《诉讼原理》，法律出版社2003年版，第499页。

的,它具有方式的多元性、对象的普遍性等特点。侦查程序的公开应是针对犯罪侦查程序进行的全面、客观的公开,而侦查工作是一项遵照刑事诉讼性法律进行的回溯性认识活动,它必须接受侦查活动规律和法律的制约,这就意味着侦查活动不可能百分之百的正确和精确。而侦查程序的当事人以及社会公众各有自身的立场,其利益系属也各不相同,导致对公开了的侦查活动的评价也不相同,但他们对不成功的侦查、失败的侦查行动的贬损却会远远超过其对成功侦查行为的褒扬,我国不成熟的传媒往往会催化非理性的群体情绪,从而会形成强大的偏向性舆论:侦查机关无能,致使刑事司法机关的公信力“跌落尘埃”,公众安全感下降。2004年7月7日发生在吉林省长春市的歹徒劫持人质事件中,[1]缉捕行动以及解救人质行动都是在媒体和公众的睽睽众目下进行的,人质解救的失败在社会中引起人民对公安机关广泛的贬损,正如有些评论所指出的:“(长春7月7日歹徒劫持人质事件中)无辜性的受害者对民众心理影响特不好,因为每个人都会把受害者的角色跟自己相联,”[2]深植于公众心里的刑事司法权威和公信力被动摇。

6.公开方式可能陷入仪式化误区

侦查程序公开有的是通过直播方式进行的,也有的以同步录像、稍候剪辑报道的方式进行。这两种形式的侦查程序公开极易导致程序公开的形式化、仪式化,从而影响了公开在广度和深度上的落实。在这类公开中,侦查人员一旦知道自己的一言一行可能会出现在公众的视野中,他们就不得不分神来注意自己的形象,以获得公众的正面评价。这固然可能有助于侦查行为的合法化,但侦查人员所面对的这种讨好公众的精神压力必然使得其本职工作的成效受到极大的影响。面对着录音机、摄影机,侦查人员采取的行为将掺入很大程度上的表演成分,使侦查变成了一场与犯罪嫌疑人的“对手戏”。

(三)侦查程序公开的平衡基准

侦查程序的公开能够产生诸多正负两方面的效益,在具体的程序公开实践中必须充分发挥正面效益、有效控制和消解负面效应。由于侦查活动的特殊性,侦查公开并不是无限度的,它涉及秘密与公开的平衡、权力与权利的平衡、传媒权力与司法权力的平衡等。侦查公开的最优程序效益取得有赖于合

---

〔1〕 参见《长春劫持事件:生命的位置》,载《三联生活周刊》2004年第29期。
〔2〕 参见《长春劫持事件:生命的位置》,载《三联生活周刊》2004年第29期。

理的侦查公开程序制度，这种制度的设计必须遵循特定的平衡基准，[1]主要包括：

1.犯罪嫌疑人的权益维护

在侦查阶段，侦控机关收集的证据尚不够确实、充分，在经过法庭质证、法院最终作出有罪判决之前，犯罪嫌疑人始终存在无罪的可能性。“只要还不能判断他（犯罪嫌疑人）已经侵犯了给予他公共保护的契约，社会就不能取消对他的公共保护”，[2]因此侦查活动的公开应尽量减少和避免可能给犯罪嫌疑人带来的不利影响。首先，在侦查之初，没有确实、充分的证据证明犯罪为某一嫌疑人所为时，一般只应公开案件处理的一般事实，不应公开犯罪嫌疑人的个人资料。重庆警方给犯罪嫌疑人带上头套，[3]即为在侦查公开时对犯罪嫌疑人合法权益的维护。其次，当侦查程序进行到有确实充分的证据指向犯罪嫌疑人阶段；在公开时，也必须保证侦查程序性事项公开的中立和客观：既公开犯罪嫌疑人有罪、罪重的证据，又公开犯罪嫌疑人无罪、罪轻的证据。最后，侦查程序终结或撤销时，不仅要把立案和侦查不涉及保密的事项公开，而且应吸收权益受程序决定影响的诉讼参与人参加到程序中来，将整个侦查程序变更过程置于公开的阳光之下。同时，基于犯罪嫌疑人权益的保护考虑，侦查公开只能针对确证事实进行，而不能将推断和侦查推理对外公开。

2.侦查程序的顺畅运行

侦查阶段中，犯罪嫌疑人可能在逃或根本未被采取强制措施，证据大量散失在外，此时的侦查程序公开必须特别慎重，以免侦查信息公开导致犯罪嫌疑人逃逸、共同犯罪人订立攻守同盟、妨害证人作证等，从而影响侦查活动乃至整个刑事诉讼活动顺利进行。因此，对侦查公开与秘密、个人权利与国家权力、传媒权力和司法权力的平衡过程中，应充分考虑侦查的程序顺利运行的因素。在侦查初期，嫌疑人一般未归案，为防止其知悉侦查进程而有针对性地进行反侦查，此时侦查公开的范围应小些，甚至不予公开。随着侦查活动的推进、侦查机关收集的证据的增多、对犯罪嫌疑人控制力度的增强，侦查公开的范围可逐渐扩大。对犯罪嫌疑人采取强制措施后，侦查公开的范围应比未采

〔1〕 陈永生：《论侦查公开》，载《政治与法律》2000年第2期。
〔2〕［意］贝卡利亚：《论犯罪与刑罚》，黄风译，中国大百科全书出版社1993年版，第31页。
〔3〕 崇萱：《重庆警方开始推行给犯罪嫌疑人戴头套做法》，载《警察文摘》2004年第4期。

取强制措施时广。犯罪嫌疑人已被羁押时，侦查公开的范围应比仅被采取取保候审、监视居住等非羁押性措施时广。在侦查终结时，侦查公开的广度和深度应同审查起诉阶段的检察公开接轨，除涉及秘密侦查措施等不宜公开的，一律向检察机关公开，并以适当方式向社会公开侦查程序，以利于公众对侦查工作知情权的实现。

3.诉讼的公正

侦查活动的公开的程序正义底线，不仅在于犯罪嫌疑人最低限度程序权利的保障，同时也要防止未来本案审判的法官和陪审员在庭前形成不良预断，以防本应中立公正的司法天平倾向一边。公开侦查信息的新闻媒体不得过分渲染使社会公众形成情绪化的舆论，给法庭裁判带来非理智的压力，妨害司法公正的实现。在媒体权力和司法权力的平衡中，以司法权力的公正运作优位于传媒权力、节制传媒权力作为平衡的径路。未经特许，新闻媒体不得对侦查过程自由采访报道；少数社会影响大的、恶性的、具有较强社会教育意义的案件，以及案情复杂需要公众提供线索而又不会因公开造成不良后果的，可允许新闻媒体进行报道，有选择地向社会公开。若这些情形中侦查信息公开不可避免在一定区域内形成不利于犯罪嫌疑人的社会舆论，可能影响法庭组成人员的公正独立审判的，可报请上级人民法院提审或指定其他辖区人民法院审判。〔1〕

4.程序公开的效率

侦查公开无法在零成本的条件下运行，侦查资料信息的保存需要成本，为社会公众提供信息也需要成本，因此侦查公开必须坚持效率基准——以较小的活动成本获取较大的社会效果。在侦查程序公开过程中，应确立效率的平衡基准，这是由社会公共财富、侦查资源的有限性以及信息公开的广泛性、复杂性和常规性所决定的。〔2〕

效率平衡基准和保障权益与诉讼公正既相辅相成，也会冲突。在侦查公开的实际运行过程中，如果出现诸种平衡要素之间的冲突时，应当优先考虑权益保障及诉讼公正的价值实现，在此基础之上才谈得上兼顾效率，

〔1〕 陈光中主编：《刑事诉讼法事实问题研究》，中国法制出版社2000年版，第116页。

〔2〕 王均平、焦俊峰：《新政策环境中的警务信息公开研究》，载《江苏警官学院学报》2003年第2期。

把握好“正义已经能够实现，再多投入只能损害司法的效率”[1]这一权衡的价值底线。

五、侦查程序公开的本土化构建

我国的侦查程序实行有限的公开，总体而言透明度不高。侦查程序中的绝大部分强制措施和侦查措施由侦查机关单方、秘密和封闭式展开，缺乏有效外部制约机制，虽然有一定法定程序和批准手续，但侦查权力的自我控制难以起到有效制约监督作用。刑事诉讼法没有赋予犯罪嫌疑人诸多权利事项的告知权，律师参与侦查的诉讼活动范围有限，使犯罪嫌疑人在侦查程序进行中的诉讼地位有“客体化”的趋向，难以进行有效的权利维护活动。而“只有公民个人的诉讼主体地位得以实现，其人格尊严才有了实现的基础”，[2]在侦查公开的程序平衡径路的选择中，也将围绕涉案犯罪嫌疑人的刑事诉讼主体地位的保障展开探讨。

侦查公开制度亟待完善，宜借鉴法治国家的有益做法和联合国有关刑事司法准则的规定，根据我国侦查程序的司法实践，重新进行“分配权利与义务，并据以解决纷争，创造合作关系的活生生的程序”，[3]以提升侦查程序公开的价值，凸显公开、透明、开放的现代程序理念。

从侦查程序公开和侦查程序法定、侦查程序公平、侦查程序效率之间的关系出发，将侦查程序的公开要求在各项程序原则和制度中表现出来。在当前的刑事司法实务中，应进一步推进“扩大制度外延、增进权利保障为标志的改革”；[4]同时，通过以下几方面不同层次的侦查公开制度构建，保障侦查程序参与人——特别是犯罪嫌疑人——的基本权利，即用正当的侦查程序保障其“生命权、公开对待的公正权、获得帮助权、在不受专横干涉这一消极意义上的自由权以及诚实对待权”等基本人权的实现。[5]

---

〔1〕 邹云翔:《要对每一个生命负责》，载《新京报》2004年4月17日。

〔2〕 锁正杰:《刑事程序的法哲学原理》，中国人民公安大学出版社2002年版，第192页。

〔3〕 [美]伯尔曼:《法律与宗教》，梁治平译，上海三联书店1991年版，第38页。

〔4〕 陈瑞华:《刑事诉讼法的立法技术问题》，载《法学》2005年第3期。

〔5〕 [英]A.J.M.米恩尔:《人的权利与人的多样化——人权哲学》，夏勇、张志铭译，中国大百科全书出版社1995年版，第171页。

（一）建立侦查信息分类制度

侦查信息分类制度所要解决的问题是：哪些内容应当被公开，哪些内容不能公开，哪些内容暂时不公开，哪些内容永久不公开，哪些内容在什么情况下公开，哪些内容可以公开，以及应该或者可以公开的信息中至少应当包含什么。侦查程序中公开的信息可分为以下几个层次：第一是只在侦查机关内部公开，不得向侦查机关以外的司法机关以及社会公众公开的侦查信息，即使在侦查结束后也不得以任何方式公开；如特情资料、秘侦方法、侦查部署等。第二是在参与刑事诉讼运行的司法机关内部公开的侦查信息，对国家刑事司法权力主体之外的人则完全保密、不予公开；主要是侦查中涉及的一些国家和党的政治、经济、军事机密等。第三是只对参与刑事诉讼的司法机关和辩护律师公开的侦查信息，如律师通过侦查机关的告知或参与侦查讯问等获知的案件侦查信息，在侦查中甚至对委托的犯罪嫌疑人也不得透露。第四是对辩护律师、当事人和社会公众公开的侦查信息，该类信息未经批准不得公开，新闻媒体不得自由采访报道，如涉及国家秘密、商业秘密、个人隐私、未成年犯罪嫌疑人的个人信息以及其他不宜公开的秘密等。[1]第五是对所有人公开、允许新闻媒体报道的侦查信息。侦查信息绝大多数属于第三、第四种，少数是第一、第二、第五种。

一般而言，技术侦查措施，如秘密搜查、控制下交付、监视、监听在进行期间必须完全保密，不得向具体侦查业务部门之外的任何人公开；言词证据，如犯罪嫌疑人的供述和辩解、被害人陈述、证人证言等不得向社会公开；可变性较强的证据，以及公开后有可能导致犯罪嫌疑人与同案其他犯罪嫌疑人串供，或者有可能导致威胁、引诱被害人和证人改变陈述和证言的侦查信息，必须对辩护律师公开，可以基于辩护方能全面了解案情、全面搜集证据来准确辩护的目的准许有限的公开，而对于勘验、检查、搜查、扣押、鉴定以及已进行完毕的秘密监听等侦查活动结果，对犯罪嫌疑人公开，并可在不危及审判公正和重大法益时，[2]向社会公开。

---

〔1〕 萧瀚：《信息公开与政府公信力——对中国诉陈正平（“9·14”投毒）案的初步研究》，载《世纪中国》2003年2月28日。

〔2〕 张明楷在《法益初论》（中国政法大学出版社2003年版）中提到了刑事侦查程序所涉及的众多的社会利益。

（二）构建司法机关内部的侦查公开制度

1.建立侦查机关内部的高效的信息沟通制度

在侦查主体内部建立高效的犯罪信息和侦查沟通机制，与犯罪做斗争离不开准确而及时的侦查信息公开，有必要在全国侦查"一盘棋"的全局观指导下，建立起电子化的、规范的、全面的、精确的侦查信息资料库。同时，在各侦查单位之间进行广泛、深入的侦查协作，从组织体系上、制度上保证侦查机关能够高效地整合犯罪信息和侦查信息，进行各项协作事项的调遣和协调工作，从而形成高效的侦查机关内部公开机制。

2.实行羁押的高度透明化制度

侦查阶段中，通过拘留、逮捕与羁押相分离制度的建立和完善，在保障犯罪嫌疑人合法权利的基础上，使拘留、逮捕机关与羁押机关之间形成科学、高效、合理的侦查信息沟通机制。侦查程序是采取强制措施最多的刑事诉讼阶段，羁押性强制措施有助于实现侦查的程序目标，同时它们又最易侵犯公民最为重要的人身自由权。我国目前的拘留、逮捕程序中问题极多，很大程度上是由侦羁不分、权力运作不透明引发，应在羁押性强制措施的决定和执行制度中建立起拘留、逮捕和羁押相分离制度，以相互分立的权力实现合法、合理运作的程序效益。

3.侦查程序进行情况及时向同级检察机关侦查监督部门通报、备案制度

检察机关是我国的法律监督机关，对侦查的监督具有专业性和经常性，但我国检察的侦查监督除了逮捕行为是事前的审批，一般的检察的侦查监督行为只是事后的合法性审查，具有滞后性。应通过完善刑事诉讼程序，设立侦查程序的检察事前通报、事中监督（重大案件讨论会的列席形式）、事后备案制度（建立文书制度），以增强侦查信息在司法机关内部的公开性。在条件许可的情况下，可依照侦查部门的拘留所设立驻所检察室的模式，在公安机关的侦查业务部门、国家安全部门内设立检察机关的派出机构，从而将建立在侦查公开基础上的监督经常化和制度化。[1]

4.对重大侦查措施的司法授权和司法审查制度

"允许以强制性侵犯公民的权利时，关键的是一方面必须对国家权力的强

---

〔1〕 李心鉴：《刑事诉讼构造论》，中国政法大学出版社1992年版，第198～199页。

制权明确地予以划分与限制；另一方面必须由法院对强制性措施进行审查，使公民由此享受到有效的法律保障”，〔1〕应由法官作为中立的第三方介入侦查，对所有涉及公民权益的强制侦查行为，如逮捕、羁押、搜查、扣押、监听等由法官发布司法令状，对侦查行为进行控制；若情况紧急，不立即进行有碍公共利益时，可在采取措施后立即报告法官以获得司法追认，由法官对涉及犯罪嫌疑人的重大侦查措施的合法性、合理性进行审查。通过这种司法力量的介入打破侦查程序的封闭性，增加其公开度。在中国当前的刑事司法权力框架中，可由法律监督机关的检察院代行司法审查的部门职能，待条件成熟时再建立国际通行的真正意义上的重大侦查措施司法审查制度。

（三）完善对程序当事人的侦查公开制度

虽然在侦查阶段，侦查机关获得的信息并非法律意义上的事实，但是它依据所获取的信息而采取的侦查行为却对侦查程序当事人——犯罪嫌疑人、被害人等——产生着重大的影响。因此，犯罪嫌疑人、其近亲属以及其聘请的律师应当有权获悉侦查的程序性事项等信息，被害人对侦查信息也有一定的知情权。此外，侦查程序当事人在参加到刑事诉讼的进行中，由于自身诉讼能力的缺陷往往会有诉讼辅助人——为犯罪嫌疑人提供法律帮助的律师、被害人的近亲属以及聘请的律师等——帮助其参与侦查程序运作，这样对侦查程序当事人的侦查公开就必然包括了向有关当事人的近亲属和律师的公开。这一层次上的侦查公开可以通过以下的制度完善实现：

1.对犯罪嫌疑人的侦查公开制度

对犯罪嫌疑人的侦查公开制度，主要是建立健全涉嫌罪名、理由以及权利告知制度。我国侦查中对于被拘留和被逮捕者，已规定了较为完善的指控罪名和理由告知制度，但对于未被采取羁押性强制措施者，刑事诉讼法律并未就侦查阶段的侦查机关的告知义务作规定，这对于保护犯罪嫌疑人的权利是极为不利的。应根据联合国《公民权利和政治权利国际公约》第14条第3项要求的“必须迅速以一种被指控者懂得的语言告知对他提出的指控的性质和原因”，侦查机关在确定犯罪嫌疑人后，不论其有无被采取刑事强制措施，都应主动告知犯罪嫌疑人被指控的罪名、理由以及在侦查阶段应享有的诉讼

〔1〕［德］阿希姆·赫尔曼：《德国刑事诉讼法典》，李昌珂译，中国政法大学出版社1995年版，第6页。

权利。

2.建立向犯罪嫌疑人近亲属的侦查信息公开制度

进一步落实我国《刑事诉讼法》第83条的规定："拘留后，应当立即将被拘留人送看守所羁押，至迟不得超过二十四小时。除无法通知或者涉嫌危害国家安全犯罪、恐怖活动犯罪通知可能有碍侦查的情形以外，应当在拘留后二十四小时以内，通知被拘留人的家属。有碍侦查的情形消失以后，应当立即通知被拘留人的家属。"同时，应当进一步细化有关规则，通过对"有碍侦查"和"无法通知"的两种情形进行准确的合理界定，可通过列举式结合概括式的法律规定，划定该两种情形的范围，从而有力保障这一部分主体的侦查信息知情权的实现。

3.建立重大侦查措施的律师在场制度

一方面，以立法确定犯罪嫌疑人所聘请律师和其他辩护人的程序主体地位，全面保障侦查阶段律师的调查权。由于我国侦查权力配置上的特点，不能做到侦查权主体的多元化，但可以扩张介入侦查程序的律师的阅卷权，允许其对侦查程序中的诉讼文书、技术性鉴定材料以及侦查终结时的撤案决定书、起诉意见书、证据目录和证人名单等进行查阅，但必须加强介入侦查阅卷的律师的信息保密制度制约。

另一方面，建立重大侦查措施的律师在场制度，包括勘验、搜查、扣押时的律师在场制度和讯问犯罪嫌疑人时的律师在场制度。勘验、搜查、扣押等针对的主要是物证，客观性较强，不会因为公开侦查结果后受其他因素的影响导致证据的内容发生改变。律师参与搜查、扣押、查封等侦查活动，可以增强律师的调查取证能力、有利于案件事实真相的查明、防止非法取证等行为的发生。讯问犯罪嫌疑人是犯罪嫌疑人的权利最容易受到侵害的环节之一，这时的律师在场对于遏制刑讯逼供和冤假错案的发生具有非常重要的意义。

4.建立对被害人或其近亲属、聘请的律师的侦查公开制度

"与国外不同，我国刑诉法将被害人也列为当事人"，[1]我国侦查公开的程序制度中，向被害人公开的条文寥寥无几，仅有"被害人对于公安机关、人民

---

〔1〕 谢佑平、万毅：《刑事诉讼法原则：程序正义的基石》，法律出版社2002年版，第319页。

检察院不立案的决定，有权获知原因”以及“侦查机关应当将用作证据的鉴定意见告知被害人”的侦查公开的边缘性规定。基于我国刑事诉讼法把立案确定为独立的诉讼阶段，而非侦查启动程序，甚至从严格意义上讲：我国并无向被害人进行公开的系统化的法律依据。为使侦查公开的差序格局合理化、正当化，有必要建立起向被害人进行侦查公开的一整套规则体系，以确保被害人以下权利的实现：侦查启动的程序决定必须告知被害人，告知其所享有的提起刑事附带民事诉讼的权利，告知其扣押、搜查等侦查活动的在场权以及申请调取证据权等，侦查终结做出的决定须通知被害人方。

（四）拓展侦查的社会公开途径

侦查程序运作情况，其本质是一种信息，“信息本身是一种资源，而公众获知信息是一种权利”，故侦查程序事项的刑事信息等应当适当地向社会公布。同时，“社会学研究显示，一个社会的稳定程度与这个社会的法律案件信息公布的充分程度成正比。同理，一个社会的法律文明进程和这个社会的法律案件信息公开程度息息相关”。[1]侦查程序的公开不仅对公众知情权的实现具有重要意义，而且对推进整个诉讼制度、司法体制具有重大意义。

1.侦查信息发布制度

目前，公安机关的政治工作部门一般都设有负责对外宣传和信息发布的机构，甚至有些地区在公安机关内部建立起了公关处，[2]这体现了中国警方的一种现代化管理理念——有意识地发挥社会媒体作用、以形象促沟通。可依此为模式，在各级侦查机关内部设立发言人办公室，建立以公安刑事侦查发言人为支柱的侦查公开机构，定期进行新闻发布，主要内容事刑事案件的发案、破案情况，重大案件发生、侦破情况，以及与群众安全生产生活关系密切的重要刑事措施、办事程式和重要警示性资讯等。[3]

2.定期的侦查公报制度

侦查机关定期向社会通报本辖区侦查启动的立案、侦查过程和侦查后的处理情况，公告重大案件的侦查进展、重要犯罪嫌疑人的强制措施采取，并公

---

〔1〕 孙凤忠：《审判信息定期公布的意义》，载《文汇报》2004年9月8日。

〔2〕《警察文摘》编辑部：《武汉公安局成立公关处》，载《警察文摘》2004年第5期。

〔3〕 公安部：《全国公安机关实行定期新闻发布制度》，载http://www.gov.cn/test/2005-06/28/content_10518.htm，最后访问日期：2017年3月20日。

布重大侦查措施采取的理由等。定期的侦查公报可以下列途径进行：通过定期出版物，向本辖区主要国家机关、社会团体、企事业单位通报；通过在专设的侦查信息公报栏或大型公共场所的公告栏定期向公众告知一定的侦查信息。

3.侦查程序性决定的听证制度

可借鉴法国的刑事司法实践，在针对侦查程序中的重大决定，利害关系人不服的，采取抗辩对质的听证解决之。[1]侦查过程的一些重大决定，如立案、拘留、逮捕、撤案、建议提起公诉决定等程序性事项应当向利害关系人告知，如其对该程序决定有异议，可申请侦查机关举行由非本案侦查人员主持的侦查听证。犯罪嫌疑人、被害人以及相关的诉讼代理人、律师等均可参加，各方在听证会上可提出证据、质证、辩论，该种听证除涉及必须保密的侦查信息外，允许群众旁听、新闻记者采访。

4.专案的侦查热线制度

由侦查机关建立特定用途的热线电话，每一阶段侦查机关就特定的社会影响较大的刑事案件的侦查程序使用该热线，公众可以通过该途径反映线索、向侦查机关质询侦查进展情况、侦查人员相关取证行为的合法性等，以此为侦查机关与社会公众之间的侦查互动提供便利途径。

5.侦查程序运行的直播制度

施行有限的侦查直播制度；对那些社会影响极大、具有普遍的教育意义的案件，可以以侦查直播的方式向公众进行侦查程序的公开。由于该种公开方式能传达的侦查信息量极大，亦可能泄露侦查保密信息、传播犯罪方法，在侦查公开的实践中应慎重使用。

（五）设置侦查程序公开的审查机制和救济机制

1.建立侦查信息公开的审查控制机制

在侦查信息的公开上，实行授权公开制度。在负有侦查公开职责的主体内，设立专门的侦查公开信息的审批机构，除了法定必须对程序当事人公开的事项不必审查外，其他侦查信息，在公开前均由其对拟公开事项进行审批。对经审查授权公开的侦查事项，该审批机构负有保证其真实性之责。

---

〔1〕 王以真：《外国刑事诉讼法学参考资料》，北京大学出版社1995年版，第171页。

在侦查信息公开的审查授权制基础之上，可进一步在侦查程序公开主体内建立科学的复审机制。对拟公开的侦查程序性以外的事项，经过审查主体的初步审查后，在交由专门人员再行复审，从而以严格的审查机制保证公开的真实性和准确性。

2.设立侦查程序公开的救济机制

法谚有云：无救济即无权利。欲以侦查程序公开来保障当事人的诉讼权利、公众的知情权，那就得要以相应的救济机制来保证侦查公开的顺利进行。首先，可建立侦查公开的复议制度；鉴于目前我国侦查权力的双重属性：司法性和行政性，可借鉴行政复议制度，在侦查公开实践中建立起侦查公开的复议机制。当侦查公开程序的利害关系人认为某事项应当公开或不公开，而自己的权利在侦查公开中受到了侵犯时，可以向负有公开职责的侦查机关的上级机关申请复议。

其次，在侦查程序诉讼化改造条件成熟时，可授予法官对侦查程序性事项的裁判权；对严重违反侦查程序公开的行为，法官有权对之作出程序性判决权。当侦查程序性违法行为，违反对当事人、司法机关的公开义务，导致有关程序权利受到严重影响的，则法官可通过判决否定该侦查行为的法律效力，从而以侦查公开行为的程序性判决为程序公开提供救济机制。

最后，被违反侦查程序公开规则的行为侵害的侦查程序当事人，有权对此获得损害赔偿。在相关制度构建时，一方面，应明文规定合法权利受侵害人可以从违法行为者处获得损害赔偿，包括财产性的和非财产性的损失补偿，还可以请求适当方式的名誉弥补；另一方面，法律应明确规定受侵害人可以获得国家赔偿。

（六）违反侦查程序公开的惩戒机制

“程序公开……要求国家权力的运行必须合法进行，否则要承担相应的法律制裁”，[1]侦查程序公开制度的构建，也必须遵行这一铁律，对违反侦查程序公开规则的行为，也得施以相应的法律制裁以保证程序公开的顺利进行。

1.程序性裁判制度

侦查程序公开活动作为一种程序运行，它必然是以产生一定的程序法律

---

〔1〕 汪进元、汪新胜：《程序控权论》，载《法学评论》2004年第4期。

效果为目标。遵循侦查公开程序规则的合法行为，必然带来其所预期的侦查程序效益；而违反侦查程序公开规则的行为，由于其过程的非法，必然使得其运行结果被法律否定。所以，可以通过对违反公开规则的程序结果的否定，理性地控制警察、检察官、法官、监察官员的天然违反程序法的动机，[1]来保障对侦查程序公开规则的遵行。

否定违反公开规则的程序结果，是程序正义的逻辑必然，承担这一责任的只能是：处于超然的、中立地位的法官。可通过诉讼结构的根本性调整，授予法官对侦查程序性事项的裁判权，即在违反侦查程序公开的情形中，法官有权作出程序性判决，通过一判决否定该侦查行为的法律效力，从而以否定性的程序性判决为程序公开提供救济机制。

2.责任承担机制

侦查程序公开的惩戒性保障，不仅是通过行为效果的否定来实现的，也需要对违法行为主体进行惩戒。应依据所违反侦查公开的行为影响，建立一个责任承担的"差序格局"，按照责任主体违法行为性质和事件的后果，配置特定的民事、行政、刑事责任以及国家赔偿责任；[2]并设立一个责任评定机制，以公正的程序决定责任主体的惩戒负担。

---

〔1〕 参见陈瑞华：《程序性制裁理论》，中国法制出版社2005年版，第一章。

〔2〕 参见唐磊、赵爱华：《论刑事司法中的秘密侦查措施》，载《社会科学研究》2004年第1期。

第四章　侦查权运作经济学分析论要

——以激励、成本、博弈为分析工具

从经济学的视角来看，侦查权运作的过程就是侦查行为实施的过程，其实质上就是向社会公众提供的一项侦查破案的社会供给。那么，从事侦查行为供给的刑事司法资源不可能无限量供应，侦查资源的有限性必然遭遇到社会秩序失范带来的犯罪侦破需求的无限性。同时，在设计侦查制度时，供给侦查资源的国家无疑是在重重立法权衡中反复推敲、充分考量过各项侦查制度的利弊。由此，我们用经济分析工具来研究侦查这种社会行为，无疑是暗合“经济人”和“理性人”的经济学假定的。

某种意义上，侦查权运作的程序机制也可以被视为是一种激励机制，合理的侦查制度能够有效地激励侦查人员避免高成本的付出，采取合法侦查行为，高效达成侦查目标。在侦查领域中，通过物质激励、成就激励、榜样激励、团队激励、环境激励等多种激励方式，激励侦查人员选择合法侦查行为。我国当前侦查制度的设定并不完全合理，侦查组织目标导向模糊、竞争激励不足、绩效评价体系不合理、薪酬分配制度不健全等因素造成了侦查行为激励机制的功能缺陷，并导致了以下激励困境：“内部成本外部化”、“外部成本内部化”、“逆向选择”和“道德风险”。通过廓清侦查组织目标、构建信息平衡机制、完善隐性激励机制，以解决侦查成本的“外部性”问题，完善侦查程序的高效运作。

一、侦查行为激励机制研究[1]

激励，是指对某种行动的刺激，刺激可以是收益（胡萝卜）或成本（大棒）。[2]激励也是行为科学的核心内容，是激发人的动机使人有一股内在动力，朝着所期望目标进取的心理活动过程。激励还可以说是管理者激发下属的某种动机和需要，使他们的行为达到一定目标的过程。[3]激励机制有特定的含义：激励主体运用激励杠杆调动激励对象积极性的相关制度和工作方式。[4]运用激励和激励机制能够有效地阐释人们的社会行为，这一语词同样可以用来分析法律，“法律实际上是一种激励机制，它通过责任的配置和赔偿（惩罚）规则的实施，内部化个人行为的外部成本，诱导个人选择社会最优的行为”。[5]作为“打击犯罪”“保障人权”“提起公诉之前的程序”的制度安排，[6]侦查权运作制度在某种意义上也可视为是一种激励机制，它通过各项侦查规则来配置侦查权力和程序权利，诱导侦查人员选择合乎程序法治的高效侦查行为。在公正与效率成为刑事司法活动“强势话语”的时代背景下，侦查制度必须为“打击犯罪”和“保障人权”提供科学的激励机制，营造有利于优秀侦查人员“人尽其用”的良好环境，提升侦查行为的整体质量。

（一）侦查行为激励机制的内涵

“在刑事案件中，有关犯罪行为的大量信息掌握在罪犯手中，别人难以观察。如何使得罪犯自己有积极性披露私人信息，就成为一个重要的激励问题。”[7]同时，侦查人员也掌握着丰富的信息，如何使侦查员“有积极性”收集、分析、整理、验证犯罪信息，并保障犯罪嫌疑人的合法权利，也是个重要的激励问题。通过侦查制度的合理设计，对涉入侦查程序的各方主体的利益进行整合和分配，引导侦查人员的行为方式和价值观念，充分调动侦查人员、犯罪

---

〔1〕 本章写作得到了华东政法大学杨正鸣教授的悉心指导，很多观点都是在与杨教授讨论中获得而生，在此表示衷心的感谢。

〔2〕 ［英］迈克尔·帕金《宏观经济学》，梁小民译，人民邮电出版社2003年版，第6页。机会成本（或边际成本）的变动和边际利益的变动改变了我们面临的激励，并引起了我们行为的变动。

〔3〕 邰国庆：《浅谈激励机制》，载《经济师》2000年第11期。

〔4〕 吴峰：《试论科学的激励机制》，载《湖南社会主义学院学报》2004年第5期。

〔5〕 张维迎：《信息、信任与法律》，生活·读书·新知三联书店2003年版，第169页。

〔6〕 林钰雄：《刑事诉讼法》（下），中国人民大学出版社2005年版，第4页。

〔7〕 张维迎：《信息、信任与法律》，生活·读书·新知三联书店2003年版，第168页。

嫌疑人、证人、被害人的积极性，激励侦查程序各方主体理性地选择行为，达到侦查绩效的激励优化，实现侦查制度预设的目标。侦查行为激励机制是一个包括侦查人员等各方程序主体在内的综合体系，对侦查人员的合法侦查行为激励是该机制的核心内容。

法律的立足点一直是“世俗人”，规范的是人的具体行为，实现稳定合理的社会整体秩序，以保障社会成员的权利和利益。“法律的核心关怀是人”，[1]作为刑事司法领域中的一种利益分配机制，侦查激励机制也应该以“人”为中心，建立在尊重人格、尊重权利、尊重人需要的基础上，它必须能充分体现法治程序的人本精神。一个科学的侦查行为激励机制应包括以下质素：

第一，物质激励。侦查行为物质激励主要是通过工资、福利、奖金、物质补助等，对侦查人员的物质需求予以适当满足，以激励侦查人员努力工作。马斯洛将人类的需求分为生理需求、安全需求、社交需求、尊重需求和自我实现需求五类，依次由较低层次到较高层次，已经满足的需求不再构成激励因素。无论是哪一层次的需求无不依赖于一定物质条件，越是基础的需求，对物质的依赖度越大。侦查人员是自然人和社会人，他们也有这些需求，也有物质需求，他们需要从侦查工作中获得稳定的经济收益。应准确评价侦查人员的工作绩效，并设计体现等差的薪酬制度，辅之以适当的福利分配，激励侦查人员采取合法侦查行为的积极性。

第二，成就激励。成就作为一种高层次的需求，它体现了社会认同和自我价值的实现。侦查事业是需要奉献精神和无私精神的工作，不少侦查人员选择侦查职业，并不是将之单纯地作为一项“养家糊口”的工作，而是视为满足成就感的一项事业。通过荣誉激励、职位激励和职称激励等，侦查人员充分地体会到侦查工作的成就感，通过单位、群体、公众的高度评价，满足侦查人员的荣誉感和成就感，有效地激励侦查人员为取得成功不懈努力。

第三，榜样激励。我们常说：榜样的力量是无穷的，英雄楷模所起到的示范作用比枯燥说教的激励作用要巨大得多。侦查组织满足侦查人员模仿和学习的需要，树立侦查英雄的模范形象，通过其表率作用产生激励效果。

第四，团队激励。任何一项侦查行为的实施都不是孤立的单个侦查人员

---

〔1〕 马长山：《法律的人本精神与依法治国》，载《法律与社会发展》2004年第4期。

所能独自完成的，无论是讯问，还是现场勘查，都离不开侦查团队的倾力合作，因此，侦查激励机制必须能激发侦查人员的团队协作精神。作为一个整体，侦查组织要做到团结、协调、高效，但这并不意味着否认侦查人员的个体差别，团队激励因素在鼓励侦查组织团结一致的同时，不抹杀侦查人员个体力量，它是整体激励与个体激励的有机结合。

第五，环境激励。侦查行为是追求公平正义的刑事司法活动，侦查程序也以“平等”“权利”等价值追求为其运行目标。这样的价值取向要求我们：不仅要在侦查人员与犯罪嫌疑人之间做到“平等”“公正”，也要在侦查组织内部形成一个公正、平等、自主的制度环境和工作环境。侦查组织在制定组织规章制度时，力求为侦查人员的平等、自主行动留下充分的制度空间，并努力设计公平的评价体系，从而激励“人尽其用”的良好工作环境。

在侦查行为激励机制这一有机体系内部，各种激励侦查人员的方式和手段并不是截然分开的，它们相互交融，共同发挥着激励作用。如侦查成就激励无法完全排除物质内容，成就激励中的职位激励和职称激励直接为侦查人员带来物质收益。榜样激励与团队激励也相辅相成，榜样激励是一种个别激励，注重侦查人员个体激励作用的发挥；而团队激励则是一种整体激励，关注侦查组织整体的发展。侦查环境激励更是一个混溶的激励质素，它关注侦查组织的“生态”，既包括侦查制度、政策的“小”环境，还包括侦查具体运作的“小”环境。所以，在侦查激励机制具体运作过程中，必须将侦查物质激励与非物质激励结合起来，把侦查整体激励与个别激励结合起来，将正激励与负激励结合起来，[1]把内生激励和外生激励结合起来，[2]发挥各种激励质素的合力。

---

〔1〕 参见邵建平、何雁汀：《激励模式的优劣性比较研究——“威胁激励”初探》，载《江苏社会科学》2003年第6期。“正激励，是指从人的需要出发，研究其各个阶段上的需求，不同时期、不同层次上的需求，从而尽力去满足它，在形式上表现为：精神奖励、物质奖励、职位奖励。”而“负激励，是指对某些行为给予惩罚或否定，使之逐渐减弱、消退。表现为精神惩罚、物质惩罚等”。

〔2〕 参见阳浙江：《创新型人才激励机制初探》，载《人才资源开发》2008年第3期。作者认为：内生激励通常是指当个体由于满足自身内在的胜任感、控制和自主等需要而产生的，它使工作变得有趣、有吸引力或令人满意。内生激励是指人全身心沉浸于一个工作时所达到的极度满意状态，接近马斯洛所描述的“自我实现”的状态。外生激励来自工作本身以外的外部力量，往往由其他人来实施，包括评价关注、承认关注、竞争关注、金钱或其他的有形刺激物的关注及对他人指令的关注，如奖励、承认或他人的命令等，但更多的是由金钱报酬的形式表现。这些因素的改善可以预防或消除工作人员的不满，但不能直接起到激励作用。

（二）侦查行为激励机制的功能性障碍[1]

在中国现有的立法和司法领域中，大量规章制度都涉及侦查的程序运作，并都试图建立合理的侦查行为激励机制。《刑事诉讼法》设“侦查”专章，占程序规定的五分之一篇幅，大量条文涉及侦查程序。它们要求侦查人员必须采取合法侦查行为，并粗疏地规定了对不法侦查行为进行惩治，严重的不法侦查行为要受到刑罚惩处，而非法证据的证明力也因此受到负面评价，这构成了实体法和程序法两个层面上的“负激励”。侦查组织也设定了众多内部规章、条例，并结合相关财政制度、人事制度、劳动制度、奖罚制度等，还通过一些具体的“命案招标”“悬赏通缉”等侦查制度，为高效合法的侦查行为提供“正激励”。整体看来，当前中国侦查领域中已经初步建立起“正激励”和“负激励”相结合、物质激励与精神激励相结合的侦查行为激励机制。

但是，当前侦查行为激励制度并不完备，侦查制度所确立的正、负激励因素存在功能缺陷，造成“权利保障的激励不足，而不法讯问的激励过度”。这种激励的不足与过度，在现行侦查程序运作过程中，形成了以下激励困境——“内部成本外部化”、“外部成本内部化”“逆向选择”和“道德风险”。[2]

1.侦查成本的“外部性”

经济学理论建立在“人是趋利的经济人”的基本假定之上，由于个人总是在社会中生活的，个人对于自己利益的追求，对自己需求的满足，总会对于他人或社会产生或多或少的影响。经济学将这种影响命名为“外部性”。“外部性”从“成本”角度来看，[3]形成了两种基本情况：个人承担了不应由自己承担的“外部成本”，个人吃了亏，“外部成本内部化”；外部承担了应由个人承担的“成本”，个人占了外部的便宜，“内部成本外部化”。经济学的激励问题，也就是消灭“外部性”的问题，或者说，是将“外部性”进行“内部化”的问题，

---

〔1〕 侦查行为的激励机制的研究不能仅仅以演绎的方式或从制度内在的角度去关注法律制度，“从功能的方面进行考察不失为一个很有益的研究方法”。参见［日］芝池义一：《行政法总论教义》，有斐阁1993年版，前言。转引自朱芒：《功能视角中的行政法》，北京大学出版社2004年版，自序。

〔2〕 See Laffont.Jiand Tirole, *A Theory of Incentive in Procurement and Regulation*, MIT Press,1993.转引自周耀东：《不对称信息与激励性管制选择》，载《经济评论》2004年第2期。“逆向选择”是在事前信息不对称情形下的“隐藏信息”行为；而“道德风险”则是在事后信息不对称情况下的“隐藏行动”。

〔3〕 当然，“外部性”也可以从效益的角度来考量，体现为：外部获得了应由个人获得的“效益”，个人吃了亏，“内部效益外部化”；个人获得了应当由外部获得的“效益”，个人占了外部的便宜。

即个人活动承担个人活动的成本，并享有个人活动的效益，不占外部的便宜，也不让外部占到便宜。当一切相关的成本由自己支付、一切相关的效益自己享有时，个人便得到足够的激励。[1]

对侦查行为的激励分析也应该遵循“经济人”的假设，把每一个侦查行为的权衡建立在人性的正确理解和个体分析基础之上，[2]这有利于从各种层面上揭示——如安全感、归属感、成就感、声望等，特别是自我价值——需求的最大实现。[3]当我们从激励机制的角度透视侦查行为和侦查制度时，我们可以发现侦查领域中广泛存在的“外部性”。

一方面，侦查人员、犯罪嫌疑人、被害人、证人等侦查程序参与者承当了部分本应由社会承担的侦查成本，侦查行为的“外部成本内部化”现象普遍存在，无法充分激励侦查人员、被害人选择法律预期行为的积极性。首先，侦查人员承担了部分社会成本。我国各级侦查组织所需的侦查成本按规定应由同级政府财政拨付，但各地政府的财政情况并不相同，相当多的地方政府对办案经费保障不到位，侦查成本投入不足。虽然，中共中央办公厅、国务院办公厅于2009年联合下发了《关于加强政法经费保障工作的意见》之后，我国政法保障体制改革的步伐大大加快。仅以地处经济发达的华东地区的山东省聊城市为例，经济较为发达的茌平县公安机关人均公用数额为2万元，属于国家级贫困县的冠县公安机关人均公用经费为1.2万元。但是，从目前的情况来看，两县的人均公用经费数额均已远超规定，2005年所制定的标准已难以满足侦查工作的实际需要。[4]据调查，还有许多基层公安机关每年得到的财政拨款经费仅占全年实际支出的50%左右，有的甚至只有30%左右，[5]这些经费用于侦查活动数额更是有限。在没有足够的社会成本投入时，很多地方的侦查人员外出办案都是自己垫付交通费、通讯费用，甚至因公负伤时的医疗费用都得自己支付。

---

〔1〕 陈彩虹：《法律：一种激励机制》，载《书屋》2005年第5期。

〔2〕 张维迎：《产权、政府与信誉》，生活·读书·新知三联书店2001年版，第37页。

〔3〕 [美]Maslow, *Motivation and Personality*. Harper&Row Publisher (1954)(影印本)，中国社会科学出版社1999年版，第35～46页。

〔4〕 谢薇：《进一步建立完善公安机关经费保障机制的思考》，载《人民公安报》2015年11月24日，第7版。

〔5〕 杨辉解、刘鸿标：《论侦查成本》，载《湖南公安专科学校学报》2004年第5期。

其次，犯罪嫌疑人也承担了部分社会成本。在侦查实践中，普遍存在“一关了事”“拘留必捕”“别罪逮捕”等现象，犯罪嫌疑人被单纯地羁押，侦查人员不愿意支付成本来进行嫌疑人人身危险性的调查评估，不愿意消耗成本提供对人身自由限制更小的刑事强制措施来代换羁押，[1]而经济犯罪嫌疑人个体则为此付出了惨重的机会成本和伦理成本。

最后，我国对参与侦查的程序当事人——证人、举报人、检举揭发人等——所付出的成本补偿制度也未建立，证人等要对社会正义、经济秩序的公共需求而个体出资。数额巨大的侦查成本原来应由国家和社会全额负担，但在我国特殊的侦查权力配置格局和特别的财政制度下，这些社会成本却被非正常的转嫁到个人身上，从而出现了侦查行为“外部成本内部化”的变异现象，在不知不觉间提倡“各个个人放弃自己的利益而为他人（被害人、被告人或公众）的利益而牺牲”的道德，它“存在致命的缺点，即它是一种缺乏自尊的道德”。[2]

另一方面，我国的侦查实践中也存在“内部成本外部化”的不正常现象，在一定程度上激励了违法侦查行为，最典型者当属本应由侦查人员承担的违法责任成本转嫁到了社会公众头上。在侦查过程中，侦查人员承担着合法进行侦查的责任，在违法程序规则进行违法侦查时，他必须承担因其不合法行为所带来的程序后果以及由此产生的个体责任，侦查人员必须为侦查程序的违法行为支付特定的成本。虽然，法律“成本具有变动性和难以计量性”，[3]不法侦查人员负担的责任成本由于运作程序相当漫长、涉及众多要素，而“难于进行严谨的计算分析”。[4]但依“比例性”原则（或称均衡性原则）应对违反义务的程序性违法行为予以惩处，让其负担相应的责任成本，激励其充分认知合法侦查行为是“在特定约束条件下追求自我利益的一种选择”。[5]但是，我国目前针对侦查程序性违法行为所配置的违法责任以及落实机制很不完善，只

〔1〕 在刑事司法实践中，有相当多的负责经济犯罪侦查的警察担心非羁押性刑事强制措施不能保证经济犯罪嫌疑人随传随到，担心犯罪嫌疑人进行反侦查活动，担心提审麻烦，担心以后会花很大的代价去追捕人犯。所以在采取刑事强制措施时，他们更愿意对犯罪嫌疑人适用羁押性的刑事强制措施。

〔2〕 ［美］爱因·兰德：《新个体主义伦理观——爱因·兰德文选》（中译本），上海三联书店1993年版，第4～6页。

〔3〕 郑智航：《法律成本论》，载《当代法学》2003年第2期。

〔4〕 周林彬：《法律经济学论纲》，北京大学出版社1998年版，第323页。

〔5〕 苏力：《法治及其本土资源》，中国政法大学出版社1996年版，第100页。

设计了言词性非法证据的排除规则、构成犯罪的程序性违法的刑事责任惩戒规则，并未确立侦查程序性违法的行为失效，也没有完整而体系的行政责任和民事责任承担机制，而程序性判决以及侦查法官的设立更是因涉及刑事司法体制的整体变革而遥遥无期，本应由违法侦查人员承担的责任成本转嫁给了社会，造成侦查行为的“内部成本外部化”，无法为合法侦查行为提供有效的“负激励”。

2.侦查人员的“逆向选择”

经济学家将信息不对称分为事前的信息不对称和事后的信息不对称，事前的信息不对称是指行为之前存在一方知道、而另一方不知道的信息，这使得行为人得不到充分的决策信息，不敢做出预定的行为，结果是转向其他代替性行为，或是直接放弃该行为，这种情况被称为“逆向选择”，即该做的事情不做了。在1970年，美国经济学家阿克尔洛夫提出“柠檬”模型，开创了逆向选择理论的先河。他指出，现实生活中市场主体不可能占有完全的市场信息，当一方对于交易可能出现的风险状况比另一方知道得更多时，便会产生逆向选择的问题。[1]

在侦查前，犯罪信息与侦查信息在不同侦查程序主体——尤其是侦查主体和犯罪嫌疑人——之间的分布不均衡，存在差异性或非对称性。由于当前侦查绩效考评机制的缺陷，合理激励机制没有建立，侦查人员“逆向选择”，放弃合法侦查行为，转而求诸非法侦查行为，这在侦查启动阶段表现得最为明显：在立案程序中，侦查组织并没有充分完成犯罪信息的发现、收集和分析研判等项工作，针对刑事罪案的信息优势尚未建立；而犯罪行为人则深知犯罪行为、犯罪现场和其他犯罪行为人的具体细节，具有犯罪信息方面的优势。一方面，立案制度不能有效地激励侦查人员迅速启动侦查。合理的立案制度能够有效激励准确及时启动侦查，但是，当前中国启动侦查的法定标准是“有犯罪事实存在”和“需要追究刑事责任”，在未采取侦查行为、收集足够丰富的犯罪信息之前，侦查人员无法建立信息优势，也就难以启动侦查。

另一方面，当前的破案绩效评价制度不能有效地激励侦查人员准确立案。当前侦查实践中，衡量侦查人员水平高低的主要是破案率，而破案率由侦查破

---

〔1〕 游桂云：《我国养老保险制度中的逆向选择问题探讨》，载《中国海洋大学学报》（社会科学版）2004年第1期。

案数与立案数的比值来测算。提高破案率有两种途径：一是提高侦查破案的数量；二是降低刑事案件的立案数量。前者要求侦查人员本身素质的提升、高科技手段的使用、侦查谋略得当、侦查团队的精诚协作等多方面因素综合作用，而这些都需要长时期的积累，很难得到“立竿见影”的激励效果；但后者却是不以人的意志为转移的，犯罪的发生具有自己的行为规律，具有不可控性，但是，立案数量却可以通过“不破不立”“先破后立”等违反程序法的方法实现。破案成绩突出者可获得物质奖励、嘉奖荣誉、职务升迁等，得到了充足的“正激励”；而其违法不立案等行为却没有严格的程序法制裁，也不会导致严重的实体法惩治的恶果，没有相应的“负激励”。这形成了一种“逆向选择”：非法侦查启动行为对合法侦查启动行为的“驱逐”。

3.侦查人员的“道德风险”

在经济学上，事后的信息不对称指的是行为之后隐存的私人信息，信息优势方容易自作主张地违反规则，从而导致“道德风险”。经济学意义上的道德风险，是在交易过程中从事经济活动的人在最大限度地增进自身效益的同时，做出不利于他人的行为。[1]作为一种极具专业性的刑事司法活动，侦查具有刑事程序所具有的封闭性和自足性，检察机关不可能对侦查人员的行为进行全面细致的严密监控，犯罪嫌疑人、证人、被害人等程序权利也未形成有力的制衡，这就使得在侦查前就已形成的信息不对称更加严重，程序运行终结后有关的信息也未在程序主体之间进行充分的流动，这就为侦查人员的“道德风险”提供了滋生的空间。

信息不对称加剧诱发了侦查人员的“道德风险”。侦查行为实施的过程，从信息论角度来看，就是在侦查人员与犯罪嫌疑人等侦查程序参与人之间不断进行信息交换的过程。随着侦查程序的推进，侦查人员收集了越来越多的证据，掌握了越来越丰富的犯罪信息，慢慢建立起相对于犯罪嫌疑人的信息优势，加之侦查人员本就具有法律知识、诉讼地位的优势，信息不对称越来越明显。侦查人员可以采取现场勘验检查、鉴定、讯问、询问，使用特情耳目、派遣卧底等，他们拥有丰富的信息来源途径、专业化的信息收集方法以及雄厚的信息搜寻成本支持。而犯罪嫌疑人处于被追诉地位，同时犯罪嫌疑人往往会陷

〔1〕［法］让·雅克·拉丰、大卫·马赫蒂摩：《激励理论》，陈志俊、李艳、单萍萍译，中国人民大学出版社2002年版，第145～147页。

入信息匮乏的状态——被采取拘留、逮捕等刑事强制措施，与外界来往中断，信息来源途径限于侦查人员告知、讯问时候的问答等，来源于律师帮助的信息极少。虽然，犯罪嫌疑人也会隐藏一些侦查人员所没有掌握的罪行信息，甚至还通过非法手段与外界保持信息的联通，但整体来看，侦查人员具有诉讼地位和信息收集的绝对优势，这决定了侦查人员在与犯罪嫌疑人在信息交流时必然处于主导和支配地位。当侦查人员找不到足够的信息来认定犯罪嫌疑人罪行，而其又认为有必要，或出于策略的考虑，也会通过欺骗、引诱、刑讯等非法手段获取信息。现行侦查制度并没有建立严格的非法言词证据排除规则，也没有建立非法侦查行为的程序性裁判和惩戒机制，侦查行为的"负激励"严重不足诱发了侦查人员的"道德风险"。

中国现行侦查制度尚不完善，难以有效防止侦查人员的"道德风险"，不法侦查行为屡屡出现。在侦查行为实施过程中，犯罪嫌疑人、检察官等无法掌握侦查信息，侦查人员所建立的信息优势得到进一步强化。在当前的侦查领域中，既没有引入侦查法官对强制性侦查行为进行事前司法审查或事后司法授权，也没有实施"检警一体化"进行检察完全控制，侦查人员（主要是警察）"一家独大"，大搞"一言堂"。缺乏中立第三方的法官对侦查程序的控制，检察的侦查监督措施单一、方式滞后，犯罪嫌疑人的法律帮助权受到法律的重重限制，法官、检察官、犯罪嫌疑人等都没有足够的信息量，侦查人员很容易超越法律的"界碑"。此外，非法侦查行为的责任追究体制不完善，不但缺乏违法侦查行为的程序性制裁机制，而且非法所得的实物证据仍可作为证据使用。这一系列科学侦查程序规则的欠缺，导致整个侦查程序的封闭性，侦查人员和其他侦查程序主体之间的信息，不但在侦查启动之前得不到有效的沟通，而且在侦查终结之后往往也无通畅的交流。这种信息的不对称使得侦查人员可以在侦查中大行"道德风险"行为，导致了"把秩序置于民主和个人自由之上"的不合理现象。[1]

（三）侦查行为激励困境的成因分析

我国当前侦查制度无法为合法侦查行为提供有效的激励机制，它无法让

〔1〕 W.T.De Bary, *Asia Values and Human Rights: A Communitarian Perspective*, Harvard University Press, 1998, pp.1-16. 转引自［美］迈克尔·伊格勒蒂夫：《作为偶像崇拜的人权》，胡水君译，载《环球法律评论》2005年第5期。

“外部性”通过侦查人员、犯罪嫌疑人、被害人、证人等侦查程序参与者的个人行为选择来“内部化”，不能让他们自觉、自动、自愿地承担个体侦查成本。侦查行为激励机制之所以面临着困境，有以下一些具体原因：

1.侦查组织的目标导向模糊

目标激励理论表明：大多数激励因素都是通过目标来影响工作动机的，目标是引起行为的最直接动机，任何形式的组织都可以通过定义目标来明确激励组织成员的努力方向。[1]在侦查实践中，也经常定位侦查组织整体目标来激励侦查人员：侦查组织通过设定一定的侦查目标，引导侦查人员按照组织整体目标设定个案、个体目标，通过个人目标的完成而实现侦查组织的整体目标。侦查人员在组织整体目标的指引下设定个人目标，满足个人目标实现，使个人的价值充分体现出来，产生巨大的激励作用。但在我国当前的侦查制度中，侦查组织的多元目标造成了组织目标导向模糊，削弱了其他激励因素的积极作用，严重制约了侦查人员高效行为的积极性。侦查组织目标导向模糊体现在两个方面：

一方面，侦查组织的整体目标混乱，甚至错位。当前中国侦查组织的目标定位并不明晰，它既打击犯罪，又保障人权；既维护自由，又追求秩序。侦查组织往往承担着“执法为民”“构建和谐社会”“保护人民生命财产安全”的“神圣而崇高”的社会责任，组织使命是“为人民服务”的政治定位，而其作为专门性刑事司法机关的专业定位却被弱化，专业性被政治性所冲淡。在侦查组织的目标设定中，往往强调其打击犯罪的刑事镇压因素，而对人权保障的目标则相对忽视；在侦查组织目标系统内部，过于强调高效侦查，而较为忽略程序正义，效率有余而公正不足。另一方面，个体目标游离整体目标，侦查人员与侦查组织的目标没有很好衔接。侦查人员个体目标与侦查组织整体目标本

〔1〕 美国马里兰大学管理学兼心理学教授洛克（E.A.Locke）和休斯在研究中发现，外来的刺激（如奖励、工作反馈、监督的压力）都是通过目标来影响动机的。目标能引导活动指向与目标有关的行为，使人们根据难度的大小来调整努力的程度，并影响行为的持久性。于是，在一系列科学研究的基础上，他于1967年最先提出“目标设定理论”（Goal Setting Theory），认为目标本身就具有激励作用，目标能把人的需要转变为动机，使人们的行为朝着一定的方向努力，并将自己的行为结果与既定的目标相对照，及时进行调整和修正，从而能实现目标。这种使需要转化为动机，再由动机支配行动以达成目标的过程就是目标激励。目标激励的效果受目标本身的性质和周围变量的影响。载：http：//wiki.mbalib.com/wiki/%E7%9B%AE%E6%A0%87%E8%AE%BE%E5%AE%9A%E7%90%86%E8%AE%BA，最后访问日期：2017年3月18日。

应高度一致，共同指向侦查行为的效率、平等、公开等项目标，获取合法侦查行为所带来的侦查效益。但是，侦查人员的个人收益与侦查组织的整体收益之间无法建立“一种直接、灵敏、有效的联系”，[1]当前侦查组织的不合理定位更离散了两种目标之间的联系，侦查人员对于侦查组织的使命感和认同感上普遍存在缺失，[2]这使侦查组织目标的激励作用非常有限。[3]

2.侦查人员的竞争激励不足

良性竞争环境有利于激发、鼓励人们充分发挥其积极性、主动性和创造性，人员的合理流动性恰好能够为组织成员提供充分的竞争激励，从而促使其保持并不断发展自己的工作能力。作为侦查组织内部的人力资源，侦查人员也应保持适当流动性，形成了一个“可进可出”“可上可下”的竞争机制，从而保证侦查组织和侦查队伍的整体水平。但是，我国当前侦查组织的招考录用制度、培训制度、晋升制度、轮岗制度等人事机制存在缺陷，不能有效地发挥竞争的激励作用。

侦查权在我国被定位为特定国家机关所享有的专门性刑事调查权，完全由国家“政法机关”所垄断。在过去的相当长的一段时间里，中国曾在警察侦查组织内部强调效率管理，推行“末位淘汰制”，对于激励侦查人员采取合法侦查行为具有积极意义；“破案招标”也有利于竞争激励因素发挥积极作用。但是，整体来看，中国侦查组织实行的是科层制，[4]对于侦查人员的流动持保守态度，侦查人员的流动机制较为僵化。这种僵化体现在两方面：一方面，侦查人员横向流动机制僵化，缺乏合理的进出规则，具有良好侦查素质的人员受组织编制、政治背景、学历等因素的影响难以进入侦查组织；而考核不合格

[1] 参见刘琳瑜、冉艳波：《我国公共部门人力资源管理中激励机制的缺失与完善》，载《技术与市场》2006年第4期。

[2] 在此，仅以承担最主要侦查任务的警察组织为例：20世纪80年代以后成长起来的新生代，他们在“告别革命”和崇尚个性中从警，他们中的大部分仅仅把警察事业看作谋生的手段。据一项调查显示，“支撑你继续当警察的动力源”认为是“警察荣誉感”的只占9.3%，“权力资源占用”的占2.0%，“职业需要”的却占到59.4%之多。参见吴育哲、龚正荣：《论市场经济条件下警察道德主体补偿激励机制的建立》，载《公安教育》2005年第2期。

[3] 参见刘静、黄博：《公共部门人力资源管理激励机制探析》，载《社会科学家》2007年增刊。

[4] 科层制，又称为官僚制，权力依职能和职位分工和分层、以规则为管理主体的管理方式和组织体系。官僚制是近代社会生产力飞速发展、社会分工越来越细、组织规模不断扩大的产物。有正式规章，有明确分工，权力分层，按正式规则发生公务关系，任职资格要通过考核和任命。参见[德]马克斯·韦伯：《支配社会学》，广西师范大学出版社2004年版，“论科层制（官僚化）”部分。

的侦查人员只是转岗轮训，而非退出侦查组织，这就削弱了侦查组织竞争激励的效果。另一方面，侦查人员纵向流动机制僵化，缺乏合理的晋升制度，侦查人员的晋升在一定程度上并不是唯才是举，而是更偏重于考虑其政治素质、资历、家庭背景、协调能力等，侦查业务素质的考察退居次要地位，甚至会调任一个没有任何侦查经验的领导主持侦查组织。“激励的目标在很大程度上是通过被激励者的流动来实现的。当被激励者发现没有合理的途径可以实现其所向往的流动时，便容易转向不合理的途径。于是，我国的现状一方面是流动机制的僵化，另一方面是投机性的流动大行其道，给有效的激励带来很大的困难。”[1]在侦查实践中，通过违法程序法律侦破案件的不法侦查人员往往不会因此被淘汰，甚至还可能因破案成功而获得竞争上的优势，而严守侦查程序法治底线的侦查人员无法获得充分的竞争激励，他们也容易转而选择非法侦查行为。

3.侦查绩效评价体系不合理

在组织管理中，绩效评价系统是广泛应用的一种激励模式。科学的绩效评价体系包括：目标和成绩，一般以责任标准来考核；绩效要素，包括主动性、解决问题、客户导向、团队合作和沟通等。最终的绩效评价结果是以上两部分评价加权后的总和。[2]我国当前侦查绩效评价体系尚不健全——绩效考核制度缺乏规范性，没有形成可以量化考察的衡量指标，侦查绩效评价缺乏科学性和可操作性，造成了绩效考评“走形式”，[3]削弱了侦查绩效评价体系的激励作用。

一方面，侦查绩效评价体系设计不科学。侦查绩效衡量缺乏量化的、可操作的标准，诸如经济成本付出、刑事司法资源节约、社会评价等绩效因素未将其纳入考评范围。而侦查人员所创造的社会效益通常要在一个比较长的周期内才能体现出来，并且有时无法以货币性的指标去衡量，侦查绩效评估往往采取间接性指标，难以精确考察和量化衡量。侦查绩效评价项目的与评价结论没有紧密关系，造成绩效评价的缺乏“可适用性”，在很大程度上影响了后续

---

〔1〕 参见刘静、黄博：《公共部门人力资源管理激励机制探析》，载《社会科学家》2007年增刊。

〔2〕 参见吴峰：《试论科学的激励机制》，载《湖南社会主义学院学报》2004年第5期。

〔3〕 参见刘琳瑜、冉艳波：《我国公共部门人力资源管理中激励机制的缺失与完善》，载《技术与市场》2006年第4期。

的评价工作和激励功能的发挥。[1]

另一方面，侦查绩效评价体现的操作不合理。我国的侦查权被分散地配置于监察、公安、检察、监狱、海关等部门，针对侦查人员的绩效评价是在“政法部门”整体绩效评价体制中进行的，侦查人员的行为目标、侦查业绩、团队合作等考核并未明显区别于其他警察、检察官，这种绩效考评无法科学体现侦查人员的真实绩效。在评价侦查人员绩效的过程中，往往由一个测评者用同一评价项目对同一侦查人员进行两次以上的测评，或者由几个评价者用同一评价项目对同一侦查人员进行评价时，造成评价缺乏可信性。

4.侦查人员的薪酬制度不健全

薪酬制度是一种最基本的激励手段，有效的薪酬制度是激励高素质人才的必要条件。将工作人员的工资与其岗位职责与工作绩效紧密挂钩，合理拉开收入差距，实行差别收入制度，克服平均主义。在侦查人员的薪酬分配过程中，也应该建立起公平合理的薪酬制度，这样才能够有效地激励侦查人员遵循法治程序、采取合法有效的侦查行为，保证侦查人员的整体水平。

但是，我国当前侦查人员在薪资待遇方面的劳酬不均衡压抑了侦查人员进行合法侦查行为的积极性。侦查组织属于国家公共部门，产出的是用经济收益无法衡量的安全、秩序、公正等社会公共产品，其薪酬分配受制于既定的法律、政策、规定，侦查组织要遵循公务部门大致相仿的成文规范，不具有对侦查人员的薪酬制定权，因此薪酬分配机制较为固定，灵活性较低。在当前的侦查薪酬分配制度中，与侦查岗位相邻职位的薪酬差距不大，而且体现资历因素的薪资级差也不能充分拉开，无法充分激励那些知识结构更新较快、富有工作激情的年轻侦查人员，薪酬制度无法发挥其应有的长期激励功效。

仅以侦查人员主要成分的警察为例：承担主要侦查任务的刑警隶属于公安序列，在目前强调“整齐划一”的“大侦查”的体制意识指导下，刑警薪资待遇与其他警种从业者没有明显差别，对侦查人员卓有成效的工作奖励也以非物质的精神奖励为主。相比于侦查人员的高职业风险和无私付出，其政治地位和生活待遇显得极不相称，侦查人员易产生严重的失衡感，在利益驱动下容易突破道德戒律。我们当然不能否认现行的精神褒奖、心理慰藉等方式在市

---

〔1〕 刘静、黄博：《公共部门人力资源管理激励机制探析》，载《社会科学家》2007年增刊。

场经济条件下对侦查人员的职业道德行为选择仍然具有重要的理论意义和实践价值。但侦查人员作为生活在常态社会中的人，具有正常的生活欲求，实际物质利益的明显缺损必然伤及其内生的道德信仰，进而必然损及侦查人员高效工作的积极性和主动性。

(四)侦查行为激励机制的完善

我国当前的侦查制度并不完备，法官无法参与侦查程序，检察官只对侦查行为进行较为单一的滞后监督，犯罪嫌疑人的程序权利没有得到充分维护，律师在侦查行为中的作用极为有限，侦查过程中的犯罪信息和侦查信息被侦查人员所垄断。而侦查组织目标导向模糊、竞争激励不足、绩效评价体系不合理、薪酬分配制度不健全等因素造成了侦查行为激励机制的缺陷，无法发挥侦查制度预设的应然功效和作用。[1]“激励的目的就是把个体行为的外部性内部化，通过规则的强制，迫使产生外部性的个体将社会成本和社会收益转化为私人成本和私人收益，使得行为主体对自己的行为承担完全责任，从而通过个体的最优选择实现社会最优”。[2]要解决侦查成本的“外部性”问题，破解侦查人员的“逆向选择”和“道德风险”，必须从以下具体制度改革入手，进一步完善合法侦查行为的激励机制。

1.以“程序法治”廓清侦查组织目标

在法治现代化的背景之下，必须用“程序法治”目标来引导侦查人员的个体目标定位。首先，要树立起侦查程序参与者的主体本位意识。在法治社会中，“法意识的最根本的基础因素是主体性的意识”，[3]任何人都要把人视为是目的本身，而非实现目的的工具。无论是侦查权力机关，还是参与侦查程序的其他当事人，首先要认识到自己是作为程序主体的存在，同时要尊重他人的程序主体地位；既要认识和维护自己在侦查程序运行中所具有的合法权益，也要认识和保障其他程序参与者的侦查程序权利。要在侦查程序参与者的内心深处强化主体本位的法治意识，并以此激励其将之具体化为侦查程序权利诉求。

其次，应当树立起个体本位观念。[4]人作为个体，他是社会整体的基本构

---

〔1〕 宋英辉、李忠诚主编:《刑事程序功能研究》，中国人民公安大学出版社2004年版，第5页。

〔2〕 张维迎:《信息、信誉与法律》，生活·读书·新知三联书店2003年版，第54页。

〔3〕 [日]川岛武宜:《现代化与法》，申政武等译，中国政法大学出版社2004年版，第52页。

〔4〕 [美]迈克尔·伊格勒蒂夫:《作为偶像崇拜的人权》，胡水君译，载《环球法律评论》2005年第5期。

成单位，他只有获得独立的地位，并拥有相应的权利，才能成为具有个性化的社会构成元素，才能整合成一个民主的、自由的、有创造力的法治社会。法治社会固然重视群体的存在，但更应关注个体的法治生存状况。侦查程序的“法治”，就是要通过构建正当程序，充分尊重程序主体的个性，保障他们个性化的合法权益。侦查程序参与者在体察人共性的同时，也必须要对程序主体的个性行为予以充分关注，树立起个体本位观念，引导侦查人员关心具体的犯罪嫌疑人、证人和被害人，保障他们的具体程序权利。

最后，应当树立权利本位观念。法治社会不同于以往其他形态的社会，一个重要的标志就是权利本位，而其实质应当是弘扬作为社会主体的人的具体权利，弘扬人的主体意识和自主精神。这要求侦查程序参与者必须认识到侦查程序的目标在于保障程序主体的合法权利，尤其要保障犯罪嫌疑人的程序权利。应将权利本位作为侦查程序法治的核心，并将之整合进侦查组织目标中，引导侦查人员在行为选择时秉持权利本位观念。

2.构建侦查程序主体的信息平衡机制

一项制度是否有效，主要看它能否充分发挥激励作用，有效的制度首先要解决的就是信息不对称问题。无论是解决“事先信息不对称”导致侦查人员的“逆向选择”，还是解决“事后信息不对称”导致的“道德风险”，都必须“使信息劣势方获得更多的信息”，〔1〕打破在侦查人员、犯罪嫌疑人、被害人等侦查程序参与主体之间的信息不对称困境，侦查制度的合理化改革也必须要建立犯罪信息和侦查程序信息的平衡机制。

首先，组建专业水准高、协同能力强、技术配备精良的侦查队伍。侦查破案需要信息上的优势，为此侦查组织必须建立其一支专业化水准高的侦查队伍，他们深谙犯罪规律，精通侦查规则，能够协同作战，能够快速高效收集犯罪信息。“专业化生产信息”会“带来信息生产成本的降低”，形成“信息生产上的规模效应”。〔2〕应当为该特殊力量配备高科技设施，提升其收集、分析情报的能力，同时加强各有关部门在犯罪信息交流方面的协作，从而尽量降低有关的犯罪信息收集成本，扭转侦查过程中可能存在的信息劣势。

其次，设置合理的犯罪嫌疑人、被害人、证人等侦查程序参与者的权利告

〔1〕 张维迎:《信息、信誉与法律》，生活·读书·新知三联书店2003年版，第77页。
〔2〕 张维迎:《信息、信任与法律》，生活·读书·新知三联书店2003年版，第257页。

知制度，平衡他们在维权活动中的信息劣势。犯罪嫌疑人的权利告知制度是该制度的核心，他有权知悉侦查程序性事项，诸如涉嫌的罪名、采取刑事强制措施的依据、侦查人员的组成等，他有申请回避权、自我辩护权、拒绝无关问题回答权、控告权、核对讯问笔录权、聘请律师提供法律帮助权、申请取保候审权、用作证据的鉴定意见和申请补充鉴定或者重新鉴定权等。被害人、证人也有权知悉自己的侦查程序权利，如被询问时使用本民族语言文字的权利，有权获得必要的国家补助等。被害人有权知悉立案情况，有权向检察机关申请立案，有权提出刑事附带民事诉讼。

最后，建立侦查行为依据和理由的适当公开制度，以此平衡侦查程序中控辩双方的信息不对称。侦查行为往往涉及对公民的财产、人身、隐私等的强制，这种临时性处分行为必然影响到了公民权利的自由行使，因而侦查人员有必要把采取讯问、逮捕等侦查行为的法律依据和证据向相对人公开，使其在获知充分信息基础上理性选择个人行为。

3.重构侦查程序主体的成本补偿机制

目前，我国侦查人员、犯罪嫌疑人、被害人、证人等侦查程序主体等不合理地负担了理应公共负担的一部分成本，其中经济成本占有相当大的比例。成本弥补制度的建立，旨在矫正这种非理性的成本转移，使公共成本与个体成本之间实现应然的平衡，它的核心是建立侦查专项经费制度和重大案件举报奖励制度。

鉴于现代社会犯罪行为的跨域性、流动性和影响性都较强，侦查活动的全局联动机制和资源的统一调配体系显得非常有必要。有必要突破原来的侦查经费由地方财政列支的局限，由国家财政统一拨付，经由公安部、最高人民检察院、国家监察委员会等中央职能部门具体配置，根据各类犯罪的发案数和以前的经费使用情况，确定经费基数；再依据具体的案件侦查的实际需求，灵活调配人力、物力、财力，以保证侦查成本的足额支付。应从人员配置、办公场所技术装备、资金投入等方面，为侦查人员提供迅速高效反应的物质条件。

为鼓励公众积极参与侦查程序的运行，对那些通过举报罪案、提供线索等协助侦查的公民，必须弥补其所付出的成本。虽然我国有对举报罪案的公民提供奖励的实践，实务中也存在对提供线索协助破案的公民提供奖金的刑事悬赏，但其运作既不统一，也不规范，各个侦查机关自行其是，标准参差不齐。

在各地实践经验的基础上，建立起我国特色的侦查奖励制度。奖励的内容可设定为：发放奖金和通告嘉奖，资金来源应为设立的国家司法专项基金，它由国家财政预算，按统一标准发放。对犯罪嫌疑人，也应弥补其不应承担的成本付出，如因刑事强制不恰当而多支付的成本、因侦查人员的程序性违法所付出的成本。

4.完善侦查人员违反程序的责任机制

我国侦查制度并不完备，难以细致防范侦查人员的"道德风险"，侦查人员违反程序规则进行非法取证行为不胜枚举。根据经济学的激励理论，对待事后信息不对称导致的"道德风险"，可以让信息量大的当事者对其行为后果承担完全责任，从而防止其违反规则。激励侦查人员遵循程序规则、禁绝不法程序行为的最好方法，就是让侦查组织和侦查人员承担违反程序法的所有不利后果，通过该责任机制，激励侦查人员采取合法侦查行为，从而保证"法治程序"目标的实现。

第一，确立侦查人员对其行为合法性的证明制度。在侦查过程中，侦查人员处于刑事追诉主体的诉讼地位，他拥有强大的国家机器作为行为后盾，他当然要承担证明犯罪嫌疑人涉嫌罪名的责任。侦查行为限制了犯罪嫌疑人处分自己财产权利、人身权利的自由，它也是一种"恶"，所以，国家通过严格的侦查程序规则来限制侦查行为的肆意，以保证将这种必要的"恶"限制在可控范围之内。侦查人员必须保证侦查行为的合法性，才能保证侦查行为的公平、正义。同时，侦查人员作为权力主体，他居于强势地位，侦查权力具有扩张性，只有对侦查人员分配较重的证明责任，才能平衡侦查程序双方的诉讼力量。

第二，建立起对全面的"非法证据排除"规则，以"负激励"引导侦查人员放弃违反程序的不法侦查行为。一方面，在非法证据排除方面，我国目前只排除非法手段收集的言词证据，而对于非法手段收集的实物证据仍未全面排除其证明力，在确认实物证据的真实性后仍可予以采信。另一方面，对于非法言词证据的排除也不彻底，仅仅否定非法侦查行为直接所获言词证据的排除；若依据非法侦查所得的线索，再运用合法收集的证据，则不予排除，这在一定程度上放纵了侦查人员的非法侦查行为。应完善我国的非法证据排除规则，建立起"毒树之果"的排除法则，将非法侦查行为直接或间接获取的所有证据都予以排除；与此同时，设立排除法则的若干例外，如危害国家安全的例外、不借助非法手段也能获得的证据的例外等。

第三，构建违法侦查行为的程序性制裁机制，落实违法侦查人员的行为责任。授予法官对侦查程序性事项的裁判权，对那些违反侦查程序的行为，法官有权作出否定性程序性判决。同时，依照违法行为的性质、所侵犯的具体程序权利、造成的后果等，对该侦查行为的效力进行评价，并配置特定的民事、行政和刑事责任，[1]以此强化侦查人员采行合法侦查行为的“负激励”。

第四，完善侦查程序监督机制，关键是建立针对侦查人员的监督机制，[2]防范“道德风险”。首先，构建司法审查制度，将独立而中立的法官引入侦查程序中，以审判权监督侦查权。“允许以强制性侵犯公民的权利时，关键的是一方面必须对国家权力的强制权明确予以划分与限制，另一方面必须由法院对强制性措施进行审查，使公民由此享受到有效的法律保障。”[3]其次，强化检察机关的侦查监督职能，设立侦查程序的事前通报、事中监督（重大案件讨论会的列席形式）、事后备案制度（建立文书制度），加强检察官对警察侦查权的控制。最后，赋予犯罪嫌疑人一方律师以辩护人地位，并确立其重大侦查行为的在场权和调查权，以此监督侦查人员，保证其行为的合法性。

5.建立系统的侦查行为隐性激励机制

在侦查制度深层中，存在“一个默默的激励机制在起着作用”，[4]这突出地表现为隐性激励机制。针对侦查人员的隐性激励指的是：为树立崇高的司法权威，有效达成侦查程序运作的任务——获取有效的犯罪证据、缉捕犯罪嫌疑人、查明犯罪事实，侦查人员会自觉地限制自己在无明文规制条件下的不法行为。这一隐性激励机制的构建不同于其他激励体系，它在制度构建方面体现出体系宏大性和功能间接性：一方面，隐性激励无法通过单项制度的创设实现，需要各种相关制度的合力才能实现；另一方面，即使所构建的制度合理，它们也并非直接就能形成该隐性激励机制，还得要在长期制度践行的侦查过

---

〔1〕 唐磊、赵爱华：《论刑事司法中的秘密侦查措施》，载《社会科学研究》2004年第1期。

〔2〕 Robot K.Olson “Miscarriage of Justice”, Judicature, Sep-Oct 2001, volume2, 78.转引自邓子滨：《使刑事冤案得以昭雪的制度空间》，载《环球法律评论》2003年夏季号。

〔3〕 [德]阿希姆·赫尔曼：《德国刑事诉讼法典》，李昌珂译，中国政法大学出版社1995年版，第6页。

〔4〕 Richard A.Epstein, *Simple Rules for a Complex World*, Harvard University Press, 1995, p.44. 转引自刘星：《法律为何简约，何为简约——埃波斯坦的〈简约法律的力量〉》，载《环球法律评论》2005年第2期。

程中，才能使该隐性激励“内质化”。侦查行为隐性激励机制主要依托于以下几方面措施：

其一，建立合理的侦查人员进退机制，使竞争激励机制能充分发挥作用。首先，为了应对日益高涨的现代犯罪行为人，必须建立高规格的侦查人员准入机制，提升侦查人员权利保障等各项素质，严把侦查队伍的质量关口。其次，建立合理的晋升、降职等奖惩机制，使侦查组织中呈现“能上”“能下”的正常竞争格局。最后，引入侦查人员竞争淘汰制度，取代原来较为保守的“末位淘汰制”，将不合格的侦查人员彻底淘汰出侦查组织。在侦查组织内部形成危机感和责任感，为有效激励创造条件。

其二，建立科学的绩效评价体系、薪酬制度，发挥物质激励的积极作用。一方面，设立多元侦查绩效评价机制，合理设置评价标准，细化其评价元素，精准地测定侦查人员的业绩。如评价范围尽量涵盖全部的工作，特别是对跨地区、跨部门的协作性侦查行为，一定要纳入考核范围，以全面激励合法高效侦查行为。另一方面，侦查人员掌握了侦查这种社会公共权力，更接近于对物质利益的分配，他们所承受的市场经济环境下的物质诱惑远甚于常人，要正确对待侦查人员的利益诉求，认识到物质利益的补偿对职业付出的代偿性，努力改善分配制度。改善侦查人员的物质待遇的基本途径就是提高薪资，给予较好的社会保障和福利待遇，使其“薪酬水平达到社会中等偏高的水平，并与通货膨胀率挂钩”，[1]与其部门相比能保持优势和竞争力，保证薪酬的“正激励”效应。

其三，培育侦查组织文化，提升侦查人员的职业荣誉感。虽然学术界对侦查文化的界定存在分歧，[2]当下见诸报端或杂志的文章时有涉及“侦查文化”，但多将之等同于“刑警文化”、[3]侦探文学、侦查团队精神，甚至将之混同于侦查素质、警察文化。侦查文化与文化、法律文化息息相关，它包含了侦查制度、侦查行为、侦查观念、侦查传统所体现的历史性的、规范性的、心理性的、结构

---

〔1〕 吴育哲、龚正荣:《论市场经济条件下警察道德主体补偿激励机制的建立》，载《公安教育》2005年第2期。

〔2〕 已有学者在侦查学研究中涉及侦查文化，但语焉不详。参见张步文:《刑事侦查权研究》，中国检察出版社2007年版，第三章“刑事侦查行为、侦查文化与刑事侦查权”的“侦查文化”部分。

〔3〕 孔宪明:《重程序、重科技、重文化——把责任区刑侦队建设成适应上海特大型城市侦查破案的基层战斗实体》，载《上海公安专科学校学报》2003年第1期。

性内容。侦查文化是人力资源管理中的一个重要机制，通过营造良好的侦查文化氛围，大力培育侦查人员的程序法治精神和权利意识。当侦查文化能够真正融入每个侦查人员的个人价值观时，他们才能把侦查组织目标当成自己的奋斗目标。同时，侦查文化所内含的职业荣誉感和自豪感，有助于对侦查人员进行情感激励，从而对其产生内在的约束力，抑制侦查人员潜在的不法程序行为，也有利于侦查人员维护其职业权威。

二、侦查取证中证人作证成本论析——“以审判为中心司法改革”的视角

在当前正在推进的“以审判为中心”的司法改革过程中，庭审的刑事诉讼法中心地位得到了进一步的巩固，庭审的直接言词原则的贯彻也将势成必然，证人作证问题也必须得到进一步的重视。完整意义上的证人作证，包括证人证言的发现、固定、提取、审查判断，既包括证人在侦查、审查起诉阶段所作的关于案件事实的证言，也包括证人出庭作证。其中证人出庭作证是最能够完整呈现证人作证所有内涵的形式，本书的论述中则针对刑事诉讼中侦查取证中证人作证的诉讼行为进行分析。

我国法律对证人作证行为的性质规定并不统一：《刑事诉讼法》第60条规定，凡是知道案件情况的人，都有作证的义务。但第41条规定，辩护律师经证人或者其他有关单位和个人同意，可以向他们收集与本案有关的材料，也可以申请人民检察院、人民法院收集、调取证据，或者申请人民法院通知证人出庭作证。辩护律师经人民检察院或者人民法院许可，并且经被害人或者其近亲属、被害人提供的证人同意，可以向他们收集与本案有关的材料。这里的法律规定又显示出了证人作证行为因取证主体不同而显现出另一权利性质。法律对由谁来承担保证证人作证的责任未作明确规定。《刑事诉讼法》第190条规定：对未到庭的证人的证言笔录、鉴定人的鉴定意见、勘验笔录和其他作为证据的文书，应当当庭宣读，这为证人不出庭作证大开方便之门。虽然法律规定了证人作证的补偿和保护制度，且也有相应拒不作证的惩戒措施，但相关制度并不周延，缺乏强有力的执行机构，导致证人作证率仍然偏低。曾有数据表明，受贿罪、涉黑案件等几类案件中证人作证率几乎为零。[1]证人作

---

〔1〕 马可：《空着的证人席——关于“不愿作证”的社会调查》，载《警方》2002年第4期。

证既是一项事关落实司法公正、实现社会正义的诉讼形式，也是证人的一种社会行为，任何一种社会行为都是社会化的、理性主体在特定情景下权衡得失做出的选择。任何行为的做出都要耗用相应的成本，对于刑事证人作证这一诉讼行为来说，它是在国家司法主体的主导下参与社会正义——这一特定社会公共产品的生产行为，它要耗费相应的社会成本和个体成本，包括经济成本、伦理成本、安全成本等，也包括拒证成本、误证成本、伪证成本等特殊成本形式。

（一）证人作证成本的构成现状

对证人作证的成本分析遵循“经济人”的假设，把每一个能自主作证的证人的作证行为选择的权衡都认为是建立在人性的正确理解和个体分析基础之上的。[1]证人是社会司法公正这一公共产品的创造参与者，也要在一定的利益平衡作用下，在给定的社会结构下最大化自己的效用。证人作为“经济人的自利性”还可以更多地从各种需求层面上揭示，如安全感、归属感、成就感、声望等，特别是自我价值（能更有效的提供证言以使诉讼接近社会正义）的最大实现。[2]

证人作证的成本，按其提供社会司法公正生产原料成本的主体可分为：证人作证的证人个体成本和社会成本，在对证人作证这一诉讼行为和社会行为进行成本分析的过程中很难把个体成本和社会成本完全分离。在经济学的成本分析中，分析总是从个人出发的，任何一个行为分析的基础都是个人行为的分析，[3]本章的证人作证成本分析亦是先从证人个体成本分析入手，兼及社会成本分析。证人作证的成本完整体系可分解为各彼此独立而又相互密切作用的成本要素：经济成本、伦理成本、社会安全成本、法律安全成本、误证成本、伪证成本和拒证成本等。

1.证人作证的经济成本

证人作证，无疑要作证主体为该行为花费一定的财力、物力和时间上的成本，同时社会因该社会司法正义的公共产品之生产也得耗用相应的财力、物力

〔1〕 张维迎：《产权、政府与信誉》，生活·读书·新知三联书店2001年版，第37页。

〔2〕 [美]Maslow, *Motivation and Personality*, Harper&Row Publisher（1954）（影印本）中国社会科学出版社1999年版，第35～46页。

〔3〕 张维迎：《产权、政府与信誉》，生活·读书·新知三联书店2001年版，第37页。

等经济成本。证人作证的经济成本首先包括了交通费、食宿费、误工费（作证期间的原可获得的工资、奖金等）以及其他经济损失。

在我国现时的证据制度体系不完备的情形下，由于刑事案件中形形色色的因素影响，证人作证可能面临着被解职解聘的危险，因作证还可能被质疑品格而丧失原工作岗位，或者因作证而不适宜从事原来的工作，由此造成重大的经济损失也是证人作证个体付出经济成本部分的重要内容。〔1〕该项证人个体经济成本甚至包括因作证行为而导致的财产（既包括有形的，也包括无形的）遭受其证言不利方的打击、破坏和剥夺等。

证人作证的个体经济成本中还应包含因作证而造成的机会损失，“对于任何行为和做法，我们其实是无法知道其成本的，除非我们能够知道它还有没有别的选择机会。成本不仅是与机会和选择联系在一起的，而且是一个用机会和选择才能得到说明的东西”。〔2〕证人作证的行为选择是它丧失了同时为另一行为的机会，为社会公共利益而牺牲的这一机会可能创造的个人财富就是它的作证的个体机会成本，该成本与证人作证个体经济成本的上述几个子项互相渗透、交杂在一起。证人作证是个体行为，但更是社会行为和诉讼行为，社会无疑要为该社会的、诉讼的行为付出代价，经济成本是必不可免的代价之一。对该需证人作证的社会争议的解决的机会成本——诉讼解决而非其他纠纷解决替代方式——是证人作证所需社会经济成本的最主要部分。

2.证人作证的伦理成本

证人作证的伦理成本的付出是非物质性的成本付出，是证人作证的精神损耗。我国《刑事诉讼法》明确规定证人有作证的义务：凡是知道案件情况的人都有作证的义务。除了生理上、精神上有缺陷或年幼、不能辨别是非、不能正确表达的人不具备作为证人的资格，其他的人都有作证的义务。这一规定排斥了特定社会关系主体间证言豁免的例外制度，造成强迫有亲属关系的人互证其罪。且不论其证言真实与否，只这一作证行为本身就足以在夫妻之间、兄弟姐妹之间制造亲情的鸿沟，对家庭的稳定、亲情的伤害的程度可想而知，亦使传统伦理道德无以张扬及家庭亲情无以维系。虽然，在《刑事诉讼法》第188条规定，经人民法院通知，证人没有正当理由不出庭作证的，人民法院可

〔1〕 武鼎之：《证人拒证，良策何在》，载《人民检察》1999年第3期。

〔2〕 张军：《走进经济法》，生活·读书·新知三联书店2001年版，第39～40页。

以强制其到庭，但是被告人的配偶、父母、子女除外。这实际上是在审判阶段免除了近亲属之间的出庭作证的义务，但是这种作证豁免并没有扩及侦查阶段，这是我国证人作证可能付出的亲情伦理成本。

我国也未规定特定职业者——律师等法律职业者（包括公证人、代办人以及法律代理人）、医生、宗教职业者等依职业行为而知悉案情的人员拒绝作证权。这些特殊从业人员的作证行为会使行业内的伦理诚信体系崩溃，广泛地造成社会特殊行业的诚信失落，会危及社会的生存之本的理念基础，伤及民众对社会司法正义可接近的信念。目前，我国司法实践中这一部分伦理成本的付出虽然不多，但对我们这样一个崇尚和合理念的国家来说其对社会道德的杀伤力极强大。这部分的伦理成本在整个证人作证伦理体系中的分量不容小觑。

在特定的证人作证情形中，特别是在证人伪证时，社会伦理成本的付出极为明显。证人伪证构成对司法权威的亵渎，伪证人玩弄司法程序和司法尊严于股掌之中，这种蔑视法律、无视司法权威的不法行为会造成对司法权威的挑战，给社会理念的塑造进程带来反面影响，会消解艰难积累的法律伦理。

3.证人作证的社会安全成本

在我国，随着证人出庭作证的各项相关制度的逐步建立，法律在强化证人作证的义务的同时，也关注“威胁”“恐吓”“暴力伤害”证人的事件，司法实践中加强了对证人的人身安全的保护。《刑事诉讼法》第61条规定，人民法院、人民检察院和公安机关应当保障证人及其近亲属的安全；第62条规定，对于危害国家安全犯罪、恐怖活动犯罪、黑社会性质的组织犯罪、毒品犯罪等案件，证人、鉴定人、被害人因在诉讼中作证，本人或者其近亲属的人身安全面临危险的，人民法院、人民检察院和公安机关应当采取以下一项或者多项保护措施：（1）不公开真实姓名、住址和工作单位等个人信息；（2）采取不暴露外貌、真实声音等出庭作证措施；（3）禁止特定的人员接触证人、鉴定人、被害人及其近亲属；（4）对人身和住宅采取专门性保护措施。但是，中国并未设立专业化的证人保护组织，也未能构建起完善的证人作证事前保护体系，尚缺乏有效的证人人身安全、财产保障机制，受害的证人无法顺利地从司法部门那里得到实质性的保护，证人作证而付出的社会安全成本相当之高。

证人作证的社会安全成本的付出途径主要是经由以下几种不法侵害：其

一，语言威胁，使证人乃至其家庭、家族生活在恐惧之中；其二，蓄意捣乱，打乱证人安宁的生活原状，整日麻烦缠身；其三，骚扰侮辱，使证人身心俱疲；其四，暴力殴击，伤人毁物；〔1〕其五，弄权报复，诬蔑泄恨，借机刁难；其六，未落网同伙或被告人亲私者暴力袭击或追杀证人及其家庭成员等，致使证人生活在不安全的社会环境之中。以上种种形式包含最主要的证人作证的社会安全成本，但并未能覆盖证人作证社会安全成本付出的全部内容。

4.证人作证的法律安全成本

证人的社会安全成本付出经常是因为利害关系人的加害，这种对证人的社会安全的侵害，行为一般来自民间；此外，作证的证人还会受到来自刑事追诉机构的侵害，即其要为作证行为可能付出法律安全成本，这种成本的付出方式是通过司法追诉机关发动追诉程序，进行拘留、逮捕、羁押、起诉等刑事追诉行为，侵害证人的自由、财产，把它剥离出应当享有的程序和实体法律保障的"法律安全"。〔2〕国家追诉机关基于在法庭上获得胜诉的基本欲望，怀着职业的偏私，蒙昧了"无罪推定"的刑事诉讼理念，对那些有利于被告的控方证人、辩方证人以伪证罪名，强行拉入刑事追诉程序中。在我国的刑事诉讼程序中，对于警察、检察官采取的任何刑事追诉活动，中立的法官既不参与，也不进行任何形式的司法审查、司法授权等控制。对犯罪嫌疑人、被告人、证人等控告检察、警察机构滥用强制措施的行为，法院也从不提供任何形式的司法救济。结果是无论是羁押、逮捕、拘留、取保候审、监视居住、拘传，还是搜查、扣押、窃听、通缉等涉及限制公民人身自由、个人隐私的强制手段，都由公安机关、检察机关完成，不受任何形式的中立司法机构的授权、审查和控制。〔3〕证人个体实力的相对弱小、追诉机关的相对强大和目前不容乐观的司法人员素质，这些因素综合起来，就使证人作证的法律安全成本付出的机会风险大、法律安全成本总量畸高。

5.证人作证的特殊成本

上述的证人作证的经济成本、伦理成本、社会安全成本、法律安全成本等是作证证人在任何作证的情况下都需要考虑的几项成本，是证人作证的一般

〔1〕 欧阳顺乐：《证人出庭作证四题》，载《法学》1998年第3期。

〔2〕 陈瑞华：《法治视野下的证人保护》，载《法学》2002年第3期。

〔3〕 陈瑞华：《刑事诉讼的前沿问题》，中国人民大学出版社2000年版，第4、5、6章。

成本；证人作证这一诉讼行为在运作程序中还会遭遇以下几种特殊的成本付出，如误证成本、伪证成本、拒证成本和污点证人作证成本等。

（1）证人误证成本

证人是以其作为自然人的感官就其所感知的案件事实来作证的，生理上、精神上有缺陷的人，就其缺陷感官范围事项不得作证。但是即便是作证的证人完全符合上述法律所规定的证人要件，它在作证行为过程中，也不可能完全保证其证言的客观真实与案件事实一模一样。由于主客观条件的限制，证人证言肯定会出现偏差；但若证人对于该类偏差的主观心理是无恶意的，则为错证或称误证。在案件发生时，证人当时的心理可能处于高度紧张状态，生理上也处于非自然放松状态，而个体的感官在非自然的状态下可能会造成对外界信息的接受误差。案件发生后，证人所知的与案件事实相关的事实记忆会逐渐淡去，以致在作证中会出现证言与其他众多证据所证明的事实不完全一致的证言偏差情况。当这种证言偏差出现时，各诉讼参加人对该种偏差理解各异，这就形成了证人误证的伦理成本和其他成本。证人虽然提供了与案件客观事实不相符的证言，但在提供证言时其主观上坚信自己陈述的内容是真实可靠的，这样就造成了自我评价和社会衡量价值的伦理差，形成误证的信义成本，这一成本可纳入社会伦理成本的范畴。

我国并未确立证人作证言论的民事豁免规则，误证可能会导致该证言不利者的民事求偿，这就构成了证人作证的证人个体经济成本。如果该证言所要证明的事实是案件中定性或量刑的关键性事实，而证人误证直接致使该案处于真伪不明状态，这时证人误证的成本不仅包括了国家先期投入的追诉成本、证人的先付成本，还包括不能准确追究真正犯罪者所造成社会逾期损失的社会成本和丧失的可能胜诉的社会效益。

证人误证的最大成本要素可能就是由国家追诉机关发动的所谓的“伪证”求刑程序，证人提供了与客观事实不相符的陈述或前后不一致的证言，事实上既可能是出于无知或错误的判断，也可能是故意追求的结果，而进行主观状态上的判断是极不容易的，一旦证人在法庭上作了不利于拥有追诉权的控方的偏差证言，则手握追诉大权的控诉方在缺乏中立监督者的刑事诉讼流程中可能怀职业偏私发动对它的“诉讼战争”，这对做出误证证言的证人而言，这笔成本是灾难性的作证成本。同时，国家也要为该误证行为的错误求刑承担高昂的司法运作成本。

（2）证人伪证的成本

证人伪证由两种行为方式：一是证人无中生有、捏造事实、提供虚假证明；二是故意掩盖事实真相，应该提供的事实不提供的隐匿罪证行为。[1]这两种行为方式、手段虽有差异，但作伪证的行为方式中都隐藏着共同深层主观意图：证人明知某一陈述的事实是假的或者不可信的，却自愿将其提供给法庭，从而追求一种使刑事司法人员作出虚假判断的结果。如果证人提供的伪证证言是与定罪量刑关系密切的重大事实或情节，则可构成伪证罪。

就伪证证人而言，其应负担的伪证成本包括，引起伪证行为而必然承担的司法行政责任，如拘留、罚款、当庭惩戒等；他因作证而先期付出的经济成本将一律不予任何形式的补偿，还得负担其伪证行为遭受的社会声誉的损失；承担由伪证行为造成的对方损失；在构成伪证罪时，司法机关就行为人的伪证犯罪定罪量刑，使伪证人承担与其犯罪行为相当的刑罚成本。

证人伪证妨害了正常的司法秩序的运作，伪证行为使国家刑事司法资源浪费在无诉讼价值的诉讼耗费上，使司法效率陷入低迷，造成诉讼的不效益。同时，伪证也是证人无视司法权威的产物，这会造成社会法律理念的伦理成本付出。

（3）证人拒证的成本

证人拒绝作证是指知晓案情的证人拒绝作证和拒绝出庭作证。在我国，知道案件真实情况的证人作证是义务，义务是为或不为一定行为的命令或禁止，义务必须履行。我国法律除涉及国家秘密的作证义务豁免外并未规定完整的证人拒证权限，这就意味着在我国任何证人都负有作证的义务，任何不具有合理理由的拒证行为都是对该义务的违反，是违法行为。但由于法律对证人作证的权利义务规定不平衡，义务与责任脱节，证人是否作证或提供证言全由证人自主决定，缺乏强有力的国家力量来约束证人拒证的行为，证人为自己的拒证行为付出的个体成本很小。

证人拒证常常造成诉讼的僵局，造成某些刑事案件因缺乏关键证据而无法侦查。特别是开庭前，有关证人向控方或者辩方甚至是向双方都作了证言，

---

〔1〕 参见徐文：《拒证与证人保护制度》，载《现代法学》1999年第3期。

但当法庭通知其出庭作证却拒证的情形，会造成诉讼的社会成本的高度无效付出。因证人拒证而造成诉讼程序的流程受阻，极不利于对嫌疑人人权的保障和追究犯罪的国家权力运作，不利于对被害人的抚慰，不利于社会安全氛围的营造：这是证人拒证的社会成本支出。

（4）污点证人作证的成本

污点证人是指本身具有一定的犯罪嫌疑，因与已被指控的嫌疑人的犯罪行为有某种牵连，而与控方达成一项以其指证和证明关联犯罪嫌疑人而免于追诉其本人犯罪行为的交易，达到回避控方对自己的追诉和指证该犯罪嫌疑人罪行的双重目的证人。[1]污点证人作证比一般（清白证人）证人作证面对的风险要大得多，我国的法律中并未给予污点证人以豁免，污点证人在作证中得如实作证，他虽然不必付出因作证而泄漏自己犯罪事实被追究的一定限度的法律安全成本，但他仍然承担着伪证和误证的成本；使用污点证人的案件一般是组织严密的集团犯罪案件、涉毒案件、黑社会案件、职权犯罪案件等需要使用卧底侦查或陷阱侦查的案件，这些犯罪行为人的势力较大、利害关系网厚密、权力后台强硬，污点证人的社会安全成本付出相当高。在污点证人作证的社会成本中，社会得承担着污点证人罪责不能追究的刑罚放弃的负面效应成本，还得承担着社会法治伦理成本，集中体现为以下两组理念冲突：善良公民作证义务与污点证人作证奖赏之间的矛盾、区别对待与“法律面前人人平等”“相同情况相同处理”的法律正义之间的矛盾等。[2]

（二）证人作证成本负担的非理性及其归因

社会正义的缔造无疑是要公民共同努力才能实现，但作为公共管理者和人民契约结合体的国家更是社会正义维护的中坚，人民授予和让渡的权利形成国家强大的、无坚不摧的权力。在司法领域中，国家也应承担其司法公正维系的角色和使命，就证人作证而言，国家和政府应负责起证人作证的保障任务。在证人作证的成本负担上，国家应合理的设定、实施作证成本配置模式，在国家和证人个体之间合理、公平地决定权力、义务、责任的边界，理性地平衡权利和权力。

---

〔1〕 参见张春霞：《论污点证人之豁免》，载《华东政法学院学报》2003年第2期。
〔2〕 参见梁玉霞：《论污点证人作证的交易豁免》，载《中国刑事法杂志》2000年第6期。

1.证人作证成本负担的非理性

理性的证人作证成本负担应是国家承担绝大部分的成本，弥补证人因作证而造成的各项经济成本和社会安全、法律安全成本等。社会负责营造良好的社会法治氛围，尽量减轻证人的社会伦理成本。证人主要负担起自己作证中的不法作证行为成本。但在我国目前的证人作证及其成本负担上，都体现出与证人作证制度理性相悖的特点，主要表现在：

（1）公共成本负担个体化

在证人作证成本构成体系中，公共成本是指为生产社会司法公正的公共产品而投入的成本，应由作为公共集合体的国家或政府承担的成本，它是相对于该成本体系中由证人个体承担的个体成本而言的。《刑事诉讼法》第63条规定，证人因履行作证义务而支出的交通、住宿、就餐等费用，应当给予补助。证人作证的补助列入司法机关业务经费，由同级政府财政予以保障。有工作单位的证人作证，所在单位不得克扣或者变相克扣其工资、奖金及其他福利待遇。我国由于立法上的种种原因，目前并未对证人作证期间的交通费、食宿、工资、奖金的损失及补偿标准进行细致立法，证人的财产权利得不到切实保障，[1]作证证人负担了一部分本应由社会或国家承担的作证经济成本。同时，法律虽规定公、检、法机关提供证人保护，但并未成立专门机构负责为证人作证提供相关经济和安全保障，亦未在财政上为证人作证而耗的相关经济付出设立专项基金，证人不合理地负担了公共负担的经济成本。对重大案件作证有功证人的奖励制度未建立，这部分公共成本被法律从证人应得的收益中搜刮入公共财富中，构成了证人作证成本的畸形增加。这些就使证人既为社会司法正义的生产参与者，还得自己出资生产该公共产品，这构成了对经济理性的直接悖反。

证人因作证而付出的社会安全成本，本应由公共财政支出，但我国法律中没有明确证人保护机构和程序以及有效的保障方法，导致证人因作证而遭受证言不利者关系人的打击、报复，造成财产、人身和精神上的巨大损失，这部分成本的证人个体付出是造成我国证人作证制度构建的最大障碍。一项调查表明，47.2%的受访者怕报复而不愿作证，14.6%的人怕受经济损失不愿作

〔1〕 参见陈建军：《中美刑事诉讼有关证人问题的比较研究》，载《求索》1999年第2期。

证。[1]这部分经济成本、社会安全成本的非理性的个体化，直接击中了证人作证制度的软肋，构成对证据制度合理化运作的严重威胁。

公共成本负担个体化这一证人作证成本负担特征，在不知不觉间提倡“各个个人放弃自己的利益而为他人（被害人、被告人或公众）的利益而牺牲”的道德，它“存在着致命的缺点，即它是一种缺乏自尊的道德”，[2]这是非理性的道德，以该道德为基奠的现时证人作证成本体系是非理性的体系。

（2）个体责任成本虚无化

任何一项义务都与责任相关联，责任承担保障着义务的履行。我国立法把证人作证视为法定义务，但与证人违法不履行该项义务的责任成本并不匹配，以至于在一项调查中，11.1%的受访者不认为作证是义务。诚然，法律“成本具有变动性和难以计量性”。[3]同样，法律责任成本由于运作程序相当漫长、涉及众多要素，而“难于进行严谨的计算分析”。[4]证人违反作证义务的责任成本也是一项广义上的法律成本，虽然难以用数学公式精确测算证人违反作证义务负担的责任成本，但依“比例性”原则应对违反作证义务行为予以惩处，让其负担相应的责任成本，使其认识到依法作证的“守法是在特定约束条件下追求自我利益的一种选择”。[5]

（3）公共成本和个体成本的同趋化

在证人作证成本构成体系中，公共成本与个体成本之间往往呈现出此消彼长的状态或趋势，但在特定情形下也会出现公共成本和个体成本同向增长或回落的同趋化状态。在这种同趋化中，更多的是成本同增的非理性趋向：在控方证人改变证言，庭审中反证被告人无控方所控的犯罪事实以及辩方证人作不利于控方的证言的情形下，证人往往会受到检察官或公安机关官员的盘问和核实，甚至严重的被采取强制措施或强制性侦查措施。这一国家追诉权的运用直接导致了证人作证个体付出的法律安全成本和由此导致的其他成本

〔1〕 数据来源：邢廷宗、马可：《空着的证人席——关于“不愿作证”的社会调查》，载《警方》2002年第4期。

〔2〕［美］爱因·兰德：《新个体主义伦理观——爱因·兰德文选》（中译本），上海三联书店1993年版，第4～6页。

〔3〕 郑智航：《法律成本论》，载《当代法学》2003年第2期。

〔4〕 周林彬：《法律经济学论纲》，北京大学出版社1998年版，第323页。

〔5〕 苏力：《法治及其本土资源》，中国政法大学出版社1996年版，第100页。

的急剧上升。同时，追诉机关在“保障公民法律安全、维护司法公正”的口号下行使追诉权的公共成本支出亦同趋上升。这种同趋化往往是基于追诉官员与不利于己证人的职业利益冲突、职业偏私而形成，是我国侦查程序缺乏司法审查制、司法理念缺乏法制观的表现，它以证人作证成本的畸形负担形式体现了程序理念的深层欠缺和法律职业素质亟待提高。

2.证人作证成本负担不合理的成因探究

我国证人作证成本配置的非理性是在长期的立法、司法实践中形成的，有深刻的法律制度、司法传统、执法理念作支撑。

（1）证据立法缺陷

证人作证被《刑事诉讼法》确立为证人的义务，但又规定证人有权拒绝那些有合法取证权的辩护律师的取证行为，这就使证人作证行为性质不明：抑或是义务，抑或是权利，抑或是兼为权利和义务？大多数公民把证人作证理解为义务，有义务则必有权利，有权利则又必得有救济。但在我国立法中，证人权利规定与其承担的义务相去甚远，证人无法通过合法程序性途径获取作证义务履行后获得补偿权利的救济，导致证人作证成本负担个体化。证人义务与违反义务的责任脱节，证人拒证权和强制作证制度并未确立，这使得证人责任成本虚无化，证人拒证广泛存在。中立司法审查者从侦查程序中缺位使得追诉主体滥用对证人所谓“伪证”行为的责任追究，直接导致证人作证公共成本和个体成本的剧增，极大浪费了本就稀缺的法律本土资源。

具体证据规则的欠缺是证人作证成本配置非理性的立法性子因之一。我国目前并未确立证人非自愿自白的排除规则，这使司法实践中豁免污点证人罪责无法理和立法的支撑。在我国，污点证人罪责的免除是基于对污点证人作证的恩赐或奖赏的“坦白从宽”刑事政策，而非因为污点证人在揭露他人犯罪时非自愿地暴露了自己的尚未被人所知的犯罪事实是为“非自愿性自白排除”规则所惠及，故检控方都不得以此种非自愿性自白作为证据对污点证人进行指控，检控方甚至也不能以此证词为线索获得其他证据而对该污点证人进行指控。这种规则缺乏使污点证人个体和社会不合理地负担了污点证人作证所需的大量安全成本和伦理成本。

（2）司法权配置上的不足

在国家权力配置上，虽然主权者给司法机关广泛的司法权能，但由于司法力量地方化程度相当高，司法机构不同程度地受到司法资源不足的限制，无论是哪一个具体的司法机关都无力负担每一个证人作证的经济成本和社会安全成本，这使证人出庭作证成本消耗无从补偿，从而构成了证人作证成本配置理性化构建的障碍。

同时，司法权能的横向配置中，我国并非审判中心式的三角诉讼构造，而是流水线式行政治罪诉讼结构。[1]审前程序的运行体现出闭合性和不公开性，中立司法机关几乎没有介入评价侦查程序性决定的机会，追诉求刑机关完全控制了这一程序，这种缺乏制约的权力运作增加了证人作证的法律安全成本的付出。

目前，我国司法职业化程度不高，法治理念、证据观念和证人保护思想不强，基于职业利益的刺激、权力本位的动因以及落后的司法观的影响，疏于对证人的经济利益的保护、社会安全和法律安全的保障，这是增加证人作证个体成本付出的司法意识性因素。

（3）法治理念

证人作证观念弱，很多人没认识到作证的义务性质，没有认识到对案件事实的作证是社会司法正义塑造的一个重要途径，自己的作证则是在创造社会成员共同享受的安定、正义的社会环境。由于没有把"作证是正义之举"转化为内心理念，拒证证人的个体伦理成本极低，这是造成证人作证个体责任成本虚无化的一个潜因。

证人作证也是公民参与司法民主的重要形式之一，"民众参与司法，若民众缺乏权利意识，就不能成为权利与自由的保障力量，就可能不但起不到对司法机构的制约作用，反而成为一个来自民间的压迫力量。因此，公民权利意识的培养对于司法民主和司法公正具有重要的保障作用"。[2]我国证人权利意识淡薄，在履行作证义务时往往不知道行使相应权利或虽知道但却不知道怎样主张权利，这又是构成证人作证经济、安全成本攀升的一个重要原因。

我国证人作证制度中，犯罪嫌疑人近亲属的证人作证豁免的规则并不成体系，牧师、精神病医生等特殊职业群体的作证豁免规则亦未构建，缺乏对证

---

〔1〕 陈瑞华：《刑事诉讼的前问题》，中国人民大学出版社2000年版，第128页。

〔2〕 张建伟：《刑事司法体制原理》，中国人民公安大学出版社2002年版，第350页。

人的亲情、职业道德的应有尊重，使泛化的作证义务失却人性、道德的基础。[1]我国传统的和合性民众心态和厌讼心理使证人作证的个人伦理成本付出极高。

同时，我国法治现代化进程并未能全面将法治理念灌输到公民内心，一些受证言不利影响的被告方目无法纪，千方百计打击、报复、陷害证人，甚至有的控方也滥用侦控力量和刑事追诉程序不分情形地打击改变证言的证人，这让作证证人付出了巨大的社会安全成本和法律安全成本。

（三）证人作证成本优化配置

刑事诉讼是对社会被破坏的正义的回复、是对公正的理性追求，这是社会的立身之本。证人作证是个体参与社会公正的恢复，国家应对证人个体为社会公共产品生产的付出进行必要的补偿，社会也应对其负责的部分成本进行承担。我们要按照证人作证制度理性去构建证人作证成本配置体系，所要构建的证人作证成本制度应该是能“撇开空谈抽象的人类意志的和谐”而考虑保护和实现具体的个体的和公共的利益，建立的这一制度能形成这样的法律秩序，它能在各种成本支出、利益主体之间“排除摩擦、消除浪费、保存现存的财富，使之维持尽可能的长久”。[2]

对证人作证成本结构的重新构架应遵循以下途径进行：弥补证人因作证造成的经济成本、安全成本付出，减轻证人的伦理成本支出，加重证人责任成本分量，就我国目前的证人制度而言，主要是要完善以下几项制度：

1.证人作证的经济成本弥补制度

这一制度的核心是建立证人作证补偿制度和重大案件证人作证奖励制度，以保障证人应有的物质利益，解决其经济困难。这种补偿和奖励制度应体现平等协商、公平合理的原则；补偿的内容为：交通费、食宿费、误工费和其他经济损失；奖励的内容为：发放奖金和通告嘉奖。这些制度资金来源应为设立的国家司法专项基金，它由国家财政预算，按统一标准发放，[3]由法院或司法行政机关管理并在具体个案中分配。

证人经济成本的弥补制度还包括：一是证人保险制度，保证因作证而受到

---

〔1〕 梁玉霞：《论污点证人作证的交易豁免》，载《中国刑事法杂志》2000年第6期。

〔2〕 [美]罗斯科·庞德：《普通法的精神》，法律出版社2001年版，第138～139页。

〔3〕 徐文：《拒证与证人保护制度》，载《现代法学》1999年第3期。

意外的人身伤害或财产损失可获得及时、充分的社会保险赔偿；二是证人就业保障制度，保障证人不因作证而被解职或辞退，保障证人获得不低于作证前的正常职业收入；三是作证证言豁免制度，保障证人不因作证陈述而负担对证言不利方的民事责任。[1]

2.作证证人安全成本的弥补制度

证人安全成本包括社会安全成本和法律安全成本，对它们的弥补主要是建立证人保护制度、污点证人豁免制度和严格的证人伪证追究程序。在立法中继续保持对证人的事后保护，并把因证人作证而对证人近亲属的犯罪列入《刑法》的保护视野，使之与《刑事诉讼法》的规定契合，赋予证人对因作证而招致的对其本身或近亲属的侵害的追究请求权。同时，借鉴外国证人保护经验，增加规定对重要、高度易侵性的证人采取作证前、作证中的特殊保护，采用证人整容制度（包括申请、批准、实施等程序）、姓名更改制度、居所搬迁制度等，对证人的一般事前保护主要有：为证人保密、征得证人同意下采取暂时的武装保护、利用先进声像通讯设备异地作证等。在适当时机，摸索出中国特色的证人保护特点后，可设立专门的证人保护机构，设立证人保护专用款项，制定证人保护申请、审批、施行、监督程序，有效地保护作证证人的安全，最大限度地减轻证人作证的社会安全成本。建立健全司法实践中使用的“污点证人豁免”制，从“非自愿自白排除”法理上完善与污点证人作证相关的制度，从理念上、制度上、法律上理顺污点证人作证的制度性阻滞，减轻污点证人作证的不合理的安全成本付出。

证人法律安全成本的弥补的主要途径是进一步严格侦控机关求刑程序，加强对追诉程序的法律监督。在证人改变证言或做出于事实不符的证言时，往往会被侦控机关以涉嫌“伪证”为由启动刑事诉讼追究程序，在程序上应予以严格的规制：未经原审判机关许可、排除证人的资格之前，侦诉机关不得启动刑事追诉程序和采用侦查手段，在法院许可后，原侦控审人员全部退出该“伪证”新案件的调查和审理。在对证言涉嫌“伪证”的调查中应严格区分误证与伪证，不得挟私泄愤、报复打击曾作不利于己证言的证人，最大限度地保障证人的法律安全。

---

〔1〕 参见武鼎之：《证人拒证　良策何在》，载《诉讼法 司法制度（人大复印资料）》1999年第7期。

3.证人作证伦理成本的减轻制度

我国目前证人拒证制度不完善造成法律与伦理的冲突，“伦理上的和谐要以司法中的反逻辑为代价”[1]正反映了我国传统司法制度中证人制度的一个重大弊病所在，它使司法乃至整个法律制度总是处在一个维护礼治秩序工具的从属地位，而现时的证人制度确是对传统司法制度的悖谬，司法追究权力的顺畅运作以反伦理和谐为代价，这同样不足取，证人作证伦理成本减轻制度就是要协调这一对矛盾、缓解其冲突。证人伦理成本的减轻制度的核心是建立健全证人拒证制度，我国目前只有基于国家秘密的拒证规则，而无完整的拒证体系制度，在保持基于国家秘密拒证制度的基础上要建立保护职业伦理和家庭伦理的拒证制度。在三代直系亲属和关系密切的亲属之间拒证权；职业上拒证权如被告人的律师以及其他法律职业者给予特定法律委托关系的拒证权、医生与病人之间的拒证权、神职人员的拒证权等。[2]当然，证人拒证权是相对的，也有涉及危害国家安全犯罪、恐怖主义犯罪、严重职务犯罪等重大犯罪的拒证权的例外。

证人社会援助团体的建立和证人服务机构的组建，将为证人作证伦理成本的降低提供相应的帮助。由于伦理道德的成本的高低绝大部分取决于个体的心理接受程度和社会反应，如果社会力量能够及时给证人以压力缓解和抚慰，则会相应减轻证人的伦理成本付出。

4.强化作证证人个体责任成本制度

一是建立强制重要证人作证制度，这是保证“以审判为中心”司法改革的要求，是诉讼直接言词原则的要求；除无异议的证言、有其他众多证据足以证实的事实的证人和确实无法作证（已死亡、在国外或路途遥远的）证人外，其他经合法传唤的无正当理由拒不到庭的证人可以以拘传形式强制到庭，法庭可以根据其拒证的情节处以罚款、拘留或追究其“妨害司法”罪的刑事责任；二是要建立证人拒证的惩罚责任机制，对于知道案情而又不提供证言或拒不作证的，酌情给以训诫、批评的司法行政责任，严重者可采用拘传、罚款、拘留等强制措施，情节特别严重的构成隐匿重要证据的，可以“伪证罪”追究刑事责任。

---

〔1〕 贺卫方：《司法的理念与制度》，中国政法大学出版社1998年版，第212页。

〔2〕 胡长龙：《证人拒绝作证制度研究》，载《政法论坛》2001年第3期。

三、污点证人豁免及其博弈分析

在侦查过程中，侦查人员纳入视野的除了嫌疑人以外，还有那些游离于边缘的人——他们与正在侦查或着手审查起诉的犯罪有着某种牵连，受到检控方的讯问时，一般尽可能掩盖自己的罪行，同时又对同案主要犯罪嫌疑人掌握相当多的证据信息，这种边缘人就是污点证人。污点证人具有犯罪污点，但因了解案情而被公安机关、检察机关要求作证的诉讼参与人。[1]在20世纪末的"重庆虹桥垮塌案"中，控诉方使用了有犯罪污点的控方证人费上利、林世元，两人均因作证而得到不同程度的刑事责任豁免，从而使人们关注污点证人刑事豁免这种在刑事司法实践中应诉讼需要而产生的司法运作方式。

污点证人豁免，是指污点证人因作证而享受原本应受刑罚全部或部分豁免的一种刑事司法措施。作证污点证人的刑事责任豁免制度在国外和我国香港地区早已存在，它是现代证据规则在刑事司法实践中的自然衍生。在香港地区，为了打击黑社会势力和其他严重的刑事犯罪，警方派出的卧底也常常以污点证人身份出庭作证并获得刑事司法豁免，通过法律的污点证人豁免的正当程序脱身。[2]我国刑事诉讼法在立法层面上并未规定证人刑事豁免权制度，但在刑事司法实践中存在证人豁免的司法行为，这实际上是对污点证人不愿意自我归罪权利的尊重和法律规则缺位的无奈默认。[3]我国刑事诉讼制度中，无罪推定的基本内涵已经确立，对抗式庭审的推行和侦查取证的落后现状以及对特殊犯罪治理的要求，我国应对刑事诉讼法加以改造。应当在保留和完善酌定不起诉制度的同时，建立与之并行的污点证人豁免制度，借以分化瓦解犯罪分子，为打击重大犯罪取得证据，节省有限的司法追诉力量，使有限司法资源得到最大化使用；贯彻国际公认的"反对强迫自证其罪"原则，实现最大的社会法益的维护。污点证人刑事责任的豁免被广泛作为一种制度性的司法运作方式，其创设和运行都应符合制度理性，而制度理性总是合乎社会效益角度的经济理性的。经济理性也支配着污点证人豁免的诉讼性过程，而且污点

---

〔1〕 叶青:《关于刑事证人作证制度的思考》，载游伟主编:《华东刑事司法评论》，法律出版社2002年版。

〔2〕 梁玉霞:《论污点证人作证的交易豁免》，载《中国刑事法杂志》2000年第6期。

〔3〕 王进喜:《刑事证人证言论》，中国人民公安大学出版社2002年版，第162页。

证人豁免的各要素之间相互作用构成了一个博弈系统，其博弈解就是具体案件中对污点证人具体的豁免处理。

（一）污点证人豁免概述

1.污点证人豁免的概念界定

污点证人豁免是一项刑事司法处置措施，是指证人本身具有一定的犯罪嫌疑，因与已被控诉的嫌疑人的犯罪行为有某种牵连，而与控方达成一项交易，达到回避控方对自己刑事责任追诉和指证该犯罪嫌疑人罪行的双重目的，由有权的司法官员签发豁免令，以控方免予追诉该证人的刑事责任为条件，强制该证人出庭作证，对其所知的事实予以指认和证明。[1]

美国、英国、加拿大、澳大利亚、德国、中国香港等国家和地区对污点证人豁免做了相应的规定。其中，在污点证人豁免问题上美国联邦立法规则比较完善，其经历了从绝对的反对强迫证人做出归罪性证言，到以免受起诉来换取被迫的证言的"罪行豁免"，最后到现行的可以强迫污点证人作证，但是仅仅承诺在以后的起诉中不使用该证言来反对该污点证人的"使用豁免"的过程。目前在美国联邦和各州司法实践中，"罪行豁免"和"使用豁免"并存于污点证人作证豁免制度之中。[2]美国统一法律委员会全国会议的刑事程序统一规则特别委员会（the National Conference of Commissioner's on Uniform Law's Special Committee on the Uniform Rules of Criminal Procedure）于1974年确立了证人豁免规则的立法模式，提出污点证人"罪行豁免"规则；而《美国法典》（United States Code）第18卷则构成了适用于联邦司法区证人豁免的"使用豁免"规则。

2.污点证人豁免的特征

污点证人豁免的特征要素：第一，污点证人豁免之适用，一般是在案件调查中的犯罪活动非常严重或者对社会治安、公众安全构成重大威胁时，以及一般侦查或打击犯罪活动方法不能奏效时，方可允许污点证人的使用。

第二，对于污点证人的刑事责任的豁免具有强制性，污点证人自己无主动的选择权。污点证人对于追诉方赋予的刑事责任豁免是不能推托的，而且可被强制作证；作证在赋予其刑事责任豁免权后即变成强制性义务，若拒绝将会

〔1〕 参见张春霞：《论污点证人之豁免》，载《华东政法学院学报》2003年第2期。

〔2〕 参见王进喜：《刑事证人证言论》，中国人民公安大学出版社2002年版，第150～151页。

招致相应的司法惩戒，污点证人享有反对强迫自证其罪的特权已被作证义务所取代。

第三，污点证人豁免之适用，应须以证人主张反对被迫自证其罪的特权为前提条件，这样才能使追诉方能够获得在特定情况下是否赋予证人豁免进行评估的基础。〔1〕

第四，追诉方对污点证人豁免拥有启动权，追诉方应考虑该污点证人提供的证言或者其他信息对于司法利益或公共利益可能是必须的，并且污点证人根据反对被迫自证其罪的特权，已经拒绝或可能拒绝作证或提供信息。

第五，拥有裁判权的司法官对污点证人豁免拥有复审权和批准权，虽然裁判权是消极的、被动的，虽不能发动污点证人的豁免，但有权防止该权力被滥用。

虽然规定了污点证人豁免制度的各国家和地区在"罪行豁免"还是"使用豁免"上有分歧，但无一例外的都在规定豁免的同时又规定追诉机关可因污点证人作伪证、虚假陈述或违反"豁免令"义务提供相互矛盾证据的，可以进行刑事指控。例如，英国最高法院1981年规定，陈述人因伪证或者藐视法庭而受追究时，不在陈述豁免之限。加拿大的《权利和自由宪章》(Canadian Charter of Rights and Freedoms)第13条规定：在任何程序中作证的证人，都有权利使任何有罪证据不在任何另一程序中被用来证明该人有罪，但因伪证或者提供相互矛盾的证据而受到指控时除外。

3.污点证人豁免的性质界定

污点证人豁免是司法权主体为了取得污点证人证言而进行的一种司法交易。〔2〕其实质是用免除污点证人的罪责来换取更有价值的证据，在一般情况下，污点证人作证将可能损害自己的反对自证其罪的特权。污点证人的嫌疑之罪极有可能与被指控的重大犯罪纠缠在一起，当污点证人指证他人的犯罪事实时，就可能会同时非自愿的自白了自己的犯罪，从而置自身于刑事指控之下，故其不愿作证，也顺带掩盖了其他人的犯罪事实。此时，追诉方不得不在反对自证其罪的人权保障与追究犯罪的法益追求之间做出平衡：在司法权主

〔1〕 王进喜：《刑事证人证言论》，中国人民公安大学出版社2002年版，第152页。

〔2〕 陈敏：《英美法中拒绝自证有罪的权利》，载王以真主编：《外国刑事诉讼法参考资料》，北京大学出版社1995年版，第430页。

体与污点证人之间为实现各自司法上的目的而进行某种司法利益的交换，司法权主体理性地采取赋予污点证人以豁免权，放弃对污点证人一定的刑罚权，而换取另一更大刑罚权的实现，以维护更大的法益。

（二）污点证人豁免的博弈分析中基础性前提

1.污点证人证言的稀缺性

刑事诉讼是以公力救济受侵害者的司法行为，它是一个包罗着各种诉讼法律关系和各种关系之间相互作用的法律运行系统。但刑事诉讼的“关键问题不在于能够追求客观真实，而在于怎样才能发现事实真相”。〔1〕只有通过证据，合法、有效的证据，才能达到对案件真实的认识，才谈得上对被侵害的社会关系予以修复。“在法律经济学的眼中，无论是诉讼自身，还是证据，抑或是主宰于其中的广义上的司法主体，本质属性都是一种资源”，而刑事诉讼正是在诉讼规则的体例制约下，调配这些司法资源及其他相关资源，而“促使其朝向预定的社会目标——司法公正、司法效益——接近着。证据作为资源的最大证明价值就是为裁判提供事实的依据”，〔2〕污点证人证言在某些犯罪追诉案件中往往是极其关键的证据来源，这一重要的证据地位是其稀缺性的第一个方面。

最常见的使用污点证人的案件是贪污受贿等对合性的犯罪案件、黑社会性质的犯罪和毒品犯罪案件，还包括其他一些非常严重的犯罪活动、对社会治安或公众安全构成重大威胁以及一般侦查或打击犯罪的活动方法又不能奏效而使用特情、卧底的案件。由于这些案件的特殊性，与犯罪行为有联系的一些污点证人的一些行为在性质上往往也属于犯罪行为；在本罪受追究时，有犯罪污点者在陈述时往往担心自己刑事责任的追究，不能做到如实陈述其所知的案情，这又构成刑事诉讼证据方面在量上的稀缺——追诉方面临着证据量上的缺乏。由于这几类案件的特殊性，寻找其他证据的司法性能力上欠缺，使得证据的获取极为不易，致使不能形成完整的证据链。其实，这种稀缺不但有一种量上的比较，某种意义上也是一种质上的比较，如证据实体上的证明力对抗与程序正当性、合法性限制问题等。目前我国的整体刑事司法资源缺乏导致

---

〔1〕 左卫民：《刑事程序问题研究》，中国政法大学出版社1999年版，第3页。

〔2〕 陈慰星、程春华：《证据法的经济学分析》，载樊崇义主编：《诉讼法学研究》，中国检察出版社2003年版，第251页。

的取证技术手段落后，而“无罪推定”精神内核的确立以及合法取证的法律程序制约，林林总总的刑事诉讼程序规则限制，必然会分流和隔离很多本可适用于证明的证据材料，这加剧了污点证人方面证据的稀缺。

在使用污点证人的特殊案件中，污点证人证言的稀缺性还源自替代证据寻找的不可能或寻找所费耗司法成本过于高昂而相对不经济。这些特殊案件本身的特点决定证据获得途径的狭窄，即使有获得这些污点证人之外证据的途径，但取证程序合法性的约束又使得司法对证据客观真实的重建愈加困难。由污点证人提供的证据在这些案件中往往处于关键性的地位，能直接证明一些主要事实，若抛开这一证据而另辟蹊径在有些时候凭现行的侦查技术和侦查手段根本不可能达成目的；或在某些时候虽然可能，但获得的证据效益和司法效益远低于所投入的司法成本和社会公众的伦理忍受底线。

2.诉讼博弈理性

诉讼在某种程度上可视为一项调配司法资源的经济活动，得遵循经济理性的经济学前提性假定。污点证人豁免既然是一项诉讼行为，则其应贯彻诉讼理性和经济理性，就污点证人豁免这一诉讼博弈形式的参与主体如何决策做出一个基础性的假定：参与主体理性，这意味着他们总是偏好（prefer）于更高收益的结果（outcome）而不是更低收益的结果；同时这种经济理性并非参与主体是自利的利润最大者或只关心货币收益，而更是认为人们是按自己的趣味和偏好明智地行事。[1]

该理性还指污点证人豁免之诉讼博弈参与人是依照贝叶斯法则（Baye’s rule）随新的信息获知而不断地更新他们的决策信念，不断收集污点证人之外的其他证据，尽可能多地掌握案件事实证明材料，分析博弈结构中博弈对手诉讼博弈行为所反映出的信息，不断调整自己的判断和决策战略信念，做出恰当的豁免战略选择。此外，该博弈理性还要求诉讼博弈主体应以与信念一致的方式行动，污点证人豁免主体在讨价还价的诉讼博弈（bargaining game）中，不应以诉讼行为的欺诈或表意虚假的行为而获取形式瑕疵的证据，这里的诉讼博弈理性甚至在某种程度上包含了正当程序的理念。最后，序贯理性也在诉讼博弈理性中发生作用，即如果能否定一个污点证人豁免主体的诉讼博弈

〔1〕［美］道格拉斯·G.拜尔、罗伯特·H.格特纳、兰德尔·C.皮克：《法律的博弈分析》，严旭阳译，法律出版社1999年版，第6页。

信念和其他博弈参与人的博弈举动，该豁免诉讼博弈参与人的博弈行为将是最优。〔1〕

3.污点证人豁免诉讼博弈中的信息不对称

污点证人提供的证言或其他信息在诉讼中的使用是出于污点证人证言的稀缺性和诉讼公正以及诉讼效益权衡的需要，这种权衡是种交易——以一种法益去交换另一种法益，而任何一种交易行为都必然的意味着交易参与主体信息上的不对称、不均衡，不过也只有这种信息失衡的出现才可能需要污点证人豁免这一新的诉讼博弈的存在来实现诉讼博弈信息转换使之重获均衡。

污点证人豁免这一诉讼博弈信息的内涵相当丰富。首先，它是指污点证人豁免参与主体所掌握的自己的信息，即自体的厌恶诉讼风险（risk aversion）程度、〔2〕自身的抗拒诉讼风险能力、诉讼能力、所掌握的证据和证据的证明能力等。其次，污点证人豁免的诉讼博弈信息还指博弈参与主体对对方参与人的诉讼博弈信息的掌握，相对方的信息主要有对方的诉讼能力、博弈获胜概率以及对方所置身的更大的诉讼博弈背景。最后，它还包括衍生的信息，它囊括了豁免诉讼博弈参与主体对相对方掌握信息的把握，如污点证人对检控方了解其信息的掌握，这一信息对豁免博弈参与人的战略选择或诉讼博弈行为的采取亦是十分重要的。

实际上，博弈信息在整个污点证人豁免的诉讼博弈中变动不居，这将导致经常性的不完全信息博弈的出现（games of incomplete information），某一个诉讼博弈参与个体拥有其他参与主体所不具备的诉讼博弈信息成为常态，这一信息不对称本身能影响该诉讼博弈参与主体的具体诉讼行为选择。

同时，不可核实的诉讼博弈信息（unverifiable information）——拥有信息的诉讼博弈主体缺乏任何直接手段向其他豁免诉讼博弈的参与主体传递该博弈信息——的大量存在。在污点证人豁免的诉讼过程中，污点证人豁免诉讼博弈信息传递的程序化、法律化、正当化的规则约束，又分流了许多可资证明事实的证据信息。这在加剧了污点证人证言的稀缺性的同时，使豁免这一诉

〔1〕［美］道格拉斯·G.拜尔、罗伯特·H.格特纳、兰德尔·C.皮克：《法律的博弈分析》，严旭阳译，法律出版社1999年版，第234页。“序贯决策中的集体行动”部分。

〔2〕［美］理查德·A.波斯纳：《法律的经济分析》（中译本），蒋兆康译，中国大百科全书出版社1997年版，第14页。

讼博弈信息更加不对称。

(三)污点证人豁免的标准形式博弈结构

污点证人豁免规则是“最大限度,还是最小限度,或者还是介于两者之间的某种东西,并不总是很清楚的”,[1]对污点证人豁免的博弈分析也具有这种非量化的不明晰特点。同时,污点证人豁免诉讼博弈是一个纷繁复杂的博弈系统,从不同的角度和状态分析,就会有不同的博弈结构和博弈解。在众多博弈形式中,标准形式博弈、扩展式博弈、重复博弈、嵌入博弈等因其视角的多方位性而成为重要的博弈分析工具。博弈的分析方法源自经济学,而经济学研究总是从个体主义出发,[2]对污点证人豁免的诉讼博弈分析将借鉴这种方法,从该诉讼博弈的个体形式即标准形式博弈入手。

正当性与合理性是社会制度设计并得以合理存续的根据与根本,[3]污点证人豁免这一特殊社会法律制度的构建亦是建立在正当和合理地界定其标准形式博弈元素并组建其结构之上的。污点证人豁免标准形式诉讼博弈有时也称为豁免战略形式诉讼博弈(strategic form game),该博弈结构包含了以下诉讼博弈元素:

1.豁免诉讼博弈主体

在污点证人豁免这一诉讼博弈中,豁免诉讼博弈参与主体就是豁免参与主体,包括:其一是污点证人,是本案中除了一般证人之外的处于本罪犯罪嫌疑人、被告人之外的具有犯罪污点的证人。污点证人的行为已具备了犯罪构成要件,且其犯罪污点还只能是现在的,而不可以是已经被刑罚过的罪行。污点证人依其所犯之罪与本案所涉及的嫌疑人或被告人的犯罪的关联性可分为有关联的污点证人和无关联的污点证人。当然这种关联性有无并不绝对,只是依两个犯罪行为关联性的密切度作相对的区分,前者一般指污点证人参与本罪的实施或其犯罪行为与本罪具有对合关系;[4]后者一般在团伙犯罪中较为常见,相互关联的犯罪人虽然并不共同作案,但相互知情;前者所涉及的关联可视为犯罪行为的事的关联,而后者的关联可视为犯罪者的人的关联。作

〔1〕 盛庆涞:《效用原则之解释问题》,载《江海学刊》2003年第2期。

〔2〕 张维迎:《产权、政府与信誉》,上海三联书店2001年版,第37页。

〔3〕 蔡通道:《犯罪与秩序:后现代理论视角的分析》,载《江苏社会科学》2003年第2期。

〔4〕 梁玉霞:《论污点证人作证的交易豁免》,载《中国刑事法杂志》2000年第6期。

为污点证人存在的豁免诉讼博弈参与者有权在主张反对强迫自证其罪的前提下，在符合一定条件时，取得自己刑事责任全部或部分豁免的权利。其二是拥有豁免发动权、批准权的国家司法权主体，他们是污点证人在豁免诉讼博弈中的博弈对手。对污点证人刑事责任豁免的启动权，确立证人豁免权的国家一般把它配置给了追诉权主体的司法机关，如美国1974年起草的证人豁免立法范本就确立了检控方对污点证人豁免的发动权垄断，我国香港地区把污点证人豁免启动权交给了刑事检控专员，等等。豁免启动主体必须判断该污点证人提供的证言或其他信息是否为公共利益、司法利益所必须，必须向豁免批准权主体证明该污点证人肯定会或者可能会因主张反对被迫自我归罪的特权而拒绝作证。污点证人豁免的批准权主体在世界各国家和地区各不相同：在美国司法实践中，由中立的、消极的裁判权主体的法官批准污点证人的豁免，香港地区则将该批准权交给了刑事检控专员和副刑事检控专员，新加坡在反贪污法律的证人豁免制度中把豁免批准权交给法官或审判官。在污点证人豁免标准形式诉讼博弈模式中，污点证人（豁免对象）与豁免权主体（豁免启动权和豁免批准权主体）构成这一博弈形式下的一对博弈对手，在不断的诉讼博弈信息交流中双方不断调整博弈战略。

2.豁免之诉讼博弈主体可能采取的战略

污点证人豁免的诉讼博弈中，其博弈主体在法律的正当程序内依理性而为的诉讼博弈战略选择，就构成了博弈主体的战略空间（strategy space），这一战略空间是污点证人的博弈战略与豁免权启动、批准主体的诉讼博弈战略相互作用形成。污点证人的战略空间由以下战略构成：污点证人提供作为线索的信息并就该线索作证，缄口不言，提供伪证或作虚假陈述，做出足以引起诉讼博弈相对方误解的非真意行为表达等。[1]豁免启动权主体的战略空间存在于：向有批准权主体提起全部豁免之请求，提出部分豁免之申请，以提出豁免申请为引诱获取污点证人证言及其他信息等。豁免批准权主体的战略空间范围是：依据司法利益权衡做出或不做出豁免的决定，做出给予污点证人何种程度豁免的决定等。各方豁免诉讼博弈主体在具体的个案中选择一个个具体的博弈战略，各战略之间相互作用，形成一组组的博弈战略组合，一对对诉讼博

〔1〕 参见张家慧：《意思表示不真实诉讼行为的救济》，载《法学研究》2002年第2期。

弈战略组合便形成了污点证人豁免诉讼博弈的战略空间。

3.豁免之诉讼博弈的收益结构

污点证人豁免之诉讼博弈的收益，即是指污点证人豁免博弈主体在每一可能特定的诉讼博弈战略组合（combination of strategies）下的效用，而污点证人豁免诉讼博弈的收益结构则是指：各污点证人豁免诉讼博弈主体在具体的诉讼战略组合中所获取收益的组合。从不同诉讼博弈主体的角度看会有不同收益结构形式，从污点证人的立场上分析其收益结构就不同于豁免启动权、批准权主体（为便于分析，下文将把豁免启动主体和批准主体合称为污点证人豁免的司法权主体）视野中的收益结构。

污点证人豁免诉讼博弈结构中，污点证人博弈主体的收益结构可通过表1分析，其中污点证人的豁免收益为“IB”（immunity benefit）、污点证人拒证损失为“RL”（refusal loss）。当污点证人供述时，若被赋予豁免，则其豁免诉讼博弈收益为“IB－RL”；如不被赋予豁免，则其豁免诉讼博弈收益为“－IB－RL”。当污点证人拒证时，若被赋予豁免，则其豁免诉讼博弈收益为“IB+RL”，这种情况在司法实践中不会发生；如不被赋予豁免，则污点证人的豁免诉讼博弈收益为“－IB+RL”，其实，在我国的司法实践中由于污点证人豁免规则的缺乏，污点证人在出于对我国证人保护现状的考虑往往选择这种非理性的博弈收益结构。

表1　污点证人的豁免诉讼博弈收益结构

	豁免权司法主体		
污点证人		赋予豁免权	不赋予豁免权
	供述	IB－RL	－IB－RL
	拒证	IB+RL	－IB+RL

豁免权司法权主体的豁免博弈收益结构分析可通过表2反映，其中的诸种参数为：国家对污点证人的较小刑罚权的损失“PL”（punish loss）、国家对重大犯罪的惩治收益“PB”（punish benefit）、社会正义得益“SJB”（social justice benefit）、不得自证其罪程序公正得益“PJB”（procedural justice benefit）。当污点证人供述时，若豁免权司法主体代表国家赋予污点证人豁免，则豁免权司法主体的博弈收益为“－PL+PB+SJB+PJB”；若污点证人供述后也未获得豁免，则豁免权司法主体的博弈收益为“PL+PB－SJB－PJB”，我国刑事司法中含

有污点证人豁免的因子，即酌定不起诉和立功的量刑减轻制度，但它们的不周延为该豁免诉讼博弈收益结构的存在提供了生存空间。在污点证人拒证时，若仍被赋予豁免，则豁免权司法主体的博弈收益为"-PL-PB-SJB+PJB"，在国家掌握刑事司法权的历史发展中几乎就未存在过这种博弈收益结构；若污点证人拒证同时也未获得豁免，则豁免权司法主体的博弈收益为"-PL-PB-SJB-PJB"，这是最不效益的诉讼博弈收益结构。

表2　豁免权司法主体的豁免诉讼博弈收益结构

	豁免权司法主体		
污点证人		赋予豁免权	不赋予豁免权
	供述	-PL+PB+SJB+PJB	PL+PB-SJB-PJB
	拒证	-PL-PB-SJB+PJB	-PL-PB-SJB-PJB

（四）污点证人豁免诉讼博弈解的探讨

污点证人豁免诉讼博弈的收益结构呈现如上的二元矩阵，其最佳效益的诉讼博弈战略组合也是十分容易识别的，但作为法律博弈的标准形式博弈，该豁免诉讼博弈也因其定义不周延和参量量化的不精确致其缺陷重重，虽然从宏观上它可能指出诉讼证据规则改革径路，但在具体的刑事司法操作中有欠实用性，但无论如何污点证人豁免的诉讼博弈解仍是刑事司法运作孜孜以求的目标。

1.豁免诉讼博弈占优解（Dominance Solution）

豁免诉讼博弈占优解，包含两层意义，它首先是指一个豁免诉讼博弈主体如有可能总是选取一个严格占优诉讼行为战略，并且总是不选取任何严格劣诉讼行为战略。[1]一个有着诉讼博弈理性的博弈参与主体总是期望着自己的诉讼博弈收益的最大化，期望着自己在污点证人刑事责任的豁免上做出的战略选择是严格优于其他豁免诉讼战略行为选择的。

豁免诉讼博弈占优解的第二层意义是诉讼博弈解的战略重复占优，它包含：首先，一个豁免诉讼博弈参与主体认为其他主体不会选取严格劣战略，并依此来决定自己的诉讼决策和诉讼行动。其次，一个豁免诉讼博弈参与者相信其他博弈主体同样地认为他不会选取严格劣的诉讼行为战略，并且他们也

〔1〕［美］道格拉斯·G.拜尔、罗伯特·H.格特纳、兰德尔·C.皮克：《法律的博弈分析》，严旭阳译，法律出版社1999年版，第7页。

正是依此而为豁免诉讼行为。最后，此豁免诉讼博弈参与主体还依据这样一种信念来决定自己的诉讼博弈行为，即其他豁免诉讼博弈参与者认为他相信其他参与者不会选择严格劣的豁免诉讼博弈行为战略。

豁免诉讼博弈从本质上是一项特殊的以刑事司法为运作资源的经济行为，它的运作中存在非物质的交易。“限制的理性思考、机会主义以及资本的特殊性”，[1]以及诉讼博弈过程中的信息获得的非完全性都刺激着该豁免诉讼博弈过程中的交易成本的攀升。正是此种交易成本的膨胀，使豁免诉讼博弈绝对占优解的获得极其艰难。

2.豁免诉讼博弈的“纳什均衡解”(Nash Equilibrium Solution)

“纳什均衡解”是博弈范畴中核心的解概念，在豁免诉讼博弈中也同样如此。豁免诉讼博弈的“纳什均衡解”是指诉讼博弈参与主体可能采取的诉讼行为战略组合，是其中给定其他博弈参与者选取诉讼行为战略中，没有人能通过选取别的诉讼行为战略而改善自己状况的诉讼行为战略组合。

一个豁免诉讼博弈中都可能存在数个“纳什均衡解”，但一个豁免诉讼行为战略组合如果不是“纳什均衡解”，则它不可能是该豁免诉讼博弈的解。污点证人豁免诉讼博弈的“纳什均衡解”常常不能确定该诉讼博弈的唯一解，博弈纳什均衡解极具多元化，甚至无穷衍生，导致诉讼博弈参与主体战略选择的无从下手。最能符合个案的“纳什均衡解”是无法由博弈形式自身解决的，特别是在豁免诉讼博弈的纳什均衡解的确定中，还得要综合考虑该诉讼博弈本身之外的价值和程序因素。

3.豁免诉讼博弈的“精炼贝叶斯均衡解”(Perfect Beyesian Equilibrium Solution)

豁免诉讼博弈解内部的“体系化和整体化是基本的，灵活性和不断地修订也少不了”，实际上包括诉讼博弈在内的“法律运作是一个动态的过程”，在其中“没有哪一种解决问题的方法可以永世长存”。[2]豁免诉讼博弈的“精炼贝叶斯均衡解”体现的正是诉讼博弈的信息交流动态性，还体现了诉讼博弈的解的动态平衡。贝叶斯法则提供给豁免诉讼博弈参与主体一种方法，在博弈之初，司法权博弈主体应“熟悉对抗双方的情况，研究对方的情况”“根据已经掌

---

〔1〕［冰］思拉恩·埃格特朗:《新制度经济学》，商务印书馆1996年版，第16页。
〔2〕［美］E.Adamson Hoebel:《原始人的法》，严存生等译，贵州人民出版社1992年版，第249页。

握的材料，进行仔细的分析判断”，[1]并随博弈相对方新诉讼行为信息的传递，通过考测其观察到的这一诉讼行动的可能性以及诉讼博弈相对方采取诉讼行为的可能性来调整其观念，以诉讼博弈理性不断更新他们的诉讼行为决策信念，以不断调整诉讼行为战略信念指导豁免诉讼博弈中诉讼行为。敢于理智地冒风险，通过各种渠道获取对方的信息，防止对方了解自己的真实企图，把不确定性推给对手，让对手丧失机会。

（五）污点证人豁免诉讼博弈的“诉讼性黑市”（The Black-market of Immunity Game）

污点证人证言以及其他信息具有质和量上的稀缺性，这种司法资源的稀缺性要求污点证人豁免诉讼博弈主体去角逐，凭借不完全信息，投入司法成本去参加稀缺资源的市场竞争，这构成了污点证人豁免诉讼博弈战略空间中的竞争市场。现实生活中的竞争市场是“通过价格、利润和产权提供信息与激励”，[2]而污点证人豁免这个诉讼博弈战略空间中的竞争市场则是通过公民私权、国家刑罚权和均衡绩效而提供信息和激励。在豁免诉讼博弈中，信息的不完全使得该诉讼博弈不可能给予每个豁免诉讼博弈主体以激励来做出司法效益最优水平的诉讼行为投资。此外，污点证人豁免规则也必须是要在反复的诉讼行为运作中才能确定和生根，其本土化和完善仍是个过程。在这一规则不完备时，博弈参与主体偶然的诉讼行为失范便会造成污点证人豁免诉讼博弈战略竞争市场的“诉讼性黑市”：提供证言和其他信息的诉讼博弈主体——污点证人提供伪证或虚假陈述，或者豁免诉讼博弈中的豁免权主体以诱供、逼供方式或其他不法手段违背“不得强迫自证其罪”的诉讼博弈规则，非法获取证据。在污点证人豁免诉讼博弈中的“诉讼性黑市”中，“黑市证据”当然指的是非法从污点证人处获取的关于案件事实的证据性材料，这种“黑市证据”的存在挑战了形式公平的诉讼博弈规则。但在司法实践中，仍应结合“有无采用的必要性，从公正的形式程序看是否得当，从公民的法律感情上看是否符合公正感等等情况慎重判断”。[3]

---

〔1〕 王传道：《侦查学原理》，中国政法大学出版社2001年版，第45页。

〔2〕 ［美］斯蒂格利茨：《经济学》（中译本），梁小民、黄险峰译，中国人民大学出版社2000年版，第29页。

〔3〕 ［日］田口守一：《日本刑事诉讼法》（中译本），刘迪译，法律出版社2000年版，第272～273页。

污点证人豁免走向制度化、程序化、法治化是权利与权力均衡的必然，作为一项制度的污点证人豁免就应是“一系列被制定出来的规则、守法程序和行为的道德伦理规范，它旨在约束追求主体福利或效用最大化”。[1]污点证人豁免制度一方面是遵循统一规则的污点证人豁免的司法行为的集合，它是豁免诉讼博弈所有参与主体的均衡解。[2]豁免诉讼博弈中存在众多的均衡：诉讼博弈主体的利益均衡、污点证人的私权和国家刑事惩罚权的均衡以及诉讼行为的信息均衡等。污点证人豁免制度中的均衡还指通过对各种法益的平衡和调整来实现对社会更大利益的维护，它在公共利益和私人利益、总体利益和局部利益、短期利益和长期利益、精神利益和物质利益等各种利益的消长起落中寻找现实的、合理的、符合社会公认价值趋向和整体社会进步的平衡点。[3]

我国也应适应世界现代刑事司法潮流，在刑事司法中设立能够在各种利益中实现平衡的污点证人豁免制度。借鉴国际上其他国家和地区关于污点证人豁免的制度运作，结合我国目前不起诉制度和法院审判权实体处分性定位的现状，我国应构建如下的污点证人豁免制度：在刑事诉讼法中明确可以使用污点证人的具体范围，检控方在认为需要赋予污点证人豁免的情况下，根据事实做出启动豁免程序的程序性决定，向人民法院提出申请，法院审查后，根据具体情况决定是否赋予污点证人以豁免特权。同时，为避免污点证人刑事责任的“利用豁免”“派生豁免”造成污点证人有后顾之忧，从而妨害豁免的设立初衷实现的弊病，应在立法中明确对污点证人的“罪行豁免”，即该污点证人不得因其遵从豁免令而作证言或所提供的信息所涉及的任何行为或者事项而受到起诉或者刑事处罚。在污点证人刑事责任的豁免启动、批准的诉讼博弈过程中，豁免的司法权主体——不论是检控方还是裁判方，都要“在法律价值内涵和刑法基本原则的基础上公平地作决定，并且把每个案件中的决定与公众利益相联系，同时也反对对犯罪人合法利益的不平等侵犯”。[4]

---

〔1〕［美］道格拉斯·C.诺思：《经济史中的结构与变迁》（中译本），陈郁、罗华平译，上海人民出版社1994年版，第225页。

〔2〕钱弘道：《法律经济学的理论基础》，载《法学研究》2002年第4期。

〔3〕曹光曜、陈红：《试论平衡原则在司法实践中的运用》，载《江苏社会科学》2003年第3期。

〔4〕H.G.Vande Bunt,K.L.K.Brants语，参见［荷］克利斯杰·布莱兹、［英］斯迪沃特·菲尔德：《起诉中的裁量权与责任——关于法庭外处理犯罪的比较研究》，载江礼华、杨诚主编：《外国刑事诉讼制度探微》，法律出版社2000年版，第127页。

第五章　经济犯罪侦查权运作机制专论*

当前信息时代的市场经济体制和侦查制度处于变动不安中，经济犯罪侦查逐渐从传统刑事侦查的“附庸”走向独立，我国的经济犯罪侦查制度不断走向完备化、体系化。整个法律制度事实上是在发挥着分配稀缺资源的作用，经济犯罪侦查制度也不例外，它以社会效益最大化为资源配置和利用的目标配置有限侦查资源。经济犯罪侦查的效益机制是通过优化经济犯罪侦查资源、简化经济犯罪侦查程序、建构通畅的经济犯罪侦查协作机制、打造精准的经济犯罪侦查情报导侦机制来实现的。

一、经济犯罪侦查效益论：资源优化和程序简约的双重视角

（一）经济犯罪侦查的效益机制

在经济领域中，效益（efficiency）就是指一个生产过程以最小的投入总成本生产出既定水平的产出，或一个生产过程使既定的投入组合可得到的产出水平达到最大。[1]经济犯罪侦查效益指的则是：以最小的刑事司法资源投入，生产出既定水平的经济犯罪侦查行为，或者以既定的经济犯罪侦查资源投入组合使得有效经济犯罪侦查行为的水平达到最大化。经济犯罪侦

---

* 本章写作得到华东政法大学杨正鸣教授、上海市公安局倪瑞平研究员的悉心指导。倪瑞平研究员多年从事经济犯罪侦查工作和侦查学术研究，写作整体框架和诸多观点都体现了他的学术思想，在此致以真诚谢意。

〔1〕 陈正云：《刑法的经济分析》，中国法制出版社1997年版，第137页。

查的效益是在侦查成本与侦查收益之间的对比中产生的，其效益的“价值内涵是一种二元关系结构”，[1]并呈现出一种经济犯罪侦查过程与结果之间的发展关系。

经济犯罪侦查遵循广泛适用的效益机制。效益机制的主要目标就是提升社会活动的效益，效益提升可以通过以下途径实现：一是多投入多产出，以扩大规模生产来扩张效益；二是通过减少成本消耗，力求以最少的资源投入来达到效益的最大化；三是投入的资源总体不变，在维持既定的成本投入的基础上，通过优化资源配置的方式实现效益的最大化。经济犯罪侦查作为一种资源，其供给和需求必然受目前特定的社会、经济、文化等条件的制约，在现有的社会条件和制度背景中具有稀缺性。所以，经济犯罪侦查的效益优化无法采取“多投入多产出”的效益增长模式，它只能从以下两方面实现其制度效益的优化：一方面，应优化用于经济犯罪侦查的刑事司法资源配置，它虽然并不直接增加经济犯罪侦查的投入，但能提升其侦查收益。另一方面，应当缩减经济犯罪侦查成本，但不能因此影响到经济犯罪侦查收益的既定产出水平。在经济犯罪侦查程序体制设计上，为了达成效益最大化的目标，应优化配置经济犯罪侦查资源，同时经济犯罪侦查的程序运作应当遵循简约原则。

（二）经济犯罪侦查的资源优化

经济犯罪侦查的资源配置的优化，实际上就是优化经济犯罪侦查成本的投入方式，使有限的刑事司法资源达到最大限度或最充分地利用。针对我国目前的经济犯罪侦查资源配置格局，可从以下几个方面着手优化资源配置：

1.调整经济犯罪侦查的管辖权配置

现行刑事诉讼立法以犯罪主体为主要分类标准来界定公安机关、检察机关以及其他机关的刑事案件侦查管辖权，在经济犯罪的侦查管辖权分配格局中也是如此。过于严格的经济犯罪侦查管辖的划分，会将一个完整的相互牵连的系列经济案件人为地拆分，分散了办案的力量，浪费了稀缺的侦查资源，易于产生程序流转的内耗，不利于迅速协调地开展经济犯罪侦查工作。

现行刑法规定了大量破坏社会主义市场经济秩序的犯罪行为，按公安部颁行的刑事案件管辖分工的众多条文规定经济犯罪侦查部门管辖的就有89

---

〔1〕 李文健：《刑事诉讼效率论》，中国政法大学出版社1999年版，第30页。

种之多。[1]在司法实践中同样具有法律效力的《人民检察院刑事诉讼规则》规定：人民检察院侦查直接受理的刑事案件涉及公安机关管辖的刑事案件，应当将属于公安机关管辖的刑事案件移送公安机关。在上述情况中，如果涉嫌主罪属于公安机关管辖，由公安机关为主侦查，人民检察院予以配合；如果涉嫌主罪属于人民检察院管辖，由人民检察院为主侦查，公安机关予以配合。对于一人犯数罪、共同犯罪、多个犯罪嫌疑人实施的犯罪相互关联，并案处理有利于查明案件事实和诉讼进行的，人民检察院可以对相关犯罪案件并案处理。经济犯罪往往与腐败行为紧密相连，互为存在的条件。经济犯罪分子利用腐败者的权力为其开启方便之门，也导致腐败的加剧，而腐败又催化和保护了经济犯罪，这就要求侦查机关的管辖权配置能应对这种犯罪情势，迅速高效地展开侦查活动。但侦查管辖的界分极其严格，使经济犯罪作为“前提罪”与国家机关工作人员的经济犯罪的渎职、贪污等犯罪行为的侦查管辖权分属于不同的侦查部门，经济犯罪侦查部门在活动中不得不倚重于检察机关的调查活动。而检察机关的职务犯罪侦查资源在大案要案查办过程中能够做到自身体系内的区域间统一指挥、统一协调，但对于大量普通跨区域案件侦查仍停留在各自为政的行政区划基础上建立起来的权力格局中，无法做到资源的高效共享。[2]此外，两种侦查主体之间又缺乏制度性的侦查协作机制和具体程序，在程序交接中不可避免消耗着司法资源，造成经济侦查活动的低效。同时，当前在京浙晋地区已经建构起监察委员会主导的职务犯罪侦查机制，而中国其他省份仍在继续实施由检察机关负责职务犯罪侦查机制，这种改革时期的侦查主体不统一的现状在某种程度上会加剧经济犯罪侦查活动中行为效能不足的问题。

可通过刑事诉讼的制度性调整，在不同侦查机构之间进行侦查管辖权的重新划分，建立起经济犯罪侦查机构对关联犯罪的侦查管辖权。与经济犯罪相关联的犯罪所包含的内容极其庞杂，既包括普通刑事犯罪，也包括职务犯

---

〔1〕 现行公安机关管辖分工参见《公安部刑事案件管辖分工规定》(公通字〔1998〕80号)、《关于计算机犯罪案件管辖分工问题的通知》(公通字〔2000〕63号)、《公安部关于调整部分妨害国(边)境管理犯罪案件管辖分工的通知》(公通字〔2002〕7号)、《公安部刑事案件管辖分工补充规定》(公通字〔2008〕9号)、《公安部刑事案件管辖分工补充规定(二)》(公通字〔2012〕10号)、《公安部刑事案件管辖分工补充规定(三)》(公通字〔2015〕36号)。

〔2〕 刘建平:《完善职务犯罪侦查管辖制度探析》,载《人民检察》2009年第14期。

罪；对于这些关联犯罪，都可以交由专业性和专门性较强的联合侦查组织，以经济犯罪侦查人员为行动主力进行侦查。从案件侦查的整体性来考虑，负责经济犯罪的侦查人员往往更具有经验，他们能够胜任普通案件的侦查。而贪污贿赂等职务犯罪与经济犯罪之间具有相当多的共性，如它们都是智能化的犯罪、犯罪嫌疑人往往都具有一定的社会地位、反侦查能力都较强等。只要对经济犯罪侦查主体的层级作适当调整，同时以谙熟侦查程序和证据调查的监察官员或检察官为该独立联合调查组织的负责人，赋予其独立的调查权和较高的地位，可以胜任绝大多数的职务犯罪的侦查。

2.提升经济犯罪侦查人力资源的质和量

经济犯罪侦查部门组建于20世纪90年代末，是一个新建警种，还处在不断发展之中。一方面，各级经济犯罪侦查组织着力优化经侦办案组织。2016年11月29日，公安部正式确定辽宁省公安厅经侦总队、上海市公安局经侦总队、重庆市公安局经侦总队以及山东省青岛市公安局经侦支队、广东省深圳市公安局经侦支队5个单位为证券犯罪办案基地。通过这一举措有效地压缩警务指挥层级，提高指挥协调的精准度和实效性，真正实现扁平化指挥、合成化作战，而且有利于整合优势警务资源，形成“上下联动、区域协同、多警合成”的打击证券犯罪新格局，进一步健全和完善打击经济犯罪“一体化作战新机制”，提升对专业领域经济犯罪活动的集群打击和立体打击成效。另一方面，经侦部门通过举办各种业务培训和专题培训，开办研讨会，提升经侦队伍的整体素质。如2016年11月，公安部和中国证监会联合举办的“证券违法犯罪案件执法培训班”，为全国各地公安、证监、审计系统及法院、检察院的近100名专业人员参加为期一周的培训，以期提升经济犯罪侦查的整体水平。[1]但从整体来看，我国各地经济犯罪侦查机关发展极不平衡，当前从事经济犯罪侦查的人力资源却量低质弱，主要体现在：

一是侦查资源整体不足，能够承担经济犯罪侦查任务的专业人员更加缺乏。即使在有中国金融中心之称的上海，全市公安机关的经济犯罪侦查部门也只有民警千余名，若不包括政治处等非经侦业务人员，在一线从事侦查工作的仅八成左右。而诸多侦查干警人数统计中普通刑事犯罪侦查人员占了侦查

---

〔1〕 参见《公安部确定上海市公安局经侦总队等5个证券犯罪办案基地》，载《中国证券报》2016年11月29日。

人员编制的绝大部分，不论是绝对人数还是相对比例都远高于经济犯罪侦查人员。而在广袤的中西部其他省市，城市化进程相对滞后，经济发展欠发达，经济犯罪侦查人员在整个侦查人员编制中所占的权重也更低。

二是侦查队伍素质仍待提升。经过多年的发展，经济犯罪侦查队伍素质也得以不断提升：经过侦查破案实践磨炼，加上一大批具有法律知识、经济知识的新民警的加入，经济犯罪侦查部门民警的知识结构、素质结构、经历结构，都有了很大的变化，正在趋于合理和合乎工作需要。如上海地区的经济犯罪侦查人员有九成以上接受过大学教育，更有不少民警具有双学位和硕士学位，其他民警正通过各种方式提高自身文化素质。但就全国整体情况而言，现有的经济犯罪侦查人员的文化结构、学术背景、法律意识、业务知识等都有所欠缺，不能够应对知识经济和高科技犯罪的挑战，经济犯罪侦查人员的整体素质亟待提升。值得一提的是，经济犯罪侦查队伍素质的提升并不仅仅指文化知识的提高、学历的升格，它还应然地包括了法治观念、程序意识等综合素质的全面提高。

三是职业道德素质存在一定问题。现实的择业形势把侦查人员的道德水准置于市场经济的规则之下，尤其是20世纪80年代以后成长起来的新生代，他们在“告别革命”和崇尚个性中从警，他们中的部分仅仅把警察事业看作谋生的手段。据一项调查显示，“支撑你继续当警察的动力源”认为是“警察荣誉感”的只占9.3%，“权力资源占用”的占2.0%，“职业需要”的却占到59.4%之多。[1]这种从业观映现在经济犯罪侦查人员身上，就表现为：经济犯罪侦查工作的荣誉感不足、为侦查工作献身的敬业精神欠缺、职业奋斗动机存在瑕疵，“爱岗不敬业”从道德意识层面制约着经济犯罪侦查人力资源素质的提高。

为了取得针对经济犯罪侦查的胜利，必须扩大现有的经济犯罪侦查人员的编制，通过提升经济犯罪侦查人员的素质，建立起经济犯罪侦查在人力资源方面的优势。因此，经济犯罪侦查部门在选拔人员时，必须从法律、经济、政治等专业的综合素质层面上入手。同时，注意紧跟时代经济和科技发展的步伐，随时更新知识，补充新血液，进行素质再培训。使经济犯罪侦查人员不但

---

〔1〕 吴育哲、龚正荣：《论市场经济条件下警察到的主体补偿激励机制的建立》，载《公安教育》2005年第2期。

具有一般侦查人员的基本素质——丰富的法律知识、高超侦查能力和“以人为本”的程序意识，还要求其必须具有较丰富的经济知识、管理知识、语言能力以及“经营”的侦查意识等。

还可以通过招标破案的规范化和制度化，在现有的体制框架下整合经济犯罪侦查的人力资源。我国经济犯罪侦查的警力不足，而在经济犯罪侦查中进行破案招标，可以用经济杠杆实现经济犯罪侦查资源的优化配置。应对我国侦查实践中摸索出来的招标破案方式应进行规范化，并通过制度予以固定。经济犯罪侦查的招标破案的制度化主要包含以下几个方面：首先，明确招标破案的适用范围；只能是那些影响不大的普通经济犯罪案件。其次，限定招标破案的适用主体；能够适用招标方式进行侦查的主体，仅限于基层的经济犯罪侦查机关。再次，为经济犯罪侦查的中标者提供经费保障，以保证侦查的质量。最后，科学地确定合理的侦查期限，不搞限期破案。

3.重构经济犯罪侦查主体设置模式

由于体制上的种种原因，我国目前公安机关实行“统一领导，分级管理，条块结合、以块为主”的管理体制。经济犯罪侦查职能机关的设置是层级式的，既接受所从属的公安部门管理，也接受上级经济犯罪侦查职能部门的领导。我国的各级经济犯罪侦查职能机构都是设置在各级公安机关内部：在中央一级的公安部设经济犯罪侦查局，它是管理和指导全国经济犯罪侦查工作的最高专业性的中央机构。在地方上，各省级经济犯罪侦查机构实行统一的队建制；省（直辖市、自治区）公安机关设经济犯罪侦查总队，各地、市级公安机关设立经济犯罪侦查支队；而在县或县级市中，侦查经济犯罪的工作往往是由经济犯罪侦查大队或刑侦部门承担的。

双重条线的层级式构造，固然有利于经济犯罪侦查机关因地制宜地应对经济犯罪，可以更好地发挥为各地的经济发展保驾护航作用。但其弊端也很明显，表现为以下几个方面：第一，双重条线构造容易造成决策上的冲突，导致经济犯罪侦查活动的低效。由于实行双重领导，各个领导者都有一定的经济犯罪侦查的决策权力，而不同的领导者的利益立场必然存在差异，这就必然引发经济犯罪侦查决策权力之间的摩擦和冲突，造成经济犯罪侦查资源的机制内耗。第二，双重条线管理下的层级式经济犯罪侦查主体模式容易导致各自为战的局面，造成经济犯罪侦查活动的失范。上级经济犯罪侦查机关虽然名义上对下级经济犯罪侦查机关进行业务指导，但它并不掌握其人力、物力资源配置权，把握政策和法律较为精准的上级经济犯罪侦查机关无法统一下级相应职能机关的活动，造成经济犯罪侦查活动一定程度上的失范。

在条件成熟时，要进一步强化经济犯罪侦查的一体化建设。当务之急就是设立层次较高的主体机构，在该主体系统内部实行统一集中的决策，通过单一的领导权运作，实现经济犯罪侦查工作的全局协调和整体把握。在经济犯罪侦查主体内部仍可实行层级制的运作模式，通过制定相关的法律制度严格划分各个经济犯罪侦查机关的职能。

4.优化经济犯罪侦查协作机制

我国在经济犯罪侦查领域中广泛开展协作：在经济犯罪侦查的区域协作方面，全国相继组建了华北、东北、华东、西南、西北五个经济犯罪侦查协作区；在协作章程指导下，各经济犯罪侦查机关进行密切合作，区内经济犯罪侦查协作途径得到畅通，从而推进了协作区内的侦查工作。在经济犯罪侦查的部门协作方面，通过一系列的经济犯罪侦查部门与相关部门的联席会议制度得以运作，定期或不定期由各参与协作主体联合举行犯罪情报交流、案情讨论以及侦查协调工作。[1]

但我国经济犯罪侦查协作水平目前整体来说还不够高，这直接影响了经济犯罪侦查效益的水平提升。经济犯罪侦查协作的低质现状源于：一是机构不统一；经济犯罪侦查协作的主体混乱，有的由省厅的经济犯罪侦查总队直属支队负责，有的由省厅的非经济犯罪侦查机构的协作部门负责协调，由于机构不统一，在经济犯罪的情报信息交流等方面很难高效协作。二是协作制度缺乏有效的监督制约；1998年公安部颁布了《公安机关办理刑事案件程序规定》使协作制度有章可循，1999年全国各经济犯罪侦查协作区也相继成立，并分别制定了经侦协作章程和规定。但经侦协作仍缺乏有效的监督制约机制，有关经济犯罪侦查协作的指挥、督促和奖惩工作难以落实。三是协作环节多，手续繁琐；出省办案道道审核、层层把关，级级批转手续，运行周期过长，大量浪费有限的经济犯罪侦查资源。[2]

---

〔1〕 参见倪瑞平、倪铁：《知识产权犯罪侦查协作及其机制优化》，载《犯罪研究》2004年第3期。

〔2〕 参见戴蓬：《经济犯罪侦查难点和热点问题研究评述》，载《中国人民公安大学学报》(哲学社会科学版)2002年第5期。

在现有刑事侦查的体制语境中，建立高效的经济犯罪侦查协作网络，节约经济犯罪侦查的司法资源、提升经济犯罪侦查效益，必须从以下几个方面入手优化侦查协作机制：[1]

首先，理顺经济犯罪侦查协作主体体系。经济犯罪侦查协作机制的顺利运行，离不开了坚强有力、高效的决策指挥体系。应从组织体系上保证决策指挥主体作用发挥的制度化，保证决策指挥主体能够高效地部署各侦查要素，进行各项协作事项的调遣和协调工作。当前在我国的经济犯罪侦查协作实践中，侦查工作联席会议、侦查协作区值班单位等理应发挥着侦查协作指挥主体的作用，并在此基础上建立经常化和制度化的协作指挥主体。

其次，规范经济犯罪侦查协作的程序。从侦查协作的请求提出、接收和实施，到结果的反馈，都必须由严格的程序来规范。还应提高我国经济犯罪侦查协作立法的层次，理顺各地区侦查协作的程序规范。同时，必须确保侦查协作严格遵循法律法规所设定的程序，严守法定的协作机制运作。

再次，推进经济犯罪侦查协作措施的规范化建设。立足于侦查协作措施的现状，在促进侦查协作具体措施多样化的同时，应设置侦查协作措施的细目规则、措施的具体目标以及措施的评价标准等。这一规范化的措施体系主要包括：交流经济犯罪情报、加强侦查技术协作、开展并案和联合侦查、“会诊”疑难案件、缉捕犯罪嫌疑人等。除了经济犯罪侦查机构内部协作以外，加强与行政管理执法机关、检察院和法院等司法机关之间的协作也极为重要。在国家职能部门之间实现经济犯罪相关信息的资源共享，有效地节省了侦查的信息收集成本；同时，在不影响司法机关相互制约的前提下，逐步实现司法权力之间的互动，也可成为侦查资源优化的重要途径。

最后，明晰经济犯罪侦查的协作责任。为了保证经济犯罪侦查协作体制的高效运作，必须进一步明确协作双方的协作责任，确立协作请求地的责任、协作地的责任。为了保障责任落实，应确立高效的协作责任追究制度。

（三）经济犯罪侦查的程序简约

在今天的法律世界中，存在一个人们熟视无睹的现象：法律规定不断增

〔1〕 程小白：《论经济犯罪侦查的协作对策》，载《江西公安高等专科学校学报》2000年第4期。

加,法律内容不断细化。[1]我国的经济犯罪侦查领域中也存在同样的情况:转型时期的中国缔造了一个精密的经济犯罪侦查程序设置,但程序设置极其繁琐,不可避免地产生一定的冲突和重叠。任何程序的运作都要耗费资源,繁杂的经济犯罪侦查程序在运作过程中消耗了大量的侦查资源,其中有相当部分的消耗是程序冲突和重叠所造成的无效耗费。我们必须正视这一程序现状,应从以下几方面入手,通过制度改革、程序重构,实现经济犯罪侦查程序的简约。

1.简化经济犯罪侦查的启动程序

在侦查制度的设计上,我国奉行以立案程序启动侦查的制度启动模式,而非西方国家所采用的以侦查行为启动侦查的行为启动模式。由于经济犯罪的复杂性和犯罪行为人的专业性,使大量的经济犯罪行为混杂于日常正当的经济交往活动之中,这就使经济犯罪侦查工作面临着一个启动难的问题,即如何将严重经济违法行为纳入刑事法治的视野中来,同时又避免介入民事经济纠纷。在我国目前的经济犯罪侦查实务工作中,经济犯罪侦查机关在立案前,为确定某一有关的经济行为事实是否为经济犯罪案件,往往会进行的一系列甄别、查证工作,[2]这被称为“初查”,不作为侦查行为对待。

通过立案程序,现行刑事诉讼法律制度对初查和侦查进行明确地界分,这造成了经济犯罪侦查中司法资源在立案前后的重复投入,造成了有限资源的浪费。经济犯罪侦查的主体往往就是在立案前进行初查的主体;无论是初查还是侦查,其行为的表现方式、行为方法等,都可以是非强制性的,在紧急情况下甚至可以是强制性的。所以,针对经济犯罪进行的初查活动,从本质上来说实为侦查行为。但经济犯罪初查所获得材料却不得作为证据使用,仅仅是因为初查活动是在立案前进行的,而立案前经济犯罪侦查机关所进行的活动都非侦查活动,不具有刑事司法的性质。经济犯罪初查所获得材料,即使能够证实经济犯罪,还得经过侦查机关在立案后重新固定、提取和收集,才能成为定案的证据。如此一来,对经济犯罪初查和侦查阶段的人为划分导致同质的行为受到不同的法律待遇,造成经济犯罪证据收集方面资源投入的重复。

---

〔1〕 参见刘星:《法律为何简约,何为简约——埃波斯坦的〈简约法律的力量〉》,载《环球法律评论》2005年第2期。

〔2〕 参见倪瑞平、陈和平:《论经济犯罪案件立案前的初查》,载《东方刑侦》2000年第2期。

针对当前经济犯罪侦查启动程序的低效现状，应该取消初查，合并立案和侦查程序，精简由经济犯罪侦查职能机关负责的诉讼环节。可借鉴意大利在经济犯罪消息登记簿上予以登记[1]的若干做法，侦查机关在接到公民或单位的关于经济犯罪的报案、检举、控告、自首或其他案件线索后，如认为确有必要，就可以展开侦查。以即时的经济犯罪刑事案件登记制度取代立案，这样就将原来的立案程序取消了，从而归并了同为刑事调查行为的经济犯罪初查行为和侦查行为，节约了经济犯罪侦查的程序流转时间，降低了经济犯罪侦查所付出的机会成本。

2.整合经济犯罪侦查的运作程序

我国现行的刑事诉讼法律规定了侦查运作程序，再次确认了侦查程序运行的两大阶段——预审和侦查。立法者试图通过预审的制度设置对证据材料进行核实，其潜在的目的就在于通过对证据材料的核实来进一步保障犯罪嫌疑人的程序权利。《刑事诉讼法》规定，“对刑事案件的侦查、拘留、执行逮捕、预审，由公安机关负责”，根据这一规定，经济犯罪侦查机关的侦查职能与预审职能分立。同法规定“公安机关经过侦查，对有证据证明有犯罪事实的案件，应当进行预审，对收集的证据、调取的证据材料予以核实”，依据该法律规定对预审的定位，预审并不是简单的讯问犯罪嫌疑人，经济犯罪侦查机关的预审活动是对收集到有关证据材料予以核实的活动，以此实现对经济犯罪嫌疑人一定程度上的权利维护。

侦审分立的初衷是维护经济犯罪嫌疑人权利，但在我国刑事诉讼的整体格局中却难以实现它的理性，还导致了经济犯罪侦查有限资源在程序之间的内耗。在我国刑事诉讼的强制权主义的诉讼构造下，经济犯罪侦查活动强调的是控制经济犯罪，这种诉讼追求弱化了预审的人权保障功能，预审对经济犯罪嫌疑人的程序权利保障功效得不到落实。此种情形下，针对经济犯罪开展的预审活动蜕变成了经济犯罪侦查的一种手段、一种方法，预审和侦查的阶段划分造成了经济犯罪侦查资源的在同质程序之间的内耗。

为了实现经济犯罪侦查资源的高效运作，有必要修改《刑事诉讼法》这一

---

〔1〕 参见程味秋:《意大利刑事诉讼法典简介》，载《意大利刑事诉讼法典》，黄风译，中国政法大学出版社1994年版，第4页。

较高层次的法律，在转变侦查模式[1]的大背景中进行侦审合一的法律改造，实现经济犯罪侦查程序的有效整合。公安部在1997年推行的刑侦体制改革将各级公安机关的侦查和预审合并在一起，实现了侦审合并。在经济犯罪侦查的运作实践，不再区分预审与侦查；通过简化经济犯罪侦查机关的侦查办案程序，达到“加大对犯罪的打击力度，节约侦查成本”[2]的功效。但原有的侦查模式并没有得到转变，经济犯罪侦查活动中仍是强大的经济犯罪侦查机关和相对弱小的经济犯罪嫌疑人的两方组合，带有浓重的“行政治罪”色彩。在侦查模式保持不变的情况下，侦审合并、取消预审，使经济犯罪嫌疑人的程序权利保障又少了一道屏障，必然会带来刑事诉讼程序权利价值追求的失落。另外，1997年的侦审合一的侦查体制改革难以取得国家一级立法的支撑，它不能违反《刑事诉讼法》的有关规定。所以，在经济犯罪侦查程序运作的整合时，必须转变行政治罪式的侦查模式，从法律层面上以立法的形式确立侦审合一体制。

3.构建简约的经济犯罪侦查监督程序

一个完整的法律运行机制，不但应当涵盖细致无遗的立法、高效的司法，还当然地包括了健全的法律监督。在经济犯罪侦查的刑事司法实践中，资源的合理配置、侦查的高效运行也离不开完善的监督体制。在经济犯罪侦查监督体制的构建中，我们要把做到两个方面的要求：一是监督功能的发挥必须富有成效，二是监督程序的设置必须简约。

我国目前对经济犯罪侦查活动的监督，主要是由经济犯罪侦查机关的自我约束以及检察部门的监督两部分构成。经济犯罪侦查机关对自己所进行的侦查活动进行合法性的检查，由于自身的诉讼地位、职业利益等因素，自我监督的功效值得怀疑。检察机关对经济犯罪侦查的监督是一种专门机关的监督，具有法律的强制效力，但这种监督主要是通过审查起诉和审查批捕活动进行，监督的途径有限，还是一种事后的监督，并且对监督结果缺乏有强制力的

〔1〕 模式，指的是某种事物的标准式样。关于侦查模式，刑事诉讼法学界较有影响的分类是：当事人主义侦查模式和职权主义侦查模式，这是直接用英美法系国家和大陆法系国家典型意义上的两种诉讼模式为相应的侦查模式命名。参见樊崇义主编：《刑事诉讼实施问题与对策研究》，中国人民公安大学出版社2001年版，第339页。

〔2〕 参见刘方权：《侦审合并反思与预审制度的重构》，载《侦查论坛》（第1卷），中国人民公安大学出版社2002年版。

执行手段。同时，在针对经济犯罪发动的刑事诉讼大格局中，由于检察机关和侦查机关同处于国家追诉者的地位，具有共同司法利益主体之间的相互监督具有天然的局限性，这种监督发挥出的功效大打折扣。

有必要另辟他途，引入一个独立于追诉者之外的第三方力量对经济犯罪侦查活动进行监督，并且这种监督的程序设置要尽可能地恪守简约原则。司法审查机制应运而生，通过对经济犯罪侦查行为的司法审查，为经济犯罪侦查权力的运作提供强有力的约束机制，增强经济犯罪侦查的程序纠错作用。构建我国侦查程序的司法审查制度的第一步，也是最重要的一步是：设立一个中立、独立的司法审查机构，并赋之以对侦查程序性事项以及重大的侦查行为授权和裁判权。对经济犯罪侦查行为进行司法审查的主体，机构可设在各级人民法院中，在履行职责时主要享有以下的权力：对经济犯罪侦查事项的知情权、对侦查事项的调查权、对重大侦查行为的司法授权和追认、对侦查行为合法与否的裁判权和处分权。同时，明确规定在若干紧急情况时，可以由经济犯罪侦查机关现行采取重大行动，再由司法审查机构追认该重大侦查行为的法律效力。通过简约的司法审查程序设置，使经济犯罪侦查过程中的侦查权和司法监督权之间能够做到动态地平衡，既使经济犯罪能够迅速及时地运作，又能够保证经济犯罪侦查的程序运作达到理想效果，实现资源节约和优化配置的程序经济效益。

4.确立合理的程序期间

通过有关刑事诉讼性法律法规为经济犯罪侦查提供合理的程序期间，其中最重要的就是：缩减针对经济犯罪嫌疑人所采取的羁押性刑事强制措施的期间。我国现行的刑事诉讼法以及相关规则确立了拘留和逮捕两种羁押性的刑事强制措施，并规定了期间的最大值。根据《刑事诉讼法》的相关规定，针对经济犯罪嫌疑人的拘留可延长至37天；在逮捕后的羁押期限最多可延长至7个月；在侦查期间，发现犯罪嫌疑人另有重要罪行的，自发现之日起依照相关规定重新计算侦查羁押期限，经济犯罪嫌疑人的羁押期限又可以延长3个月；在遇有经济犯罪嫌疑人不讲真实姓名、地址、身份不明的，侦查羁押期限自查清其身份之日起计算，此时，因起算点不确定，使侦查羁押的期限也无法确定。遇有事实不清、证据不足或者有遗漏罪行和其他应当追究刑事责任的，应将案件退回公安机关补充侦查或由检察院自行侦查，补充侦查以两次为限，每次1

个月。

羁押时间过长，必然延长了经济犯罪侦查程序期间，诉讼周期过长会带来经济犯罪嫌疑人的个人成本投入增加、法律秩序不稳定的负面影响。[1]侦查期间越长，经济犯罪嫌疑人投入的时间、人力、物力和财力越多，经济犯罪所引发的一系列的纠纷在社会中存续的期限也越久，并进而损及司法的威望和社会公众对司法程序的信心。应当通过削减羁押期限、禁止别罪逮捕等制度设置，来缩减羁押性刑事强制措施的期间，实现经济犯罪侦查机会成本的节约。

二、经济犯罪侦查情报机制研究：情报导侦为视角

当今时代，电脑、互联网、手机等现代信息科技产品已经成为人们生活的必需品。2017年1月22日，据中国互联网络信息中心的《第39次中国互联网络发展状况统计报告》统计，截至2016年12月，我国网民规模达7.31亿，互联网普及率达到53.2%，超过全球平均水平3.1个百分点。我国2016年全年共计新增网民4299万人，增长率为6.2%，我国网民规模已经相当于欧洲人口总量。其中，手机网民规模达6.95亿。[2]信息科技改变了社会生活的方方面面，信息收集、处理、传播和信息应用等都呈几何级增长态势，信息对当今社会的功用是无与伦比的——人类正高歌猛进跨入了信息时代。在经济信息化的时代背景下，经济犯罪行为人也借助于信息科技手段实施信息化、隐蔽型、智能型犯罪，这给经济犯罪侦查工作提出了新挑战。要求经济犯罪侦查也必须依托信息化社会，[3]建立针对经济犯罪行为人的信息优势，这必须依恃于情报，充分利用情报引导经侦，经济犯罪侦查工作信息化体制的功用和地位得以彰显。

（一）侦查信息化理论定位

当前，中国正经历着一场深刻的信息化警务革命，计算机、网络技术为代表的现代信息科技在各项警务工作中发挥着重要的作用，并深刻地改变了传统警务工作模式，经济犯罪侦查工作也正经历着信息化浪潮的洗礼。

经济犯罪侦查信息化，是指信息在经济犯罪侦查中广泛应用，全方位支持

---

〔1〕 樊崇义主编：《诉讼原理》，法律出版社2003年版，第196页。

〔2〕 中国互联网络信息中心、国家互联网应急中心：《第39次中国互联网络发展状况统计报告》。载http://media.people.com.cn/n1/2017/0123/c40606-29042485.html，最后访问日期：2017年3月18日。

〔3〕 李广仓：《论信息化背景下的“情报导侦”》，载《辽宁警专学报》2007年第1期。

经济犯罪侦查工作的过程。中国的经济犯罪侦查工作也正面临着信息化革命浪潮的冲击，在经侦工作中，信息工作越来越受到重视，信息时代的经济犯罪侦查也必须实现信息化。一方面，经济犯罪侦查的信息化指的是经侦信息数字化，这是经侦信息化的基础；信息技术和计算机网络在经济犯罪侦查部门全面渗透，在侦查破案中广泛应用，全方位支持经济犯罪侦查工作的过程。[1]包括经济犯罪信息的数字化、经侦信息传输网络化和经侦工作虚拟化。另一方面，经济犯罪侦查信息化指的是经侦工作信息主导化，实现"情报导侦"，经济犯罪侦查机关综合调动各种途径，广泛地收集经济犯罪相关信息，并进行细致地加工、整理、储存、传递、分析和研究，将经济犯罪信息提升到主导地位，据此判断经济犯罪态势、行为规律，有效地主导经侦决策，实现"定点打击""精确打击"经济犯罪行为。

中国当前推行的公安信息化为经侦信息化提供了信息系统平台，初步实现了经侦工作的信息数字化。1994年年底，中华人民共和国公安部建成了"国家犯罪信息中心"，加强犯罪信息情报工作。"金盾"工程，即公安通信网络与计算机信息系统建设工程，利用现代化信息通信技术，增强公安机关快速反应、协同作战的能力；提高公安机关的工作效率和侦查破案水平，适应新形势下社会治安的动态管理。该工程于2003年9月开工，经过几年紧锣密鼓地运作，目前，从公安部到地市公安局的计算机网络已经初步建成，案件信息管理系统、犯罪信息中心（CCIC）犯罪信息查询查证系统等在经济犯罪侦查工作中发挥着至关重要的作用，[2]经济犯罪侦查的数字化已经初步实现。数字化后的经侦信息存储、检索、传输等都已实现网络化，具体办案单位可以通过网络进行网上并案、摸排、追逃、控制赃物等，也可以自动智能分析研判和人力研判。

"情报导侦"是经济犯罪侦查信息化的核心和重点。在经济犯罪侦查过程中，抓住"信息"这个载体，靠信息拉动，牢固树立"情报导侦"的经侦信息化理念，不断加大信息采集应用力度和科技投入力度，把经济犯罪侦查的着力点放在获取、控制和利用信息上，有效地发挥信息在打防控一体化机制建设中的

---

〔1〕 郝宏奎：《论侦查信息化》，载《中国人民公安大学学报》（哲学社会科学版）2005年第6期。王守宽：《侦查信息化存在的问题及对策》，载《铁道警官高等学校学报》2006年第4期。

〔2〕 陈志军：《侦查信息化是实现侦查现代化的重要基础》，载《政法学刊》2007年第2期。

支撑作用。[1]可以从以下几方面入手：其一，构建经侦信息系统平台；其二，利用民营信息网络平台展开经侦工作；其三，培育高效的经侦情报信息机制。当前，公安部的"金盾"工程构筑起了经侦信息系统平台，实现了经济犯罪侦查的信息数字化，奠定了中国经济犯罪侦查信息化的物质基础和技术保障；但是，经济犯罪侦查信息化的第二层蕴意——经侦工作信息主导化——却没有得以实现。在当前和今后的相当长一段时间内，"情报导侦"是经侦信息化核心和重点。

（二）侦查信息化的"情报导侦"机制

作为经侦信息化核心和重点，"情报导侦"所要解决的经侦情报信息机制的功能优化，实现经侦工作信息主导化。经济犯罪侦查情报不同于经济犯罪侦查信息，它指的是：通过各种合法有效的手段和方法获取的，供经济犯罪侦查部门及其他有关部门打击经济犯罪、预防经济犯罪使用，具有侦查价值的线索和情况。[2]它是经济犯罪侦查部门运用侦查手段以及其他合法手段获取的情报信息，这些情报信息是关于经济犯罪的人、事、物、时和地等案件要素的线索和情况。经济犯罪侦查"情报导侦"机制，指的就是针对经济犯罪侦查情报而进行的收集、整理、研析、存储、检索、传递、使用和管理等一系列的工作机制，它是经济犯罪侦查的最重要的基础性工作，对于经济犯罪侦查行为运行起着主导作用。

灵敏、准确的侦查情报是打击经济犯罪的决定性要素，是经济犯罪侦查工作的生命线。在普通刑事侦查领域中，侦查情报只是为措施采取提供特定的支撑。但经济犯罪不同于普通刑事犯罪，同时，高智能的经济犯罪行为人在错综复杂的经济领域中，熟知市场规范和各种潜规则，利用各种市场身份、职务条件以及技术优势，娴熟地利用各种金融工具和支付手段，其作案往往不着痕迹，不易被发现，更难以在事后取得直接证据。他们往往具有一定的经济知识和法律知识，反侦查意识也较一般刑事犯罪行为人更强，案发后都会串供、伪证、毁灭罪证、转移赃款赃物，甚至利用合法或非法途径远遁海外。此外，经

---

〔1〕 吴笑颜：《社区警务信息化的三个关键点》，载《现代世界警察》2010年第4期。

〔2〕 有人认为：侦查信息就是侦查情报。所谓经侦信息就是经济犯罪侦查人员同经济犯罪做斗争中发现、搜集的有关经济犯罪的人、事、物方面的情况和线索……这些具体的情报信息分别从不同的侧面反映与经济犯罪活动有关的人、事、物、时、空的某些共同的和特有的反映形象特征和形态特征的表征。王晓东：《论经济犯罪侦查信息工作》，载《贵州警官职业学院学报》2006年第1期。

济犯罪没有显著的、典型的犯罪现场可供勘查，没有传统意义上有形的物质伤害，被动型的传统侦查模式根本就难以运作。在打击经济犯罪的侦查中，只有经济犯罪侦查主体能占有充分的情报信息，在侦查情报信息方面建立起侦查优势；并能据此先行行动，主动出击，则可先发制人，顺利掌控经济犯罪侦查的工作全局。某种意义上，情报工作是经济犯罪侦查中的最重要的基础业务之一，是经济犯罪侦查这个整体系统协调运转、发挥效能、实现程序目标的最坚实依托。

经济犯罪侦查"情报导侦"的理论是建立在侦查信息论基础之上的。作为刑事情报的重要组成部分，经济犯罪侦查情报本质是一种信息，但它是经过经侦信息化系统处理过的有价值信息。[1]一切情报都反映一定信息，经济犯罪侦查情报反映的是经济犯罪侦查信息，但它不是经济犯罪侦查信息的简单和原本地反映，而是经过经济犯罪侦查主体根据侦查程序的既定价值取向，精心筛选过滤过的经济犯罪信息。经济犯罪侦查过程实质上是个信息传输的过程，经济犯罪事实是信源，而侦查机关和侦查人员是信宿，采取的各种侦查措施和侦查活动是信道，这样构成一个完整的经济犯罪侦查的信息系统。从经济犯罪发案到破案的整个过程，就是一个由犯罪行为到犯罪信息，再到信息反馈，最后由侦查人员将经济犯罪行为再现的过程；从侦查信息论的角度来看，整个经济犯罪侦查过程就是对经济犯罪侦查信息寓存形式的收集、识别和处理的过程。在这一意义层面上，要取得经济犯罪侦查工作的胜利，必须在情报工作上占据信息高地，并以此情报主导整个经侦工作进程。

（三）"情报导侦"机制运作的现状分析

近年来，在警务信息化不断推进的大背景下，经济犯罪侦查部门总结侦查情报建设经验的基础上，不断探索"情报导侦"的发展模式。目前，经济犯罪侦查"情报导侦"建设呈现如下格局：

1."情报导侦"机制运作框架

自1999年全国经济犯罪侦查部门全面组建以来，经济犯罪侦查情报工作

---

〔1〕 吕雪梅：《情报主导警务模式探析》，载《中国人民公安大学大学报》（哲学社会科学版）2008年第4期。情报是人们对收集的信息进行分析评价形成的智力劳动成果。"信息+分析=情报"的公式，指明了收集信息与生产情报之间的差别：情报不是所收集到的东西，而是对所收集数据进行评估分析后所产生的东西。关于侦查信息，另参见顾军、王金成：《对侦查信息理论中存在问题的思考》，载《江苏警官学院学报》2004年第4期。

初步形成了独具特色的严谨、有效的工作机制，“情报导侦”机制初具规模。

(1)形成了多样化的层级工作体制。如在上海经济犯罪侦查系统中，初步形成了总队和支队两级侦查情报工作机制，经济犯罪侦查总队一级建立了情报中心，下设情报研析、秘密力量、情报资料和技术服务等业务组。总队情报中心作为上海市经济犯罪侦查系统情报信息、秘密力量和阵地控制等工作的主管部门，负责经济犯罪侦查情报研析和经济犯罪研究，并对经济犯罪侦查系统的情报工作进行规划、指导、协调和管理。基层经济犯罪侦查情报工作则由基层经济犯罪侦查队伍承担，往往设专职侦查情报工作的专业支队、大队或情报探组，负责辖区内的经济犯罪侦查情报信息、秘密力量和阵地控制，并对辖区内搜集到的经济犯罪侦查情报信息进行研究、判别和分类。深圳市公安局的经济犯罪侦查系统的“情报导侦”机制则有所差别，相应于市公安局刑侦局的三级工作体制，经侦信息研判分析队伍按照市局经侦支队、分局大队、派出所三级配置，与刑事侦查信息情报的三级工作机制相得益彰。[1]

(2)形成了效能稳定的运作模式。经济犯罪侦查“情报导侦”机制运作主要是从以下两个方面展开：一是经济犯罪侦查情报信息的搜集模式，它是侦查情报信息工作的基本模式。目前，经济犯罪侦查系统已经基本建成了一个覆盖面相当广泛、触角比较灵敏、布局较为合理、手段公秘结合的经济犯罪情报搜集网络。经济犯罪侦查情报工作坚持“面向实战、面向一线”，通过有效的情报工作主导侦查方向、侦查范围，通过搜集有关经济犯罪的线索，为经济犯罪犯罪嫌疑人的追捕提供了有力的信息保障，为经济犯罪案件的侦破提供基础工作的支撑。二是经济犯罪侦查情报信息的研析模式，它是经济犯罪侦查情报工作的衍生模式。与侦查情报的搜集模式的基础地位相比，对经济犯罪侦查情报信息进行研析模式主要解决的是：在搜集有关经济犯罪侦查情报信息的基础上，进一步对情报信息加以汇集、整理、分析、研究和判断，形成具有决策参考依据的分析性侦查情报。如上海市经济犯罪侦查总队的情报中心成功了运作了该情报研析模式，通过撰写和编报《经济犯罪侦查情报信息摘报》《经济犯罪案件动态综合分析》《情报信息资料汇编》等情报分析资料，定期研

---

〔1〕 参见郝宏奎：《论侦查信息化》，载《中国人民公安大学学报》(哲学社会科学版)2005年第6期。

析上海市经济犯罪形势、犯罪特点、规律，为有关部门的经济犯罪预警和预防提供了重要参考。

2.“情报导侦”机制运作的“瓶颈”分析

当前，经济犯罪侦查情报所面临的量少质低困境：一方面，经济犯罪侦查情报信息数量较少。按公安部《刑事案件管辖分工》属公安系统犯罪侦查部门管辖的经济犯罪有90种之多，这需要我们搜集和积累大量的经济犯罪侦查情报信息。但有限的侦查情报收集能力限制了经济犯罪侦查情报信息的整体数量，特别是缺乏重大经济犯罪案件预谋、初始阶段的经济犯罪侦查情报，也缺乏对经济安全有影响的经济犯罪侦查深层次和内幕性的侦查情报信息。

另一方面，现有的经济犯罪侦查情报质量不高。相当部分的情报是通过现行案件侦破而积累的材料，较为浮浅、模糊；很多经济犯罪侦查情报信息是已办结案件的档案性留存，情报的时效性较差，属于滞后信息，而事先获取的预测性、动态性、预谋性的经济犯罪侦查情报不多。经济犯罪侦查情报的现状，难以适应经济罪案的侦查定向、预测性分析决策和对经济犯罪研究的旺盛需要。“情报导侦”机制运作困境的形成，源于以下一些因素的制约：

（1）情报意识较差。情报意识是经济犯罪侦查情报工作的根本，但目前的经济犯罪侦查情报意识从整体上看并不强：不少人片面地认为侦查破案是主业，而情报工作则是副业；有些侦查人员简单地把经济犯罪侦查情报工作等同于秘密工作，未能深刻地认识到经济犯罪侦查中情报工作的战略地位。在经济犯罪侦查领域中，“侦查未动、情报先行”的情报先机意识尚未深入人心，“花钱买情报”的情报效益理念、“侦查情报并重”的情报经营意识没有建立起来，这些主观性的意识因素严重制约了经济犯罪侦查情报工作的发展。

（2）缺乏相关制度保障。经济犯罪侦查情报工作的主体设置不科学，这在一定程度上限制了经济犯罪侦查情报工作的发展。首先，经济犯罪侦查情报工作缺乏专业的情报机构和高素质的情报工作人员；虽然某些地方在经济犯罪侦查总队一级设置了及其专业化的情报机构，但在基层并未全部组建了专业情报机构；有的虽已成立了经济犯罪侦查情报机构，但缺乏专职的情报人员，未能配置高素质的经济犯罪侦查情报人员。其次，经济犯罪侦查情报主体设置的不科学体现在情报力量布置的不合理上。目前，经济犯罪侦查部门在布建秘密力量和控制阵地方面，人员的数量、质量和布局不尽合理；在银行、期货、证券、IT等重要的经济领域、新型经济领域以及经济犯罪频发领域中，情报人员的布建存在很多盲点，导致难以获取高层经济犯罪的内幕性、预谋性情报。

（3）经济犯罪侦查情报工作的各环节程序设置不尽合理，相关情报管理手段落后。在情报搜集环节，搜集的标准不统一，经济犯罪侦查情报搜集工作的面不够广泛、点不够细致、质量不够精准；在情报研究分析环节，经济犯罪侦查情报的研析工作停留在情况汇总、统计数据分析等浅层，辨别真伪、深入研判的能力不强；在情报评估环节，情报质量评估过于强调情报等级所包含领导批示、追赃数额等形式性内涵；在情报的储存方面，储存的格式不规范，没有统一的检索工具，不完全适应现代的信息化管理需要；在情报流转以及效能发挥方面，“以块为主”的经济犯罪侦查情报管理体制造成了情报横向交流渠道的不发达，流转渠道、传递速度、发送范围以及效能转化等环节受到诸多限制，很难适应经济犯罪侦查工作措施快、捕人快、追赃快的要求和跨区域作战的需要。

（四）“情报导侦”机制效益的应然定位

在经济犯罪侦查工作中，“情报导侦”机制能够产生特定的效益，这种效益是逐层扩展的。[1]情报不仅能在经济犯罪侦查个案中发挥侦查导向和支撑作用，也能够从整体上推进经济犯罪侦查工作的发展；在更深远意义的层面上，它能够推进经济秩序的安定和社会秩序的有效维持。

1.“情报导侦”战术效益

经济犯罪侦查“情报导侦”机制的战术效益，指的是与特定经济犯罪案件有关侦查情报所产生的效益。它是着眼于经济犯罪侦查个案系统，从个案来考察经济犯罪侦查情报对具体案件侦查所能产生的效果。

首先，广辟情报来源，深入搜集经济犯罪侦查情报，及时发现经济犯罪活动。经济犯罪案发通常独具行动的滞后性，一旦等到经济犯罪进入实施和结果显现阶段，巨额的赃款赃物早已被席卷一空，犯罪嫌疑人早已出逃。通过经

〔1〕 效益不同于效能，效益是能推进发展有益效果，而效能却有正负两方面的作用。推进侦查信息化有助于侦查效能观的新发展，参见马方、刘峥：《论侦查信息化建设的发展与创新》，载《吉林公安高等专科学校学报》2008年第3期。

济犯罪侦查情报人员的广泛布建，获取经济犯罪预谋阶段的侦查信息，从而及时发现经济犯罪活动，把握先机，先发制人。

其次，对经济犯罪侦查情报进行整理、研析，为查明经济罪案、侦查破案提供导向。经济犯罪相比于普通刑事犯罪，较为复杂，具有智能性、隐蔽性，犯罪行为人往往在作案前就安排好各种应对侦查的方式。通过对经济犯罪侦查情报信息的细致梳理、认真研析，为经济犯罪侦查活动提供精确的线索，从而为侦查破案提供正确的导向。

再次，为经济犯罪侦查提供证据性的情报信息，为证实经济犯罪提供依据。通过经济犯罪侦查情报工作，搜集大量与经济犯罪案件有关的各种侦查情报信息，从中筛选出既能够作为线索使用的资料，又能够在刑事诉讼活动对经济犯罪嫌疑人和经济犯罪事实具有证明意义的情报，从而为经济犯罪事实的诉讼提供坚实的证据基础。

最后，为追捕经济犯罪嫌疑人提供有力的情报支撑。经济犯罪具有智能性，它是通过高智能的经济犯罪嫌疑人的犯罪活动和反侦查活动体现出来的：案发后，经济犯罪嫌疑人往往远逃境外，通过秘密力量和技术侦查的人员提供的经济犯罪侦查情报，准确地掌握其行踪信息，从而为有效的缉捕工作奠定了良好的侦查情报基础。

2. “情报导侦”战略效益

经济犯罪侦查“情报导侦”机制对个案侦查能够产生重大的战术效益，也能在经济犯罪侦查个案之上的更广范围内产生战略性效益。经济犯罪侦查“情报导侦”机制战略收益是定位在个案侦查系统之上的，即“情报导侦”机制能够实现其法律效应、刑事政策效应、经济体制效益以及社会效益。

其一，为经济犯罪侦查提供整体发展的基石。一个多层次、来源途径多元化、运作程序科学化的侦查情报工作体系，能够为经济犯罪侦查主体提供有效的侦查导向，能够帮助经济犯罪侦查机关建立起针对经济犯罪的情报信息优势，为经济犯罪侦查长远发展提供坚实的基础。

其二，为经济犯罪预警机制提供强有力的信息支撑。建立经济犯罪预警是经济犯罪侦查部门的一项战略性发展工作，只能通过经济犯罪侦查情报工作体系的建立健全来解决。通过积极搜集经济犯罪的情报信息，对各种异常经济信息进行分析研判提供给领导机关参考；对侦查案件中发现的经济管理漏洞，向政府经济管理部门提出改进建议，从而建立经济犯罪的预警机制。

其三，为经济犯罪预防提供有效的参考。在开展情报工作过程中，不断研析经济犯罪侦查情报信息，总结经济犯罪的手段、特点、规律，提炼出普适性的信息，向重点行业、相关区域、特定人群提供防范参考。在侦查情报的研究分析中，对发现的经济管理的漏洞提出防范性建议，维护经济安全的发展大局。

其四，为国家决策和立法提供依据。通过经济犯罪侦查情报工作，对特定阶段和特定时期内的经济犯罪进行分析研究，发现其中有经济犯罪趋势、倾向的动态，从中分析经济发展过程中的不良态势，为经济管理部门的决策提供依据，为政府的经济政策提供制定的依据，为经济立法提供现实的基础。

总而言之，经济犯罪侦查"情报导侦"机制的战略效益范围及其广泛，但它的中心是经济犯罪预警效益，其目标是：构建经济犯罪侦查的"预警、防控、协作"三大机制，实现经济犯罪侦查的"打击、服务、参谋"三项职能。

（五）"情报导侦"机制的重构

要实现经济犯罪侦查"情报导侦"机制效益，必须运用多种手段，采取多种措施，多层次、多角度地广泛地获取有价值的经济犯罪情报，牢牢占据经济犯罪侦查工作的情报高地。各级经济犯罪侦查部门必须建立起规范化、信息化、网络化的经济犯罪情报信息系统，方能"情报导侦"，并使经济犯罪情报在侦查工作中发挥特有功能。

1.培养情报战略意识

"情报导侦"机制的顺利运行有赖于各级决策者和执行者的素质和意识，[1]要保持经济犯罪侦查程序运行的顺畅，必须深刻认识到经济犯罪侦查情报是打击经济犯罪、维护经济安全的抓手，是实现经济犯罪侦查工作跨越式发展的必由之路。

其一，必须培养经济犯罪侦查人员的先机意识，强调侦查人员的主动出击，主动收集各种情报信息，为侦查破案提供切实有效的保障。要准确地打击经济犯罪，必须要发现经济犯罪，而经济犯罪往往都具有较强的隐蔽性和有组织性，这决定了侦查人员必须时刻保持高度的敏感是和深刻的洞察力，要有强

---

〔1〕 参见谢晓专、张磊：《情报信息主导警务工作机制及其机理分析》，载《中国人民公安大学学报》（哲学社会科学版）2009年第2期。

烈的主动进攻意识。没有主动出击，情报信息不可能源源不断而来；没有主动出击性的分析，就不可能在经济信息发现异常，进而发现经济犯罪迹象。[1]在侦查中，经济犯罪侦查人员必须把握先机，除了在立案过程中广泛地收集报案人提供得犯罪线索，还得要主动加强与经济管理职能部门的合作，努力扩大经济犯罪的线索来源途径，建设多元的“先发制人”的情报源。

其二，培育经济犯罪侦查人员的效益理念。经济犯罪侦查“情报导侦”机制的战术效益和战略效益是对经济犯罪侦查情报工作的准确定位，经济犯罪侦查人员必须以此为中心，树立科学合理的经济犯罪侦查情报效益观。首先，效益理念要求经济犯罪侦查人员必须正确把握情报效益的两个层次——战术层面和战略层面，还要求他们正确认知两个层次效益的该情报效益体系中的位阶，从整体上把握各个效益层次的相互关系。其次，效益理念要求经济犯罪侦查情报工作奉行遵循市场经济的运作规则，在经济犯罪侦查情报工作中，侦查人员和情报人员应当以效益理念为指导，逐步树立起“花钱买情报”的效益理念，并重视扩张情报工作的效益。

其三，培育经济犯罪侦查人员的经营观念。在经济犯罪侦查领域中，侦查情报工作人员必须具有经营观念，必须进行长远谋略，以挫败经济犯罪，取得侦查胜利。培养经济犯罪侦查情报工作者的经营观念，首要的就是强化秘密侦查，利用秘密力量搜集经济犯罪侦查情报信息。经济犯罪侦查的经营之所以能够起到克敌制胜的效果，主要是源于其“建立信息情报优势”的内在精神，主要是其在这一精神内质指导下进行的秘密工作和情报工作。

在摧毁隐藏较深的有组织经济犯罪团伙的斗争中，侦查人员尤其应当树立起长久经营的观念。针对那些涉案线索尚未彻底查明，一批潜伏较深的经济犯罪，必须围绕工作中确定的重点侦控对象，树立长期经营的意识，固定专门力量，紧紧盯住不放，有针对性、有指向性地展开秘密调查取证，发现其犯罪活动的蛛丝马迹，从中获取重大犯罪证据，一旦时机成熟，立即采取刑事强制措施，集中行动把经济犯罪行为人一网打尽。

2.整合专业情报机构

其一，加强总队一级经济犯罪侦查情报机构的专业化。一方面，加强技术

---

〔1〕 参见王守宽：《侦查信息化若干问题探讨》，载《北京人民警察学院学报》2007年第3期。

侦查支队，提升经济犯罪侦查情报搜集中秘密力量的权重。目前，如在某些地区的经济犯罪侦查总队中，承担全省经济犯罪侦查秘密力量建设的指导、管理等项职能的是情报中心下属的密侦探组。但该机构中，人力明显不足，秘密力量在情报工作中发挥的作用有限，严重影响了整个经济犯罪侦查情报工作的质量。需要在总队设置秘密侦查支队，下辖综合指导、金融领域密侦、其他经济领域密侦、境外密侦和掩护性企业5个专业探组，以此提升秘密力量在情报工作中的分量。特别重要的是：要在经济犯罪高发的经济领域和境外，合理布建高质量的秘密力量，不留工作真空，力争形成统一管理、分布合理、协调流畅、衔接紧密的经济犯罪侦查秘密力量工作体系。另一方面，重新整合总队级经济犯罪侦查机构的情报中心，强化其情报研析功能。目前，经济犯罪侦查情报信息的研析、处理、上报、通报职能主要由经济犯罪侦查总队情报中心的情报研析组负责，而情报资料探组和技术探组则没有实质性的参与情报工作。剥离出秘密侦查力量后，对经济犯罪侦查情报中心进行重整，情报资料探组负责舆情资料、案件信息的搜集整理；情报研析探组负责情报的汇总、研析、处理、上报等工作；技术探组则负责技术支持，并对高科技经济犯罪进行技术分析。在职能重新统筹后，通过探组密切合作，提升其对经济犯罪侦查情报研析、处理、通报的效能。

其二，因地制宜地筹建基层经济犯罪侦查情报组织。第一种模式是组建完全专业化的经济犯罪侦查情报探组。适用于那些经济行为活跃、经济总量较大、犯罪形势较为严峻的地区，配置相应的警力，组建5人左右的专业情报探组，情报研析、秘密力量管理、阵地控制、嫌疑人调控等职能要由专人负责。

第二种模式是由基层经济犯罪侦查机构的综合探组兼营情报工作。在经济总量不大、经济犯罪形势较为稳定的区县，成立不少于3人的专业情报探组，专司秘密力量管理、阵地控制、嫌疑人调控，至于情报研析和行政事务可由综合探组负责。

第三种模式是专人负责经济犯罪侦查情报。适用于经济活动总量小、经济犯罪形势不严峻的地区，抽调2人以上具有较为丰富经济犯罪侦查情报工作经验的人员，不设探组，但由他们专职处理情报工作。

3.完善情报运作体制

理顺经济犯罪侦查的情报来源、研析、存储、传递和预警机制，以“整体性、实用性、共享性、安全性”的情报工作系统支撑起侦查工作，[1]高效实现“情报导侦”。

（1）完善经济犯罪侦查情报来源多元化的搜集机制。首先，整合公安内部的经济犯罪侦查情报信息。在公安大情报平台之上，大力整合国家安全保卫、治安、刑事侦查、信息安全等部门所搜集到的经济犯罪侦查情报信息，将这些多头情报有效地整合，加以利用。其次，整合法律职业部门所掌握的经济犯罪侦查情报信息。检察院、法院以及仲裁委员会等法律职业部门在处理案件的本职工作中，经常会发现经济犯罪线索和证据，可将这部分信息作为经济犯罪侦查情报信息整合进经济犯罪侦查部门的情报工作中来。再次，整合经济行政执法部门所获取的经济犯罪侦查情报信息。在日常的经济管理活动中，工商、税务、药监、技监、国土、烟草、文化等经济执法行政部门往往掌握了大量的经济犯罪情报线索，可通过提升与这些行政部门的协作，从而实现经济犯罪侦查情报信息的顺畅流通。最后，整合社会信息传递途径，努力获取经济犯罪侦查情报信息。通过阵地控制等手段，对审计、评估、会计等中介机构业务中所发现的经济犯罪信息进行整合；对利用媒体、互联网络进行经济犯罪活动的行为，可以通过整合媒体资源，深入分析有关报道，拓展经济犯罪侦查情报信息搜集途径。

（2）完善经济犯罪侦查情报的研析机制。在强化总队级经济犯罪侦查情报研析机构的专业化建设的同时，推进经济犯罪侦查情报研判两级平台的建设。一是坚持研析工作的正确导向，为上级领导提供决策的依据；坚持对经济犯罪进行实时动态研究，重视社会关注的经济热点、重点和疑点，为上级领导的决策提供趋势性、前瞻性的情报研析。二是建立健全经济犯罪侦查情报研析的两级平台。要在总队二级情报研析平台强化的基础上，在基层经济犯罪侦查机构中建立一级情报研析平台，并合理配置各自的研判职能重点。三是推进两级情报研析平台的正规化建设。通过定机构、定职能、定人员、定规范等手段，加快其经济犯罪侦查情报研析的制度化、正规化建设。

（3）完善经济犯罪侦查情报的储存机制。在经济犯罪侦查情报机构的多级体系中，需要从经济犯罪侦查破案的本职工作出发，广泛搜集和积累情报，

---

〔1〕 参见陈志军：《侦查信息化是实现侦查现代化的重要基础》，载《政法学刊》2007年第2期。

建立情报资料库来储存有关情报资料，进行经济犯罪侦查情报信息网的更新。同时，对经济犯罪侦查情报的储存和处理必须规范而统一，有关情报信息的整理和储存工作必须遵循特定的规范化准则，无论是手工填写卡表，还是按程序录入计算机信息系统管理，都应按统一的标准和规范进行。

（4）完善经济犯罪情报传递机制。经济犯罪侦查情报的搜集和研析，其目标是实现经济犯罪侦查的打击、服务、参谋职能；而如何将经过研判的经济犯罪侦查情报信息快速而高效地传递出去，是情报工作效益能否得到最大化实现的关键。一方面，经济犯罪侦查情报传递的载体应进一步多元化。可在分析型情报的传递载体和线索型情报载体之外，增加设置以下情报载体：《经济安全信息》期刊、"预警风险提示"和"风险防范通知单"单项情报文件等，向特定单位或不特定的社会公众传递经济犯罪预警信息。另一方面，在各级经济犯罪侦查以及兄弟经济犯罪侦查单位之间，建立起畅通的经济犯罪情报资料传送渠道，加强经济犯罪情报的传递工作。

（5）完善经济犯罪预警机制。预警机制是经济犯罪侦查"预警、防控、协作"三大机制的首要内容，也是经济犯罪侦查部门发挥参谋、服务职能的重要条件，也是经济犯罪侦查情报工作最突出的战略效益表现。首先，预警对象是金融等犯罪高发行业以及政府的经济管理部门。其次，划定预警内容，明确预警确重点。再次，确立合理预警的形式。最后，设置精简高效的经济犯罪预警报送程序。鉴于经济犯罪预警情报的特殊时效性要求，对于比较紧急的不涉密的经济犯罪情报，可由经济犯罪侦查系统在内部审核之后，可以先行向有关单位直接通报，同时向主管的公安局上报。针对一般的经济犯罪侦查情报和涉及保密事项的情报，则仍然沿袭原有的预警报送途径，先报送公安局分管领导和情报处，再向政府部门反映相关预警信息，再由政府批转给相关预警对象。

4.推进保障机制改革

首先，要在人员编制方面，为经济犯罪侦查情报工作提供长效发展的机构和人员保障。目前，某些地区的经济犯罪侦查总队情报中心负责所辖范围内情报工作的管理和研析，而现有的警力配置不足，特别在高新经济领域中的秘密侦查人员和隐蔽力量极度缺乏。基层经济犯罪侦查机构中专职情报人员的编制情况也面临相似的困境，不少基层情报工作由一般侦查人员兼职负责。

应通过准确定位经济犯罪情报工作的效益，充分认识到情报工作的战略地位，从编制方面为经济犯罪侦查情报工作提供充足的高质量人员。

其次，进一步提高情报工作人员素质，为经济犯罪侦查情报工作提供保障。情报工作人员的素质对于经济犯罪侦查工作的质量至关重要，而目前侦查情报工作人员的素质并不尽如人意。情报岗位所配置的警力“老龄化”问题严重，情报工作人员的情报战略意识、法律知识、经济知识等有所欠缺，秘密力量中缺乏经济领域高层精英。可通过吸收一大批具有情报、侦查、法律、经济以及会计等知识的专业人才进入经济犯罪侦查情报工作岗位，在经济管理高层中和境外物建具有高素质的秘密力量，并通过不断的培训来提高现有情报人员的素质。

再次，加强经费的支撑力度，为经济犯罪侦查情报工作提供财政保障。在经济犯罪日益猖獗的新形势下，有关部门都能认识到情报工作对经济犯罪侦查工作的基础作用，在情报工作经费配备方面给予一定的支持。目前有关经费提供，虽然能够保证经济犯罪侦查情报工作的基本运作，但难以维系情报工作的战略发展。应立足于经济犯罪侦查情报的长远发展考虑，以“效益”和“经营”的情报战略意识来定位情报工作，加强情报专项经费配给的力度，特别是保障秘密力量和阵地控制的建设经费。

最后，优化现有的情报绩效考评机制，为经济犯罪侦查情报提供正确利益机制导向。评估机制应能够充分体现经济犯罪侦查情报的内在实质效用，合理确定经济犯罪侦查情报评估的各项指标。不应过分强调等级情报所包含的领导批示、公安局情报处摘报、追赃数额等形式，而要重视经济犯罪侦查情报对侦破、预警、预防经济犯罪的实际效果。在细致调研的基础上，合理确定经济犯罪侦查情报评估的各项指标以及其权重，以科学的情报评估机制合理引导经济犯罪侦查的人力、物力、财力配置方向。

三、知识产权犯罪侦查协作简论

（一）知识产权犯罪侦查协作的现状

信息时代随人类社会第三次浪潮的到来而降临，知识经济勃兴，知识产权作为最重要的新型资产备受关注。与此同时，侵犯知识产权的犯罪行为也随知识产权的发达而猖獗，而在这些侵犯知识产权的犯罪行为中有一部分针对国外的著名作品、驰名商标、商业秘密或版权，知识产权犯罪在显示其国际化趋势的同时，业已显露出其复杂性：它已与毒品犯罪、洗钱犯罪、黑社会团伙犯罪紧密联系在一起，成为危害严重的国际犯罪形式之一。知识产权犯罪行为受到刑事法律的关注，已成为刑事调查的重要对象。知识产权犯罪的时空间等方面的特征以及应对该类犯罪侦查的特点，决定了在知识产权犯罪侦查中开展协作的必要性。

知识产权犯罪侦查协作，属于侦查的基础工作，它有不同层次上的意义。狭义上的知识产权犯罪侦查协作，是区域间的协作，仅指不同地域的知识产权犯罪侦查机关，在侦查中进行的互通情报、相互支援、协同作战的侦查办案形式。〔1〕一般意义上的知识产权犯罪侦查协作，包括了区域间协作和部门间的协作，指知识产权犯罪侦查部门之间、与其他犯罪侦查部门以及与其他有关部门之间，在知识产权犯罪侦查工作中，为发现、制止犯罪、揭露证实犯罪、缉获犯罪人而进行各种形式的协同与配合的专门活动。〔2〕广义上的知识产权犯罪侦查协作，除了涵括以上侦查协作的内容外，还包括国际间的协作，即包括负责知识产权犯罪侦查部门与国外有关部门的侦查协作。本书论述的知识产权犯罪侦查协作，以狭义上的侦查协作为中心，在个别方面的论述中，扩及知识产权犯罪侦查过程中的部门协作以及国际侦查协作。无论是哪一层意义上的知识产权犯罪侦查协作，都包括犯罪线索的传递，犯罪信息、资料和犯罪嫌疑人情况的查询，侦查、调查中收集证据、核实材料，强制措施的执行，查询、扣押、冻结与犯罪有关的物证、书证等方面的协助和合作，等等。

我国在知识产权犯罪的侦查领域中广泛开展协作：首先，在知识产权犯罪侦查的区域协作方面，全国相继组建了华北、东北、华东、西南、西北五个经济犯罪侦查协作区；在协作章程指导下，各知识产权犯罪侦查机关进行密切合作，区内知识产权犯罪侦查协作途径畅通。其次，在知识产权犯罪侦查的部门协作方面，通过一系列的经济犯罪侦查部门与相关部门的联席会议制度得以运作，各参与协作主体定期或不定期联合举行犯罪情报交流、案情讨论以及侦查协调工作。最后，在侦查跨国的知识产权犯罪侦查中，通过国际刑事司法协

〔1〕 卢明宏：《关于完善侦查协作机制的思考》，载《辽宁公安司法管理干部学院学报》2002年第3期。

〔2〕 王连蒲：《侦查协作若干问题》，载《福建公安高等专科学校学报》1999年第11期。

作的途径，与国外知识产权犯罪侦查部门积极开展协作，在知识产权犯罪情报交流、犯罪嫌疑人追缉、代为调查取证等方面取得良好成效。

（二）知识产权犯罪侦查协作的缘由

知识产权犯罪诸多行为特征决定侦查必须进行协作。此外，知识产权犯罪侦查的本身规律，也决定侦查力量必须进行协作。

1.知识产权犯罪的空间特点决定必须进行侦查协作

首先，知识产权犯罪往往具有极强的跨域性；犯罪分子利用各种信息、发达的交通、先进的技术，进行着跨域性极强的知识产权犯罪活动。其次，知识产权犯罪涉及众多经济、文化、科技领域；牵连到众多行业和部门，并向技术市场、人才市场、电子商务等新兴经济领域渗透。最后，它还有向国际空间发展的趋势，知识产权犯罪主体跨国流动，知识产权犯罪行为跨国进行，知识产权犯罪对象在国际流动，还表现在知识产权犯罪收益通过洗钱跨国进行流通。

知识产权犯罪案件在空间上体现出了较强的区域跨度和行业跨度，局域空间上的划分被犯罪行为人突破。而我国现行的知识产权犯罪侦查力量配置上以行政区划、重要行业为主，容易使知识产权犯罪侦查出现各自为政，只注重局部而忽视整体。[1]知识产权犯罪侦查部门必须打破常规，改变那种因循守旧、按部就班的“平面式侦查”的传统做法，做到快速出击，采取全方位的侦查对策，各区域知识产权犯罪侦查力量、多警种协同配合，联合作战，实施“立体式侦查”。[2]

2.知识产权犯罪的时间特点决定必须进行侦查协作

知识产权犯罪行为对象是创造性智力成果——知识产权，而知识产权作为无形的知识信息可以脱离其权利所有者而存在，可同时为多个犯罪行为人所侵犯，因此知识产权犯罪可多个行为同时进行，而其跨域性特征又使相当部分知识产权犯罪的行为与结果在时间上的离散性更强，这种分离耗散了原本就不易把握的因果关系。此外知识产权犯罪分子作案方式的高智能性和有组织性，使得整个侵犯知识产权的行为过程极为隐蔽和迅捷；知识产权的高科技

〔1〕 温百林：《反贪污贿赂侦查工作的推动剂——谈侦查协作的方式及运行》，载《广西政法管理干部学学报》2000年增刊。

〔2〕 任克勤：《犯罪侦查协作之研究》，载《政法学刊》1999年第1期。

性特征又使知识产权犯罪行为瞬息万变，犯罪痕迹在短时间内可被销毁。

虽然，从本质意义上讲“犯罪必留痕”“犯罪必能被侦破”，但知识产权犯罪侦查是在刑事诉讼程序中进行的，它有程序期限，有时间性要求。同时，在知识产权犯罪侦查过程中，有利于侦查的时间是有限的，而在能否破案这个问题上起决定性作用的时间就更少。应对知识产权犯罪的侦查行动必须及时进行，以抓住每一个有利的侦查时机。知识产权犯罪侦查的协作可以在现有的侦查力量配置格局下，有效整合有限的侦查资源，降低警力调动的耗时，减少侦查力量的空间移动造成的时间延误，从而抓住侦查战机，迅速出击。

3.知识产权犯罪行为智能化特点呼唤侦查协作

知识产权犯罪智能化体现在：一是犯罪主体趋向知识化，知识产权犯罪行为人往往具有较高的专业水平和技能、体面的伪装、较为丰富的科技知识，他们往往社会交际能力强、信息灵通，具有某一方面专业知识。二是知识产权犯罪手段的专业性、技术性较强，犯罪分子往往凭借自己掌握的网络技术，在网上聊天、发电子邮件、浏览或购物时进行跟踪，伺机获取他们的个人信息。[1]

知识产权犯罪行为具有智能化和高隐蔽性，它要求侦查行为主体的高素质：渊博的知识、丰富的经验和良好的思维能力，[2]但这涉及整个侦查体制的重构问题。在目前的侦查力量结构和侦查技术条件下，为了同知识产权犯罪行为人在智力角逐中占领优势地位，必须通过侦查协作，汇集群体智慧、集思广益、群策群力，实现优势资源互补，以正义的群体性整合优势，保障知识产权犯罪侦查的顺利推进。

4.社会各方抗制知识产权犯罪的共同目标要求实现侦查协作

这一层次上的协作动因，是就广义上的知识产权犯罪侦查协作而言的。知识产权犯罪是对知识产权的侵犯，是对知识产权市场秩序的侵犯，也是对整个社会主义市场经济有效运行秩序的侵犯。在社会背景下，进行的知识产权犯罪侦查的协作，就不仅仅是一项简单的刑事司法活动，而是由各有关部门参与的抗制知识产权犯罪的“联动机制”缔造，是各方参与的“执法合力”形成过程，是在知识产权领域重塑社会诚信、商业诚信、人格诚信的共同行动。

在侦查阶段，参与知识产权犯罪抗制的各有关部门和社会力量应同侦查

---

〔1〕 海儿：《网络罂粟》，载《警方》2003年第3期。

〔2〕 罗大华：《犯罪心理学》，中国政法大学出版社2003年版，第317页。

部门密切合作，实现对知识产权犯罪侦查协作中的社会联动。整个知识产权犯罪侦查活动是一个系统，其抗制犯罪的功能发挥取决于构成要素的强弱和结构形式的优劣：若侦查主体素质良好、力量强大，侦查协作各方主体之间的整合结构合理而完善，则侦查系统的整体功能就能得到最优化的发挥。基于知识产权犯罪侦查协作各方目标的共同性和协作体系整体性的考察，有必要加强应对知识产权犯罪的各具体侦查局部之间相互支持、相互补充、相互协调、相互一致，提高抗制知识产权犯罪的侦查整体功效。

5.知识产权犯罪后果的严重性和扩散性对侦查工作提出了协作的要求

其一，知识产权本身所蕴含的巨大财富，使侵害知识产权的犯罪也能从犯罪行为中攫取巨额非法利益，危害甚大。其二，知识产权犯罪手段的高科技属性，增强了知识产权犯罪的扩散性，网络的无限复制性和快捷的全球传播性扩大了知识产权犯罪的传染性。[1]其三，知识产权犯罪的扩散性，还指一类或一个地区的知识产权犯罪对其他地区知识产权犯罪的示范和传播的恶性效果，体现在从质和量上对区域之间知识产权犯罪的影响。

从犯罪侦查的角度来说，为遏制知识产权犯罪严重后果的扩散，需要迅速、及时而又有效地压缩知识产权犯罪扩散的行为空间和时间，当务之急是要建立全方位的侦查协作，以严密侦查控制手段，堵源截流，最大限度地控制知识产权犯罪的危害后果。

（三）知识产权犯罪侦查协作机制运作的阻滞分析

1.知识产权犯罪侦查的协作机制运作困境

知识产权犯罪多为集团犯罪、跨区域、跨行业犯罪，且罪种交织的情形居多，对其侦查需要多方侦查部门和侦查力量实行全方位的密切协作。而在目前的侦查协作体制下，对跨域性极强的知识产权犯罪进行侦查力量调配和协同时，却往往陷入体制困境。知识产权犯罪侦查协作的体制困境集中表现在以下几个方面：

其一，知识产权犯罪侦查协作的法治化程度低：缺乏较高法律层次上的程序设计，侦查协作的规范协同性差。以《刑事诉讼法》和《公安机关办理刑事案件程序规定》等有关法律规定为协作依据基础，缺乏细化侦查协作的程序

---

〔1〕 江尚东：《〈美国数字千年版权法〉立法实践及对图书情报工作的影响》，载《福建师范大学学报》（哲学社会科学版）2002年第2期。

性规定；部门规章和各地的侦查协作规则不尽一致，各省侦查协作规则之间矛盾、冲突之处广泛存在，在侦查协作的主体、程序文书、审批流程、责任追究等方面未能做到协调一致。

其二，知识产权犯罪侦查协作主体体系设计不科学。在目前的知识产权犯罪侦查协作体制中，主要采取的是自上而下的协作，即由上级知识产权犯罪侦查部门统一调度、协调侦查活动，这种机制培育了发达的纵向协作，而知识产权犯罪侦查的横向协作机制则相对萎缩。该主体体系，导致知识产权犯罪侦查协作工作，在平等侦查主体之间常常会导致低效的逐层上报审批或者退化成一种互利式的工作合作。

其三，知识产权犯罪侦查协作处于被动协作状态。在目前侦查协作体制下，负责知识产权犯罪侦查的机关在案件侦查中，往往不是各地侦查机关事先就进行全方位的协同交流，只是在遇到了困难，难度超出了其自身解决能力范围、管理权限时，才会请求其他主体进行侦查协作。知识产权犯罪侦查中的这种被动协作状态，使协作失却先机，不能从侦查伊始就掌握信息主动权，难以适应知识产权犯罪的瞬息万变的特点，亦不适应侦查协作的本质要求。

其四，目前知识产权犯罪侦查协作的内容单一、协作层次较低。知识产权犯罪侦查协作方式简单化，主要限于低层次的协查，如赃物协查、现场遗留物品协查、犯罪嫌疑人的缉捕等。这种协作内容方面的缺陷使知识产权犯罪侦查协查实际上成了协作的代名词。而高层次的侦查协作因其牵涉到侦查权力的置换和调配，尽管这种置换和调配是暂时的，由于权力配置的复杂性，使得这种协作变得困难重重，成为“无法协作”。另外，知识产权犯罪侦查中，国际侦查的协作途径不畅、协作形式有限。在知识产权犯罪领域中有相当一部分涉外或跨国的知识产权犯罪案件，在这些案件中，频繁涉及国际侦查协作、引渡问题，但我国刑事司法协助的范围狭窄和非制度化给国际知识产权犯罪的泛滥以一片国际空间。

2.知识产权犯罪侦查协作机制运作的阻滞成因

第一，社会公众的知识产权意识淡薄。大部分人的意识中，知识产权保护是不必要的，“我们的智慧属于全人类”，甚至把知识产权看成自私的产物。导致在经济发展中，广泛存在对别人的知识产权采取“拿来主义”，甚至有“盗版扶贫”等不正常现象。知识产权人的权利保护意识现状堪忧：欠缺品牌保护的意识，缺乏知识产权的权利思维。仅从汽车行业品牌发展来看，我国自主品牌车企对外国名品的知识产权缺乏必要的尊重与敬畏之心，并不着力于研发新车型，而是利用国内较好的工匠和技术水平模仿克隆。在这种落后的权利意识作用下，权利人往往会因一时的低成本仿造获利而放弃长期攻关克难的研发，从而损害了长远的知识产权利益。在这样的低素质的知识产权社会意识环境中，侦查协作参与人员的执法观念水准以及其协作行动效果可想而知。

第二，侦查协作人员的知识产权保护意识上存在误区。误区之一就是对知识产权与经济发展之间关系的误解：认为我国的知识产权保护缺乏独立的品格，更多的是来自于外来经济政治压力的结果，[1]发达国家以经济贸易要挟而形成的过高的知识产权保护难以在司法实践中得以落实，只要能促进产业发展就行，只要不违背如杀人放火所违背的自然道德性就行。[2]误区之二就是对垄断与知识产权保护关系的误解，有些人把知识产权简单地等同于垄断，认为是垄断就应打破。在这种低水平的知识产权保护意识指导下进行的侦查协作，当然是低效的和非全局的。

第三，负责知识产权犯罪侦查工作的具体部门中，存在不利于侦查协作的地方保护主义和部门保护主义。行政权力划分不科学，存在权限的交叉以及权力真空，一方面导致地方保护主义和部门保护主义盛行；另一方面又导致职权发挥不力，与知识产权有关的行政权力配置出现了与知识产权制度理性相悖的冲突。知识产权犯罪侦查部门设置于武装保卫性质的行政机关内部，极强的行政领导体制使得行政权力领域中的地方保护主义、部门保护主义等反映到了侦查工作中，在知识产权犯罪侦查协作时，保护主义会从中作梗，体现为协作不力、阻挠协作等。

第四，知识产权犯罪侦查主体力量薄弱；负责知识产权犯罪侦查的公安机关，很少有设立专门的侦查知识产权犯罪的组织，更毋论精通知识产权知识的专家型侦查人员。在知识产权犯罪侦查所要求的专门刑事技术力量方面，也颇为欠缺。同时，与其他侦查部门人员相比，我国知识产权犯罪侦查人员数量

---

〔1〕 曲三强：《被动立法的百年轮回——谈中国知识产权保护的发展历程》，载《中外法学》1999年第2期。

〔2〕 参见赵国玲主编：《知识产权犯罪调查与研究》，中国检察出版社2002年版，第97～99页。

较少。各地侦查人员完成自己管辖区内的工作任务尚已力有不逮，难以承担其他区域的协作请求。此外，知识产权犯罪侦查的物力资源处于短缺状态，许多地方侦查机关的经费预算中根本就没有协作侦查这一项，严重影响侦查协作的有效进行。

第五，整个侦查管理制度上存在问题，这也是知识产权犯罪侦查协作的阻滞因素。现行的破案奖励制度、侦查工作的评价制度上存在缺陷，不能很好激励侦查协作；在侦查工作业绩考核中，侦查破案被放在评判体系中最主要的位置，而侦查协作甚至不被纳入考评标准中，这导致协作对象的协作积极性降低。在知识产权犯罪案件的破案奖励中，奖励的主要是立案的侦查机关，而侦查协作者往往被遗忘，即使有所考虑也力度有限，这就不能有效刺激其协作对方的侦查协作积极性。

第六，世界各国知识产权犯罪的立法理念不同，立法体系、立法技术、历史传统不同，法律规定之间有殊异，这造成在对跨国性的知识产权犯罪打击中，协作困难。虽然我国也加入了诸多国际刑事司法协助的条约，解决了在知识产权犯罪侦查中诸多涉及国际侦查协作的事项，但各国之间知识产权法律保护方面的巨大差异仍是构成国际侦查协作的最主要阻滞因素。

（四）知识产权犯罪侦查协作的合理化建构

知识产权犯罪侦查协作机制面临着诸多困境，虽然在现有体制下进行调整仍可以在一定程度上解决协作不良的部分问题，但侦查协作不良困境突破和构建打击犯罪整体作战格局的根本出路还是在于：优化知识产权犯罪侦查协作制度，构建完善的侦查协作制度。[1]

1.合理重建知识产权犯罪侦查协作的认知

第一，建立起对知识产权刑事保护的合理化认知。知识产权犯罪侦查协作机制的顺利进行，绝不能缺少合理的知识产权刑事保护理念的支撑，它是侦查协作认知合理化的前提。知识产权犯罪的侦查人员，必须在意识深层树立起这样的知识产权刑事保护认知：首先，知识产权犯罪行为是对知识产权的侵害，是对权利人受法律保护的“法益”的侵害，是对社会诚信的侵害，具有社会危害性和刑罚当罚性；其次，必须遵循刑罚的谦抑精神——刑法应有限度地使

〔1〕 范玉：《关于侦查协作问题的思考》，载《中国人民公安大学学报》（哲学社会科学版）2001年第3期。

用，[1]特别是在知识产权刑事案件的立案阶段，有关主体应对该知识产权不法行为的社会环境、经济背景作细致考量，在审慎的调查和权衡后，再做出是否启动刑事侦查程序的决定。知识产权犯罪侦查人员的这种认知，究其实质是尽量让调整知识产权行为的民事法律充分发挥作用，又不放弃知识产权的刑事法律保护，并努力使之成为该种权利保护的最后屏障。

第二，树立知识产权犯罪侦查全局观。侦查人员在构建合理化的知识产权刑事保护认知的基础上，摒弃地方保护主义、行业保护主义和本位主义，从构建大经侦格局的战略高度出发，树立知识产权犯罪侦查全局观，针对知识产权犯罪有效开展侦查协作。

第三，指导知识产权犯罪侦查协作的运行认知构建。这一运作认知构建，是为了从侦查人员的理念上指导侦查协作的具体运作问题。要求知识产权犯罪侦查协作主体在思想上认知到：这是一项严格的司法活动，必须遵循《刑事诉讼法》和《公安机关办理刑事案件程序规定》等有关法律规定进行；协作必须高效运作，以应对千变万化的案件情况。同时，它必须是在全国一盘棋的侦查格局下无偿地进行的。

2.知识产权犯罪侦查协作主体体系的科学化

首先，知识产权犯罪侦查协作机制的顺利运行，离不开了坚强有力、高效的决策指挥体系。应从组织体系上保证决策指挥主体作用发挥的制度化，保证决策指挥主体能够高效地部署各侦查要素，进行各项协作事项的调遣和协调工作。如在韩国，1993年最高人民检察院成立侵犯知识产权联合调查中心，并与21个主要地区检察院成立区域联合调查队，[2]其侦查协作体制中的指挥主体构造可见一斑。当前在我国的知识产权犯罪侦查协作实践中，侦查工作联席会议、侦查协作区值班单位等实际上发挥着侦查协作指挥协调主体的作用，应在此基础上建立经常化和制度化的协作指挥主体。

知识产权犯罪侦查的专业队伍的组建，是侦查协作主体体系科学化重构的重中之重；如香港保护知识产权的部门中，在专职行政执法及法制研究机构

---

〔1〕 蔡通道：《犯罪与秩序：后现代理论视角的分析》，载《江苏社会科学》2003年第2期。
〔2〕 潘军：《韩日对知识产权的保护》，载《检察日报》2001年4月9日。

的知识产权署之外，还在海关中设有专门的版权及商标调查科。[1]我国各省级公安厅局的经济犯罪侦查总队中，设有专门针对知识产权犯罪的侦查组织，应进一步提升其专业化程度：组成人员具有知识产权法律知识并应掌握相关高科技侦查手段，还应具有较强的知识产权意识和严守法定程序的法律意识。

其次，知识产权犯罪侦查协作主体体系，还应是以侦查机关为中心的、由打击知识产权犯罪的各司法部门共同参与而建立的协作体系。在从事知识产权犯罪的联合侦查中，可效仿韩国的工业产权局向检察机关、警察局、海关和地方政府提供有关信息，并在必要时派员到相关机构帮助执法的体制，建立知识产权犯罪侦查协作中的指导派员制。

最后，在应对跨国知识产权犯罪的侦查协作，其主体应内在地包含国际侦查协作的诸多主体。这些国际侦查协作的主体包括了国际刑警组织、有关国际法院、国际商会商业犯罪局、外国司法机关等，它们之间应建立快反信息通道，进行广泛的联系和沟通。

3.知识产权犯罪侦查协作程序的法治化

应提高我国知识产权犯罪侦查协作的立法层次，理顺各地区侦查协作的程序规范。同时，必须确保侦查协作严格遵循法律法规所设定的程序，严守法定的协作机制运作。

（1）侦查协作的请求和提出

知识产权犯罪案件侦查中，需要开展协作的，请求方应当送达相应的刑事程序文书，制作办案协作函件。

（2）协作请求的接收和实施

协作方在接到协作请求文书后，必须对协作请求法律文书进行形式审查，确定管辖范围、文书完备程度等。接受请求后，应指定有关的主管业务部门组织精干力量，及时有效地开展协作。

（3）侦查协作结果的反馈

侦查协作实施终结后，侦查协作方应将具体的结果以现场勘查笔录、讯问笔录、询问笔录、搜查笔录、视听资料等证据形式，或者其他侦查程序文书的形式通报请求方。

---

〔1〕 岳善勇：《天网与铁拳——香港海关的知识产权保护》，载《中国知识产权报》2003年2月12日。

(4)侦查协作程序的特殊要求

在具体的知识产权犯罪侦查协作中,不同的侦查事项的协作是经由不同的请求程序、接受审批程序进行的:通缉重大知识产权犯罪嫌疑人和紧急协查事项,各协作区地、市级公安机关或经侦部门之间可直接进行;在协作区范围内跨省、区办理知识产权犯罪案件开展调查、取证,可持地、市级经侦部门介绍信进行;采取强制措施、冻结财产、银行账户等必须按公安部有关规定,经省级经济犯罪侦查部门审核并转介绍信。

4.知识产权犯罪侦查协作措施的规范化

在知识产权犯罪侦查协作领域中,具体的侦查协作涵盖了所有的强制措施和采取的专门性调查手段。立足于侦查协作措施的现状,在促进侦查协作具体措施多样化的同时,应设置侦查协作措施的细目规则、措施的具体目标以及措施的评价标准等。这一规范化的措施体系主要包括:

(1)交流知识产权犯罪情报

积极开展知识产权犯罪情报信息的交流,充分发挥情报的共享效应。建立知识产权犯罪侦查部门联席会议制度,定期或不定期互通信息、交流情况;对知识产权犯罪情报交流进行标准化、系统化、制度化的管理,各侦查主体将有关情报信息电子化,建立国家级和地区性信息协作网,形成知识产权犯罪信息交流的整体网络。

(2)加强侦查技术协作

一方面,知识产权犯罪侦查部门必须同知识产权科学技术部门和相关专业人员加强技术方面的联系,在解决某些技术难题时取得支援和帮助;另一方面,知识产权犯罪侦查部门之间也必须进行技术上的密切协作,遇到技术难题时,可以请有技术力量和技术设备、条件的部门和地区的知识产权犯罪侦查部门进行技术援助。

加强知识产权犯罪侦查技术协作的又一重要途径是建立国家级的知识产权犯罪侦查新科技开发中心,研究知识产权犯罪侦查涉及的检测、识别、监听、监视、信息传递、功能性破坏等新技术,为积极侦查决策提供准确的侦查手段和证据基础。

(3)开展并案和联合侦查

在知识产权犯罪的并案侦查中,要求各地知识产权犯罪侦查部门多渠道、多途径地发现并案侦查的线索并及时通报给相关地区、单位，涉案地区的侦查部门要集中进行共同研究，确定进行串并案，制定侦查方案，集中使用力量，采取针对性措施。

知识产权犯罪的联合侦查，是针对跨区域的系列性知识产权犯罪案件，由不同区域的侦查机关，联合起来统一进行侦查。这种侦查协作形式，应确定以一个地区知识产权犯罪侦查部门为主开展侦查，其他侦查部门积极配合，由涉案辖区的侦查机关，各自抽调精干力量，组成专案组，共同分析案情，开展侦查活动。

（4）“会诊”疑难案件

在知识产权犯罪侦查实践中，经常会遇到那些案情复杂、侦破条件极少或久侦不破的疑难案件。知识产权犯罪的侦查部门可邀请协作地区、单位的有经验的侦查人员、专家学者，对案情进行“会诊”，共同研究，找出形成疑难案件的根本症结。

（5）缉捕、引渡犯罪嫌疑人

在缉捕知识产权犯罪嫌疑人时，请求方的侦查部门应把犯罪嫌疑人的基本情况、犯罪事实、社会关系及可能潜逃的地区及去向有关协作的通报，办好相应手续，前往缉捕。可以通过通缉令，进行公开的通缉。

缉捕远逃境外的犯罪嫌疑人，应通过国际刑警组织发布红色通缉令，缉捕犯罪嫌疑人。依据国家间签订的刑事司法协助的协定或共同参加的国际公约，依申请引渡犯罪嫌疑人。

5.知识产权犯罪侦查的协作责任明晰化

没有责任的激励的制度是低效的制度，为了保证知识产权犯罪侦查协作体制的高效运作，必须进一步明确协作双方的协作责任，确立责任追究制度：

（1）协作请求地的责任：在提出协作请求时，必须制作侦查协作函件，并办理好相关的法律手续；请求地对协作地依协作要求而履行职责所产生的法律后果承担责任。

（2）协作地的责任：依合法的协作请求进行侦查协作，承担不履行协作职责的不利后果，依照《公安机关办理刑事案件程序规定》第318条的规定，对不履行办案协作职责造成严重后果的，对直接负责的主管人员和其他直接责任人员，应当给予行政处分；构成犯罪的，依法追究其刑事责任。[1]

（3）确立高效的协作责任追究制度

协作方不履行协作职责的，可通过协作区或者公安部二局相关负责人会商后，由协作区值班单位在协作区内予以通报处理结果，或者由公安部二局的责任追究职能部门在协作双方区域内公布处理结果。

〔1〕 王连蒲：《侦查协作若干问题》，载《福建公安高等专科学校学报》1999年第11期。

第六章　侦查权运作程序比较研究

——以中、荷侦查行为程序法治为例

通过侦查权的运行，国家实现了打击犯罪、维护当事人程序权利、维护社会稳定的法治目标。在侦查权的运作过程中，警察、检察官、律师和法官纷纷参与其间。在荷兰，"刑事诉讼程序的核心不再是传统意义上的审判，而是审前的侦查程序。在审前的侦查程序中，警察或预审法官已经与犯罪嫌疑人、证人和鉴定人充分接触，调取相关证据并定案；法院的主要审判活动则被弱化为对警察、预审法官所调取证据可靠性和充分性进行确认"。[1]在中国的刑事诉讼过程中，侦查权所主导的程序运作也存在同样的情形。有学者认为：如果单从追究犯罪的效果这个角度来观察中国的刑事程序，侦查毫无疑问是中国程序的中心，在一定意义也可以说，真正决定中国犯罪嫌疑人和被告人命运的程序不是审判，而是侦查。[2]总体而言，侦查程序俨然也成为刑事诉讼的核心，而侦查权又赫然成为侦查程序运作的核心内容。侦查权运作体制包括了以下制度，诸如侦查权配置制度、侦查组织制度、立案制度、证人保护制度、被害人保护制度等。在中、荷相关制度的对比研究中，我们发现，尽管两国侦查制度存在诸多不同，但在侦查程序机制方面仍存在一些共同的规律。从某种角度而言，荷兰的侦查程序机制对于中国侦

---

〔1〕 See P.J.P.Tak, *The Dutch Criminal Justice System*, Willem-Jan van der Wolf, 2008, p.32.

〔2〕 孙长永：《侦查程序与人权》，中国方正出版社2000年版，序言第5页。

查程序的改革具有借鉴意义。

一、中、荷侦查程序体制发展脉络

（一）19世纪之前的侦查机制

在古代侦查体制发展演进方面，中、荷两国存在一系列共性。早在前国家的初民时代，受到犯罪行为侵害的被害人自行抓捕罪犯，完成犯罪的侦查和惩治活动。随着国家时代的到来，奴隶社会中以王为代表的统治者掌握着国家的一切权力，其中包括对犯罪行为进行侦查审判的刑事司法权力。独裁统治者认为"溥天之下，莫非王土；率土之滨，莫非王臣"。国内所有的人、财物都最终属于其所有，任何对人身或财产的侵害，都是对独裁统治者权利的侵害，不再允许被害人自行侦查、惩治犯罪。这就形成以王权为中心的刑事司法体制，由较为专业的刑事司法机关来负责侦查、审判犯罪行为，以此来达成犯罪治理功效。

在传统社会中，刑事实体法和刑事程序法融为一体，侦查依附于审判活动。法官主动侦查、审判案件而不需要检察官的控诉。在一些地方，甚至一般的政府行政官员、僧侣都有权侦查、审理犯罪案件。在这样的侦查运作过程中，犯罪嫌疑人、被害人、证人都沦为国家发现犯罪事实的客体，动辄遭到侦查官员的刑讯。在这样的体制环境中，犯罪嫌疑人、被害人、证人等参与者的各项基本权利无从保障。这一时期，侦查权机关是唯一的侦查程序主体，其他各侦查参与者都沦为侦查客体，只有配合侦查权运作的义务，侦查权制衡无从提起。

（二）19世纪之后的侦查机制

迟至19世纪，现代侦查体制才开始有所起步。1829年，英国《大都市警察法》（The Metropolitan Poliee Act）在议会的通过，皮尔爵士组建了伦敦市警察局，[1]现代侦查组织才开始了职业化的发展之路。随后，德国、法国等欧洲国家都纷纷组建各自的警察组织，并由他们侦查犯罪。与欧洲的老邻居们同步，荷兰也开始组建自己专业侦查犯罪的警察部门。1838年，荷兰颁行了刑事诉讼法典，它是建立在法国拿破仑法典所确立的各项基本制度基础上的。

---

〔1〕 韩德明：《警察职业化的理念要旨和制度历程》，载《中国人民公安大学学报》2006年第1期。

1838年刑事诉讼法所规定的侦查程序充斥着强职权主义元素，犯罪嫌疑人是秘密、书面化的侦查程序的客体，没有什么程序权利。即便如此，由于检察官也享有较为广泛的侦查权，法官的预审权受到了一定的制衡；同时，其他侦查程序参与者也被赋予了有限的程序权利，这在一定程度的上制衡了国家机关的侦查权。

直到1926年，荷兰现行刑事诉讼法颁行实施，这种局面才得以改观。1926年《荷兰刑事诉讼法》规定：参与侦查程序的当事人享有免受酷刑和不人道对待的权利、沉默权、任意性自白权、律师聘请权、无罪推定权、证据知悉权、使用本民族语言文字权、隐私权和平等对待权，等等。[1]法律赋予侦查程序参与者众多的程序权利，它们在一定意义上发挥着制衡侦查权的作用。

1901年，中国才开始组建现代警察组织，由警探负责犯罪侦查事务，而第一部刑事诉讼法直到1907年才得以颁行。同年，中国开始组建现代检察官和法官组织体系，并由检察官指挥警察从事侦查事务。在侦查程序中，逐渐建构起审判权与侦查权的制衡机制。虽然侦查程序中的审检、检警关系一度失衡，甚至法官被排除出侦查程序，但整体来看，清末民初的侦查权制衡机制仍发挥了一定的积极作用：审判机构介入侦查程序，对检察官主导的侦查程序进行严格控制；而检察官则对司法警察的侦查活动行使指挥权和监督权，司法警察则在享有灵活的自行侦查权。1928年，南京国民政府颁行了《中华民国刑事诉讼法》，该法规定取消预审，检察官垄断整个诉前侦查程序，法官不再参与侦查程序。强制性侦查行为由检察机关单独决定，不再经过司法审查，审判权也就不再能够在侦查程序中制衡侦查权，这在一定程度上放纵了南京国民政府时期侦查权的法外肆虐。

1949年之后，中国的检察官不再拥有警察的侦查指挥权。现行刑事诉讼法颁行于1979年，在1996年进行过一次较大的修正，并在2012年经过了再一次的修订。它明确规定了以下各项内容：侦查机制、侦查组织的权限划分、侦查的程序运行、侦查监督等。该法保障了侦查程序参与者的各项程序权利——平等对待权、使用本民族语言文字权、翻译帮助权、律师帮助权、权利

---

〔1〕 See Piet Hein van Kempen, *The Protection of Human Rights in Criminal Law Procedure in The Netherlands*, Esta obra forma parte del acervo de la Biblioteca Juridíca Virtual del Instituto de Investigaciones Jurídicas de la UNAM, pp.631-647.

受侵害的控申权等。法院、检察院、公安机关等刑事司法机关必须保障参与侦查程序的当事人的各项人身权利、财产权利和程序权利的落实。但是，整体看来，中国的法官无从介入侦查程序，侦查权由公安机关和检察机关分享，程序参与者,尤其是犯罪嫌疑人享有广泛的程序性权利，但遗憾的是,这并不能有效地制衡中国强大的侦查权。

我们可以看到：在中、荷侦查体制发展过程中，都建立起了现代警察组织和检察官组织体系，并都在检察官与警察之间进行了侦查权的合理配置。中、荷两国的现代侦查程序法律体系也都认同尊重人权、公平和正义的各项基本原则。但是，两国的侦查程序体制在当事人程序权利保障方面存在明显的差异，最突出的一点是：荷兰侦查程序相关法律明确规定了犯罪嫌疑人的无罪推定权利，并保障犯罪嫌疑人的沉默权、任意性自白权，并规定由法官预审控制侦查，检察官也可以加强对警察侦查行为的监督控制。[1]但是，中国相关法律要求相关部门保护当事人的各项程序权利，但由于尚不完善的刑事司法运作机制，并非所有的侦查程序参与人的各项法定程序权利都得到全面保障，不能有效地制衡侦查权。中国侦查程序仍需要进行改革，以此建构侦查权的制衡机制。

二、中、荷侦查权的自我控制机制

在现代法治社会中，世界各国大体上都将侦查权与司法权分开。法官必须中立而独立地进行司法审判工作，侦查权被配属给了警察和检察官。在中、荷两国，由于不同的历史背景、立国思想、政府组织框架、社会文化等因素，中、荷两国检、警侦查权制衡机制存在较大差别。

（一）检察的侦查控制权

1.检察机关的法律地位和组织

中、荷两国的检察机关都被定位为实行科层制组织的司法机关，而非一般意义上的行政机关。检察官制度起源于法国，随即传入同为大陆法系国家的荷兰。荷兰检察署是司法机关，它是驻地方法院、上诉法院的全国性组织。检察署的最高统帅机构是检察长会议（Raad van Procureurs-Generaal），虽然不

---

〔1〕 参见荷兰《刑事诉讼法》第29条、第36a条、第132a条之相关规定。

是荷兰公共安全与司法部（Ministerie van Veiligheid en Justitie）[1]的下属机构，荷兰公共安全与司法部部长对检察署的运作负总责。

20世纪初，清末的刑事司法体制改革过程中引入检察官制度，并在1949年对检察机关及其组织形态依列宁的“大检察”思路进行重大改革。中国检察机关拥有无所不包的立法、执法、司法、守法等领域的监督权。检察机关从中央到地方设置了四级机构组织，与各级人民法院相对应，但独立于各级法院分署办公。各级检察院在检察长的领导下从事各项事务，与司法部没有隶属关系，司法部长无权干涉检察机关的任何事务。

2.检察机关的侦查控制权

两国检察官都有权代表国家对犯罪进行追诉，检察官都处于控方的诉讼地位，都拥有一定的侦查权。在侦查实践中，两国检察机关对警察侦查活动进行监督和控制，但是这种侦查控制权存在较大的不同：

在荷兰的刑事司法体制中，法律明确规定了侦查权属于检察机关，[2]检察机关对侦查程序运作结果负责。在荷兰刑事诉讼法实施过程中，法律上的侦查权由检察机关行使；而警察则作为检察官的助手，在检察官领导和指挥下实施具体侦查活动。但必须认识到：在侦查技术和策略方面，警察比检察机关掌握着更多的专业人才和专门技能。[3]实践中大多数案件的侦查活动一般都是由警察独立实施，但检察机关有权随时指派检察官参与警察正在进行的任何侦查活动，充当领导者。在重大刑事案件的侦查过程中，警察必须向检察官详细汇报，由检察官决定侦查措施的采取。在侦查过程中，警察若需使用自动步枪等武器，须获得检察官的事先授权，授权书是由司法部长签署的书面文件。[4]警察若需要逮捕、拘留犯罪嫌疑人，也必须获得检察官的批准。秘密侦查力量——卧底、特情人员——的派遣，也需要在事前获得检察官的批准。从事侦

---

〔1〕 荷兰公共安全与司法部（Ministerie van Veiligheid en Justitie）是主掌荷兰司法的政府部门，原名为“司法部”（Ministerie van Justitie，英文名为Ministry of Security and Justice），吕特内阁上任后（2010年），原内政部掌管的部分公共安全职权转移至司法部，10月14日正式改名。参见芬兰政府网站：http://www.government.nl/ministries/venj#ref-justitie，最后访问日期：2017年3月20日。

〔2〕 荷兰《刑事诉讼法》第132a条规定：“刑事侦查，检察官领导的，旨在依据《刑事诉讼法》作出针对刑事犯罪进行的调查活动的决定。”参见［荷兰］帕尔特·海因·凡·科姆普思：《荷兰刑事诉讼程序权利保障及其新发展》，倪铁、陈波译，载《犯罪研究》2013年第1期。

〔3〕 姜明川：《关于荷兰、奥地利司法制度的考察报告》，载《山东审判》2007年第2期。

〔4〕 See *Politie in Nederland engels*. p.31.

查事务的警察必须服从检察官的侦查指挥,《荷兰刑事诉讼法》第148条规定:若警察不执行检察官的指令将会导致纪律制裁。[1]在侦查终结时,检察机关不论是否参与具体的侦查活动,都必须对侦查的成果和证据承担最终的责任。

在中国的刑事司法结构中,检察机关也有法律保障的侦查控制权。一方面,当前中国的京浙晋地区的监察机构和中国检察机关拥有较为完整的职务犯罪侦查权。它们直接侦查的案件包括:贪污贿赂犯罪,国家工作人员的渎职犯罪,国家机关工作人员利用职权实施的非法拘禁、刑讯逼供、报复陷害、非法搜查的侵犯公民人身权利的犯罪以及侵犯公民民主权利的犯罪。对于国家机关工作人员利用职权实施的其他重大的犯罪案件,需要由人民检察院直接受理的时候,经省级以上人民检察院决定,可以由人民检察院立案侦查。在历经数次修改后,《荷兰刑事诉讼法》进一步保障了检察机关侦查权,尤其是增强了强制侦查权,包括强制措施的扩充、侦查手段的扩张和取证条件的改善。[2]另一方面,中国检察机关有权监督所有侦查活动的合法性。检察机关有权对立案进行监督,有权审查批准对犯罪嫌疑人的逮捕,有权要求侦查机关补充侦查,有权通知侦查机关纠正违法侦查行为。特别值得注意的是,刑事诉讼法规定了检察机关对指定居所监视居住的决定和执行是否合法实行监督,设立逮捕后羁押必要性审查程序,检察机关排除非法证据的环节,明确检察机关对查封、扣押、冻结等侦查措施履行法律监督等。中国已经通过基本法层面的立法建立对各种违法侦查行为的投诉受理机制,规定检察院为申诉或控告的处理机关。[3]但是,总体而言,由于缺乏高于公安机关的政法权重和政治优势,"检察机关的诉讼监督作用具有有限性"。[4]

3.中、荷检察官侦查控制权结构比较分析

从立法层面上看,中、荷两国检察机关都有侦查控制权。但本质上,这两种侦查控制权差别极大:首先,性质是不一样的。荷兰检察机关的侦查控制权,本质上是侦查权。检察机关必须对侦查程序进行全程控制,有权指挥警探从事侦查事务,并对警探侦查的结果承担责任。而中国检察机关的侦查控

〔1〕 See P.J.P.Tak, *The Dutch criminal justice system*, Willem-Jan van der Wolf, 2008, p.44.

〔2〕 龙宗智:《理性对待法律修改慎重使用新增权力——检察机关如何应对刑诉法修改的思考》,载《国家检察官学院学报》2012年第3期。

〔3〕 马永胜:《刑事诉讼法修改与检察机关应对》,载《中国检察官》2012年第6期。

〔4〕 程晓璐:《检察机关诉讼监督的谦抑性》,载《国家检察官学院学报》2012年第2期。

制权，本质上是法律监督权。我国宪法明确规定了检察机关的性质是法律监督机关，检察机关在侦查过程中无权指挥公安机关等侦查机构，对公安机关的侦查结果也无须负责。其次，侦查控制权的内容也相差较大。荷兰检察机关享有侦查活动的实际领导权，有权命令警察采取实施卧底、监听等重大侦查措施，检察机关还监督侦查活动的合法性。而中国检察机关则无权干涉公安机关具体侦查措施的采用，它对公安机关侦查行为最有效的控制方式就是审查批捕，其他侦查合法性监督往往都以通知或申诉处理的方式作出，缺乏有效的侦查控制措施。

（二）警察的自主侦查权

1.警察的法律地位和组织

随着警察职业化和正规化的发展，中、荷两国都将侦查犯罪的具体事务交给了警察，并发展出了越来越专业化的侦查部门。在荷兰，警察总署隶属于内务和王国公共关系部门。警察的核心工作任务是巡逻防范犯罪，侦查打击犯罪，警探专司刑事案件的侦破。警察涉及侦查的工作部分，须向司法部负责。内政与王国关系部部长和司法部长共同对荷兰全国警务质量负责，特别是当警察行使侦查职能时，受司法权力代表的检察官的领导，因为荷兰是一个检察为主导的侦查体制国家。[1]荷兰警察组织结构是由1993年《荷兰警察法》明确规定的。全国警察，共分为25个地方警察局和一个国家警察署，负责执行一系列非常特殊的任务，享有特别权限。在荷兰国家警察署中，设有国家侦查局，负责侦查有组织犯罪和其他重罪案件。荷兰警察系统中的刑事司法事务部门又被进一步专业化细分为侦查执行处、行动技术处、刑事情报处、青少年警务处等。此外，还有设有一些侦查辅助部门，如特情处、地方特别行动队、逮捕队、跟踪队、特别支援组和侦查辅助队。值得一提的是，荷兰警察还设有专门的单位负责性犯罪和环境犯罪的侦查。每一个警察局都有专职警探，负责侦查涉及卖淫、儿童卖淫和色情物品制售等的性犯罪。

在中国，警察是一个非常复杂的体系。绝大多数的警察隶属于公安部序列，公安部部长有权管辖其属下的警察，无论他们是否从事刑事侦查活动。国家安全部是第二大侦查部门。当依法侦查危害国家安全犯罪案件时，他们享

〔1〕 汪建成、黄伟明：《欧盟成员国刑事诉讼概论》，中国人民大学出版社2001年版，第361页。

有同公安机关同等的侦查权限。在司法行政序列中也有司法警察，他们负责监狱内部刑事案件的侦查。不同部门的警察负责不同类型的案件，彼此互不隶属、互不干扰，由各部门首长负责各部门所辖范围侦查事务。与荷兰侦查组织体制差别较大，中国的司法部部长无权管辖非所属机构警察的侦查活动。

中国的警察组织结构是通过1995年《中华人民共和国人民警察法》明文规定的。该法规定了警察的侦查权限、侦查方法、武器和强制力的采用、警察招募和培训等内容。2009年，《中华人民共和国武装警察法》得以颁行生效，对武装警察的侦查活动有所规范。根据这些法律规范，警察展开各项侦查活动，如逮捕危险犯罪嫌疑人、收集证据、讯问犯罪嫌疑人、询问被害人、保护证人等。实际上，中国公安系统的警察负责绝大多数刑事案件的侦查工作，他们侦查的案件占案件总数的九成以上。公安机关是最大最重要的侦查力量，34个省份设有省级公安厅局，中央设公安部领导公安工作。公安机关是一个体系完整的警察组织，从中央到地方各级行政区中都设有公安局，在中国所有的乡镇，都设有公安派出所。在所有的公安局中，刑警队都是核心工作部门。同荷兰一样，中国警察也有自己的专业侦查机构。一般而言，所有的公安局及其派出所都有自己的侦查业务人员。此外，所有层级的公安机关都有自己的侦查单位，其中的警探负责侦查刑事案件。

中国刑警部门通常根据案件类型专业化细分为：普通刑事警察队、经济犯罪侦查队、网络信息安全处等部门。在一些地方的公安局中，设有专职的禁毒部门。但是，公安局刑侦部门一般不设专门的性犯罪侦查科室，也不专设青少年犯罪侦查科室。中国在刑事诉讼程序中给予特殊群体以特殊待遇：在刑事诉讼法第五编中，立法者以四章篇幅初步搭建了我国刑事特别程序的整体框架，包括未成年人刑事案件诉讼程序、当事人和解的公诉案件诉讼程序、犯罪嫌疑人、被告人逃匿、死亡案件违法所得的没收程序以及对实施暴力行为的精神病人的强制医疗程序。[1]同荷兰相似，中国建立了侦查辅助组织体系，包括行动技术处、刑事情报处、特警组、刑事科学技术科室等。

2.警察的自主侦查权

由于警察拥有遍布全国的机构，拥有较为专业的警探组织，在侦查事务中

---

〔1〕 陈卫东、杜磊：《刑事特别程序下的检察机关及其应对》，载《国家检察官学院学报》2012年第3期。

发挥了巨大的作用。为了提高同犯罪做斗争的效能，中、荷两国都赋予警察机关以广泛的自主侦查权。

在荷兰，虽然检察官拥有侦查控制权，但警察在检察官的指挥之下，可以采取各种手段进行侦查。[1]首先，警察可以自主采取常规侦查措施。一当知悉犯罪人，警察即可开始侦查。[2]在侦查过程中，警察可以调查涉案的任何人，可以讯问犯罪嫌疑人、询问证人、勘查犯罪现场。在侦查实践中，由于警察部门拥有专业侦查技术、侦查经验谋略和众多侦查专家，警察可以自主侦查除重大刑事案件之外的绝大多数案件。其次，警察可以自主采取紧急侦查措施。对于现行轻罪案件，警察可以直接采取一些紧急性侦查措施，如搜查有关人员的人身、住宅或其他场所，扣押和收取物证、书证，对犯罪嫌疑人进行讯问和身体检查等。在紧急情况下，或者报请检察官批准可能造成不可挽回的恶果时，高级警察官可以下令逮捕人犯，并可进行警察拘留。[3]逮捕犯罪嫌疑人的时候，可以进行长达6个小时的留置。高级警察官可以决定对犯罪嫌疑人进行拘留，但《荷兰刑事诉讼法》第58条规定：拘留虽可以报请检察官批准延长，但时间不得超过3天。最后，警察可以采取强制性侦查措施和秘密措施。获得合法授权后，警察有权采取DNA识别人犯、人身搜查、警犬搜查、扣押、冻结等，还可以采取通讯监听、秘密跟踪、特情派遣、卧底等秘密侦查措施。在法官授权后，警察还可以对犯罪嫌疑人采取羁押措施。

在中国侦查过程中，警察享有极大的自主侦查权，可以自行采取除了逮捕之外的一切侦查措施。首先，警察采取专门性调查措施进行侦查。在侦查过程中，警察可以收集、调取犯罪嫌疑人有罪或者无罪、罪轻或者罪重的证据材料。经过负责人的批准之后，可以自主决定采取各项侦查措施，包括监听、卧底、使用特情等重大侦查行为。其次，警察可以采取各种刑事强制措施。可以对犯罪嫌疑人进行拘传、取保候审和监视居住；也可以对现行犯或者重大嫌疑分子可以依法先行拘留，而拘留可临时性剥夺犯罪嫌疑人的人身自由长达37天。最后，警察可以自行预审，预审被视为侦查活动中的最后证明过程，[4]预

〔1〕 See P.J.P.Tak, *The Dutch criminal justice system*, Willem-Jan van der Wolf, 2008, p.82.

〔2〕 See P.J.P.Tak, *The Dutch criminal justice system*, Willem-Jan van der Wolf, 2008, p.44.

〔3〕 See P.J.P.Tak, *The Dutch criminal justice system*, Willem-Jan van der Wolf, 2008, p.92.

〔4〕 参见杨明：《侦查权探析》，载《法学》2001年第4期。

审不必向检察官或法官负责。警察经过侦查，对有证据证明有犯罪事实的案件，有权进行预审，对收集、调取的证据材料予以核实。

3.中、荷检警侦查权结构对比分析

在中、荷两国检警侦查权的对比研究中，我们可以看到：侦查权配置给检察官和警察。两国检察机关都与警察机关分享侦查权，检察机关都有一定侦查控制权，都在一定程度上发挥着侦查权制衡的作用。很明显，荷兰的检察机关拥有完整侦查权，并能够指挥警察从事侦查，实行"检警一体化"体制，检察机关能够高效地制衡警察的侦查权。检察官为侦查人员，负有侦查的法定职责，警察只是检察官的辅助人员。侦查权配置的"检警一体化"仅仅是"任务上的从属关系，非为一般行政法上的'职务协助'关系"。〔1〕警察也具有自主侦查权，并非完全听命于检察官，他们也可以在特殊情况下自行侦查。检察官拥有侦查指挥权，而警察拥有一定范围内的自主侦查权，这两者在侦查权内部形成了权力的分立与制衡。而中国的警察侦查权授权极大，检察机关的职务犯罪侦查权缺乏高效地组织支撑，侦查监督部门缺乏有效的侦查控制权，检察与警察之间的侦查权制衡机制极不平衡。

三、中、荷侦查权的司法制衡机制

现代法治国家都非常重视客观公正地处理刑事案件。对于审判机关而言，刑事证据就是为了认定某一案件事是否存在实，而某一事实的存在与否恰恰是法官进行裁判的基础。〔2〕为了防止侦查活动可能造成的冤假错案，进一步核查证据的合法性和充分性，一般都在审前阶段设置预审程序。在某种意义上，预审是侦查行为的继续。中、荷两国侦查程序中都存在预审，并都是紧随侦查而行，都发挥了进一步调查案情的作用。但是，由于不同的程序法设计理念，两国预审制度差别极大。

（一）荷兰法官对侦查权的制衡

为了制衡侦查权，防止侦查权一家独大，荷兰承袭了法国刑事诉讼的框架

〔1〕 林璨璋、林信雄：《侦查管理：以重大刑案为例》，五南图书出版股份有限公司2004年版，第281页。

〔2〕 See Walliam Twining, *Rethinking Evidence Exploratory Essays,* 2006, Cambridge University Press, p.2006.

设计，把预审规定为衔接侦查和起诉的一个中间环节，并将之设定为辩护律师、检控官和审判官共同参与的程序。在荷兰的预审中，主持程序运作的是预审法官（或称侦查法官）。荷兰的预审法官主要有三项权力，以此制衡侦查权：

其一，预审法官有权审批侦查人员的强制性侦查措施。在侦查过程中，为了获得证据，检察官和警察等侦查人员往往会采取强制性侦查行为。刑事诉讼法规定，扣押、搜查、侦听、特情和卧底侦查等强制性措施只能在法律允许适用审前羁押的刑事案件（法定4年以上有期徒刑以上的刑事案件）侦查中，强制性侦查措施必须获得侦查法官的许可令状方可进行。[1]

其二，预审法官的另一个重要职责是决定羁押犯罪嫌疑人。在警察逮捕或拘留犯罪嫌疑人3天期满后，被逮捕的人犯必须带到预审法官面前，由预审法官审查警察拘留的合法性，并决定是否进一步羁押。在警察逮捕和警察拘留（6天15小时）之后，犯罪嫌疑人若排除嫌疑须释放，否则需要带至预审法官面前，预审法官应检察官的请求，签发为期14天的羁押令。[2]羁押令也可以不经警察拘留阶段，直接由预审法官签发。若是要对犯罪嫌疑人进行长时期的申请羁押，必须在有辩护律师的情形下，由检察官提出相关理由，预审法官最终决定是否进行羁押。

其三，预审法官可以采取侦查措施进一步侦查案件。预审法官完全有权决定是否采取某项侦查措施、是否应犯罪嫌疑人或其律师的申请进行专项侦查（mini-investigation），有权决定证人或司法鉴定人是否需要回答辩护律师的问题。预审法官监督下的预审，相比于检控方所主导的侦查活动，具有更多程序公开性，犯罪嫌疑人及其辩护律师具有了更多的程序权利保障。

实际上，在荷兰侦查程序运作过程中，法官预审权有效地发挥了制衡侦查权的功用。法官享有重大侦查行为审批权、审前羁押审批权和进一步侦查权，以法官这一中立主体来约束检察官、警察的强制性侦查行为，使法官能有效地制衡检警侦查权，从而为侦查程序参与者，尤其是犯罪嫌疑人的程序权利，争取更大的保障。

（二）中国法官对侦查权的制衡

中国侦查程序中，也设置了预审。根据《刑事诉讼法》规定，预审由公安

---

〔1〕 See P.J.P.Tak, *The Dutch criminal justice system*, Willem-Jan van der Wolf, 2008, p.107.

〔2〕 See P.J.P.Tak, *The Dutch criminal justice system*, Willem-Jan van der Wolf, 2008, p.83.

机关执行。第114条的相关规定：预审，指的是侦查之后，由侦查部门针对有证据证明有犯罪事实的案件，对收集、调取的证据材料予以核实的专门性活动。但也有人将预审等同于侦查终结，并称："据其字面含义应是相对法庭审理而言的预先的审理，它应该是侦查工作的总结，是侦查终结的另一个称谓，是侦查机关基本完成收集证据、查获犯罪人后的预备审理，以便将案件证据理顺后形成事实认定移送起诉或做其他处理。"〔1〕中国学者对预审的定位虽然存在一些争议，但是有一点却无可争议：预审由侦查机关垄断控制、法官无法参与其中。中国现阶段没有预审法官的设置，预审活动缺乏中立裁判者的参与，因此不存在实质上的控、辩、审三方结构，预审仍只不过是侦查机关针对犯罪嫌疑人涉嫌犯罪的事实进行的单方面审查证据的专门性活动，本质上仍是侦查行为。

中国法官对侦查权的制衡，是通过审判时的证据合法性评价来进行的。《刑事诉讼法》第54～58条确立了非法证据排除规则。规定通过刑讯、体罚、虐待等非法方法收集的犯罪嫌疑人、被告人供述和采用暴力、威胁等非法方法收集的证人证言、被害人陈述应当排除；违反法律规定收集的严重影响司法公正的物证、书证也应当排除。明确规定了非法证据排除的阶段、程序、证明责任和证明标准等。〔2〕总体来看，我国在2012年修订的《刑事诉讼法》首次从基本法层面上确立了非法证据排除规则，否定了非法证据的证据能力，在一定程度上能够化解侦查人员非法取证的动力。但我国的非法证据排除规则规定"收集物证、书证不符合法定程序，可能严重影响司法公正的，应当予以补正或者作出合理解释；不能补正或者作出合理解释的，对该证据应当予以排除""非法证据是不合法的证据，但不能说不合法的证据就是非法证据，形式不合法的证据并不属于非法证据排除的范围"。〔3〕简言之，中国侦查机关的侦查行为完全不受审判机关进行的司法审查，不仅事先不需要经过法院批准，事后也不受法院审查，法院仅仅有权对侦查机关所收集证据的合法性进行事后评价。

（三）中、荷预审体制比较分析

中、荷两国都在审前阶段设置了预审，并以此复核侦查行为。审判应当发

〔1〕 杨明：《侦查权探析》，载《法学》2001年第4期。

〔2〕 陈光中：《再谈刑事诉讼法之修改》，载《中国检察官》2012年第1期。

〔3〕 杨宇冠：《〈刑事诉讼法〉修改凸显人权保障——论不得强迫自证有罪和非法证据排除条款》，载《法学杂志》2012年第5期。

生的作用并非仅仅是精确地发现事实，公正才是审判的核心。因而，审判并非像医生诊断那样，以弄清究竟发生了什么作为唯一目的。[1]但是，荷兰法官有权参与预审，并在其中发挥了主导作用，有效地制衡了检警侦查权。中国的法官则无权参与预审，预审由侦查机关垄断控制，他们仅仅在审判程序中能够有侦查取证合法性的事后评价权，难以有效地制衡检警侦查权。缺乏审判权的有效外部制衡，中国当前侦查权运作存在以下弊病：

首先，侦查措施的采取——不管是拘传、取保候审、监视居住、拘留等刑事强制措施，还是搜查、扣押、冻结等强制性临时处分犯罪嫌疑人权利的侦查措施——侦查机关都可以经过内部审批手续自行决定、自行执行，所有侦查行为的采取无须取得法院的授权和审查。

其次，除了逮捕措施需要向检察机关报批外，窃听、拘留等一些重大侦查行为只要获得领导内部批准即可，当前绝大部分的侦查行为都是单向、不公开进行的。

最后，当前侦查过程中的犯罪嫌疑人权利缺乏有法官主持的司法救济程序。新修订的《刑事诉讼法》第115条规定：当事人和辩护人、诉讼代理人、利害关系人对于司法机关及其工作人员采取强制措施法定期限届满，不予以释放、解除或者变更的；应当退还取保候审保证金不退还的；对与案件无关的财物采取查封、扣押、冻结措施的；应当解除查封、扣押、冻结不解除的；贪污、挪用、私分、调换、违反规定使用查封、扣押、冻结的财物的行为，有权向该机关申诉或者控告，或向检察机关申诉，但无法经由诉讼途径获得司法救济。

四、中、荷侦查权的权利制衡机制

在侦查程序运作过程中，侦查程序参与人是与侦查机关相对应存在的，是除司法机关之外的所有参与侦查程序的犯罪嫌疑人、被害人、辩护人、证人、鉴定人和翻译人员等，犯罪嫌疑人在侦查程序参与人体系中居于核心地位。以犯罪嫌疑人为核心的程序参与者享有法律所赋予的各项程序权利，并在此基础上展开各项诉讼活动，抵御检警的非法侦查行为，从而发挥着制衡检警侦查权的功用。

---

〔1〕 See Andrew Ashworth & Mike Redmayne, *The Criminal Process (forth Edition)*, 2009, Oxford University Press, p.25.

(一)人身自由不受非法剥夺的权利

作为现代法治国家,荷兰规定了较为严格的诉讼程序规则,保证公民的人身自由不受非法侵害。在侦查过程中,只有警察和检察官可以对涉嫌犯罪的被追诉者适用强制措施,羁押必须经过严格的程序审批。由于荷兰对待国际公约采取的是一元论,国际或区域人权公约在荷兰的刑事诉讼中也具有法律效力。《欧洲人权公约》第51条明确规定了对人身自由和安全的保障,并对审前羁押作了规定。[1]荷兰《刑事诉讼法》第57条规定:只有被追诉者涉嫌犯罪的证据确凿时,警察才能拘留犯罪嫌疑人,警察拘留最长时限为3天,且必须获得检察官或高级警察官的授权。第59条规定:拘留时限届满,被捕的犯罪嫌疑人必须带至预审法官庭前,由预审法官审查拘留的合法性,并决定是否进行羁押。在羁押期间,被羁押的犯罪嫌疑人有权向预审法官提出申请,请求终止羁押。[2]

中国的《宪法》和《刑事诉讼法》也明确规定:公民的人身自由不受侵犯。非经特定机关、特定程序不受逮捕。法律还规定了侦查阶段采取人身自由的强制措施需具备的具体条件、程序和期限。对公安机关、人民检察院采取的强制措施超过法定期限的,犯罪嫌疑人有权要求解除强制措施。但是,中国的侦查机关可以在拘传过程中,限制犯罪嫌疑人人身自由长达12小时,而其拘留的时间可长达37天。经检察院批准,公安机关可以逮捕犯罪嫌疑人,并羁押两个月以上。不但如此,即便是在缺少司法审查的情形下,羁押还可以被延长。[3]对于犯罪嫌疑人而言,经过多次延长以后,审前羁押时间可达数月乃至数年之久。

(二)侦查程序事项知情权

在荷兰,虽然没有一条法律明确规定侦查机关有义务告知犯罪嫌疑人各项权利,但是犯罪嫌疑人的程序事项知情权却得到了切实的保障。如荷兰《刑事诉讼法》第29条规定:在第一次讯问犯罪嫌疑人前,必须要告知其无义务回答。为了保障犯罪嫌疑人这项程序权利的实现,国家还应为荷兰语水平不足

---

〔1〕 See Francis Pakes, *Comparative Criminal Justice*, Willan Publishing, 2010, p.76.

〔2〕 See Piet Hein van Kempen, *The Protection of Human Rights in Criminal Law Procedure in The Netherlands*, Esta obra forma parte del acervo de la Biblioteca Juridíca Virtual del Instituto de Investigaciones Jurídicas de la UNAM, p.634.

〔3〕 See Francis Pakes, *Comparative Criminal Justice*, Willan Publishing, 2010, p.79.

的犯罪嫌疑人配备翻译。[1]被捕者有权立即被口头告知逮捕理由。拘留或羁押措施，犯罪嫌疑人所涉嫌的罪名必须在羁押令状中载明。在预审程序中，侦查启动时的指控必须尽可能地具体阐明，犯罪嫌疑人有权进行陈述答辩。

中国的《刑事诉讼法》也规定了相似的知情权利，在侦查程序中，犯罪嫌疑人有权及时获知被指控的内容和理由，获知所享有的诉讼权利。侦查机关告知犯罪嫌疑人因何被采取强制措施或被讯问，从何时起有权聘请律师为其提供帮助，有权委托辩护人等。值得注意的是，《刑事诉讼法》第73条更加严格限制了拘留、逮捕、监视居住可以不通知家属的情形，以确保家属的知情权。

（三）获得律师帮助的程序权利

中、荷两国都规定了犯罪嫌疑人在侦查过程中有权获得律师的帮助。在荷兰，所有的犯罪嫌疑人（包括未成年人和成年人）都有权获得律师的帮助。警察讯问之后，犯罪嫌疑人即可聘请辩护律师。除了特殊案件之外，律师有权查阅所有案卷。在搜查、勘查、扣押、提取DNA、预审法官讯问等场合，辩护律师可以到场监督侦查权的合法运作。在预审法官决定是否进行审前羁押，律师有权参与并提出专业的辩护意见。荷兰《刑事诉讼法》要求必须保障辩护律师和犯罪嫌疑人之间的私密会谈和秘密通信，不得对他们之间的联系进行电话窃听或拦截电子邮件，与此权相关的律师函件和其他文件不得扣押。[2]

中国的侦查程序中，犯罪嫌疑人有权获得律师帮助。但是，在司法实践中的效果并不理想。正如麦高伟教授所述，中国律师实际上是在“黑暗中”工作，很难在公诉案件中做出有意义的事。[3]《刑事诉讼法》规定了以下律师权利：第一，明确犯罪嫌疑人在侦查阶段可以委托辩护人。第33条规定：“侦查机关第一次讯问犯罪嫌疑人或者对犯罪嫌疑人采取强制措施之日起，有权委托辩护人；在侦查期间，只能委托律师作为辩护人。被告人有权随时委托辩护人。”第二，完善律师会见权。第37条规定，除危害国家安全犯罪、恐怖活动犯罪、特别重大的贿赂犯罪以外的所有案件，“辩护律师持律师执业证书、律师事

〔1〕 See Piet Hein van Kempen, *The Protection of Human Rights in Criminal Law Procedure in The Netherlands*, Esta obra forma parte del acervo de la Biblioteca Juridíca Virtual del Instituto de Investigaciones Jurídicas de la UNAM, p.632.

〔2〕 荷兰《刑事诉讼法》第50条至第51条之规定。

〔3〕 See Mike McConville, *Criminal Justice in China, An Empirical Inquiry*, Edward Elgar Publishing Limited, 2011, p.176.

务所证明和委托书或者法律援助公函要求会见在押的犯罪嫌疑人、被告人的，看守所应当及时安排会见，至迟不得超过四十八小时”。第三，“辩护律师会见犯罪嫌疑人时不被监听”，保证了辩护律师在侦查阶段会见犯罪嫌疑人的权利，但是，该法至今也没有规定律师在犯罪现场勘查、讯问犯罪嫌疑人等重大侦查行为的在场权。

（四）讯问程序中的沉默权

在侦查过程中，警察和检察官一般都会对犯罪嫌疑人进行讯问，此时侵害犯罪嫌疑人权利的违法行为最容易发生。荷兰《刑事诉讼法法》第29条明确赋予犯罪嫌疑人以沉默权。在讯问之前，司法机关必须将被讯问人视为仅有犯罪嫌疑的公民，须提醒告知其没有义务回答问题。若没有获悉沉默权，犯罪嫌疑人所作的供述将不能作为于己不利的证据。犯罪嫌疑人拒绝供述，不能被视为于己不利的证据。沉默权实际上是与不得自证其罪相关的一项制度。不得自证其罪包含了在刑事程序中被讯问时有权拒绝回答的权利。[1]

与荷兰的相关制度差别极大，中国的犯罪嫌疑人并没有明确规定讯问时的沉默权。中国人民大学法学院何家弘教授撰文称，2012年修订的中国《刑事诉讼法》第50条，新增加的“不得强迫任何人证实自己有罪”应当视为中国已确立沉默权制度。[2]但这一观点目前仍存在较大争议，[3]同时《刑事诉讼法》第118条保留了“犯罪嫌疑人对侦查人员的提问，应当如实回答”的条款，“既然确立了无罪推定，被追诉者就具有不自证有罪的权利，就应享有自愿陈述的权利，无‘如实回答’的义务”，[4]恐怕这难以推动不得强迫自证其罪原则的实现。且对于受刑事指控者的亲友是否能适用该条款仍有值得讨论的空间。但“不得强迫自证其罪原则”对严禁刑讯逼供和保障犯罪嫌疑人权利而言是一大立法进步。

---

〔1〕 See Paul Roberts, Adrian Zuckerman, *Criminal Evidence*, Oxford University Press 2004, p.392.

〔2〕 参见何家弘:《中国已确立沉默权制度》，载http://www.chinalawedu.com/new/16900a23301a2012/2012810wangyi155422.shtml，最后访问日期：2017年3月20日。

〔3〕 参见《专家解刑诉法大修：不得强迫自证其罪并非沉默权》，载《法制日报》2011年9月19日，http://news.jinghua.cn/351/c/201109/19/n3468730,2.shtml，最后访问日期：2017年3月20日。

〔4〕 参见樊崇义、白俊华:《论刑事诉讼法修改与侦查程序的完善》，载《山东警察学院学报》2012年第3期。

（五）遭受非法侦查行为的救济权

保障无罪的人不受错误的刑事追诉可以被看作是精确地发现案件事实的逻辑起点。[1]侦查机关容易在发现案件事实所采取的侦查措施必须与保障人权相平衡。在侦查程序中，侦查机关容易滥用权力非法取证，侵害犯罪嫌疑人等侦查程序参与者权利，两国法律都要求不得非法侦查，并规定了遭受非法侦查行为的救济体制。但是，中国的司法机关往往认为发现事实比保障被追诉者的权利更为重要。[2]荷兰刑事诉讼法规定法庭有权裁定非法侦查行为违法，并提供相应的补偿。非法手段取得的口供必须排除，不得作为证据使用。严重的非法侦查行为将导致法院裁定整个刑事追诉无效，相关侦查人员将会受到内部纪律制裁或刑罚制裁。在侦查羁押或拘留中，被羁押者权利受到侵害的，可以向预审法官申请救济。

中国法官并没有否定侦查行为的权力，但是中国也规定了侦查行为必须依法进行，刑讯逼供、执法人员非法拘禁行为被严格禁止。[3]《刑事诉讼法》第50条规定："审判人员、检察人员、侦查人员必须依照法定程序，收集能够证实犯罪嫌疑人、被告人有罪或者无罪、犯罪情节轻重的各种证据。"非法侦查行为所取得的言词证据，法院将不会将之作为定案证据。虽然，严重的非法侦查行为并不导致侦查无效，但是侦查人员必须承担行政责任，甚至是刑事制裁。根据我国的《国家赔偿法》第15条、第16条规定：没有犯罪事实或没有证据证明有犯罪重大嫌疑而受到错误拘留或逮捕的，因侦查人员违法采取财产措施受到侵害的犯罪嫌疑人，都可依照规定的程序获得国家赔偿。

（六）被害人的侦查程序权利

在荷兰的侦查程序中，荷兰被害人的程序角色类似于证人、报案人，他无权单独起诉犯罪，也无权获得律师帮助。1993年荷兰的《刑事赔偿法案》使被害人的法律地位有了实质性的提高，赋予其调阅警察案卷的权利，有权获得检

---

〔1〕 See Paul Roberts, Adrian Zuckerman, *Criminal Evidence*, Oxford University Press 2004, p.19.

〔2〕 See K. C. Wang, *Understanding PR China Criminal Justice, Anatomy of "Big Spender" case*, in R.G. Broadhurst (ed.), Crime and its Control on the People's Republic of China, The Central Press Ltd., 2004, p.239.

〔3〕 王晨：《〈国家人权行动计划〉目标任务全面如期完成——中国人权事业取得重大进展》，载http://news.163.com/11/0713/14/78RMQMDV0001124J.html，最后访问日期：2017年3月20日。

察官相关事项告知。对检察官所作的撤销案件的决定不满时，可以向上诉法院提起复审请求，也可以申请检察官复审，或者直接写信给检察机关的行政体制中的高级别官员，要求复审下级检察官的决定。[1]

荷兰司法部设立全国被害人援助组织，分设地区被害人援助中心，分支遍布全国，通过指导他们申请被害人刑事赔偿金来向被害人提供帮助和指导。中心分设各种专业部门，诸如抢劫被害人援助小组、旅行者受害人帮助小组和性暴力犯罪被害人帮助小组。在大多数刑事案件侦查过程中，警察会将被害人送入被害人援助中心。

与荷兰的相关制度差别很大，中国侦查程序中的被害人具有较为重要的法律地位，享有一系列的程序权利：首先，被害人可以要求侦查机关利害关系人回避权。其次，对侦查机关应当立案侦查或追究刑事责任而不予立案侦查或追究的，有权请求人民检察院予以纠正，也可以直接向人民法院提起刑事自诉，这一点与荷兰相关制度差别最大。最后，被害人在侦查程序中有权申请补充或者重新鉴定。

虽然中国刑事诉讼法修正案规定把被害人作为诉讼当事人对待，但其在侦查程序中的人权保障并不尽如人意：首先，在侦查程序中，被害人的程序知悉权利没有得到法律全面的保障。没有把程序事项告知作为侦查机关的一项程序义务来规定，被害人无从知悉侦查情况，从而无法积极参加侦查程序。其次，《刑事诉讼法》第33条规定，犯罪嫌疑人自被侦查机关第一次讯问或者采取强制措施之日起，有权委托辩护人。没有明确被害人是否有权委托诉讼代理人。第44条规定，公诉案件的被害人等自案件移送起诉之日起，有权委托诉讼代理人。那么，在侦查阶段，被害人是否有权委托诉讼代理人呢，可以说没有明确的法律依据，这不利于其合法权利的充分维护。最后，侦查阶段的被害人保护不力。我国并未建立起完善的被害人保护体系和相关的制度支持，被害人的人身权利、名誉权等易受不法行为的再次侵害。

（七）证人的侦查程序权利

在荷兰在检警侦查和预审法官预审中，证人须配合侦查程序的进行，匿名证人、卧底特工证人、污点证人等证人作证保护制度较为细致，证人享有较为

---

〔1〕 See P.J.P.Tak, *The Dutch criminal justice system*, Willem-Jan van der Wolf, 2008, pp.107-109.

完整的程序保障。在预审中，犯罪嫌疑人及其辩护律师可以请求传召证人和专家证人。荷兰《刑事诉讼法》第226条规定：污点证人与检察官之间的作证协议必须以书面形式载明，仅限于严重有组织犯罪，还须获得预审法官的审批。如果他的证言对于侦查或起诉起到了重要作用，该证人将获得刑期减免或以罚金代替等优待。在预审时的证人作证过程中，经预审法官同意，可以使用视频、通讯连接来进行犯罪嫌疑人、证人和司法鉴定人的远程听审。法律为受威胁证人、情报保安总局、军事情报保安局的特工等证人的匿名作证进行了特别程序规定，构建了秘密证人的相关制度，使得更易于在刑事审判中运用情报作为证据来定案。此外，荷兰《刑事诉讼法》第190条规定：对部分匿名作证证人进行保护，辩方可以当面质证，但是证人的名字、地址、年龄、职业等信息不能公开，证人也会化装出席质证程序。

在中国侦查程序中，证人须客观充分、如实作证，法律对证人及其近亲属的人身安全提供了基本的保障的权利。目前，中国的庭审很大程度上属于书面审理。这种审理方式对于起诉而言是非常便利的，但是对于辩护而言却有一定的风险。检察机关没有动力改革现在的庭审方式，这也是我国为何证人出庭率低的一个重要原因。[1]中国《刑事诉讼法》第123条规定：询问证人，应当告知他应当如实地提供证据、证言和有意作伪证或者隐匿罪证要负的法律责任。《刑事诉讼法》第61条规定了保护证人，人民检察院和公安机关应当保障证人及其近亲属的安全。对证人及其近亲属进行威胁、侮辱、殴打或者打击报复，构成犯罪的，依法追究刑事责任；尚不够刑事处罚的，依法给予治安管理处罚。任何人不得以任何形式干扰证人作证。第62条、第63条明确了证人强制出庭制度，多项措施加大证人保护力度，[2]初步建立起了中国特色的证人保护体制。未成年证人享有相关特殊权利：向未成年人取证，可以通知其法定代理人到场。

但是，中国的证人权利维护存在欠缺：一是现行法律粗疏规定了司法机关应当保障证人及其近亲属的人身安全，仅在涉及危害国家安全犯罪、恐怖活动

---

〔1〕 Fu Hualing, *When Lawyers are Prosecuted*, *The Struggle of a Profession in Transition* (May 2006). Available at SSRN, http://ssrn.com/abstract=956500 or http://dx.doi.org/10.2139/ssrn.956500，最后访问日期：2017年3月20日。

〔2〕 谢佑平：《辨证看待刑事诉讼法的修改》，载《中国检察官》2012年第6期。

犯罪、黑社会性质的组织犯罪、毒品犯罪等案件中作出明确规定，却未将范围扩至所有类型案件，也未规定相关专业证人保护组织、证人保护时限，对证人的人身安全缺乏及时有效的保障。二是现行立法证人作证的经济补偿制度存在缺陷，仅仅规定弥补证人作证支出的直接物质损失，执行标准缺乏弹性，难以弥补证人的相关支出，造成证人作证义务履行过程中权利义务的严重失衡。三是没有建立污点证人作证豁免制度、特殊证人终身保护制度、作证风险评估制度尚未建立，相关证人作证的顾虑较大，不利于侦查活动的顺利开展。

五、中国侦查程序机制之重构：以荷兰侦查权控制经验为鉴

在荷兰的侦查程序中，检警侦查权、预审法官的司法审查权、各方参与者的程序权利构成了较为平稳的制衡机制，虽然该机制也非完美无缺。荷兰的决策者倾向于采用务实的、可操作的方式来解决犯罪问题，正如他们在其他问题上表现出来的那样。[1]荷兰的务实态度对于中国当下正在进行的侦查程序改革还是有一定的参考价值。

（一）强化检察官对警察的侦查权控制

在现有的权力分配格局下，变更检警之间的行政隶属体系难度较大。可以考虑不改变现行检警之间的机构，整合检警侦查职能，实现侦查权有限的“检警一体化”。主要可从以下几方面入手：

第一，赋予检察机关以诉讼法上完整的侦查权。在法律意义上，检察官有权统领所有侦查活动，既可指挥警察从事侦查事务，也可在必要时直接采取侦查措施。尤其在补充侦查中，可以赋予检察官直接指挥刑事警察从事侦查取证的权力。

第二，侦查措施执行权配属公安机关、国家安全机关等，检察官受到自身侦查技术及侦查经验的限制，不适于充当一线侦查员。而公安机关、国家安全机关等则有分布极广的基层机构作为执行侦查任务的依托，有广泛的刑事情报来源和高效迅速的行动能力，有能力执行各项侦查措施。

第三，检察官对执行侦查任务的警察有监督权。在插手刑事警察考评、晋升、待遇等前提下，检察官可以纠正警察的不当侦查行为，而且有权对警察违

〔1〕 See David Nelken, *Comparative Criminal Justice*, SAGE Publications Ltd., 2010, p.8.

法侦查行为进行惩戒的建议权。

（二）引入强制性侦查措施的司法裁定机制

在侦查制度改革推进到一定阶段时，可借鉴荷兰的预审法官制度设置，同时参酌一些大陆法系和英美法系国家的做法，将独立而中立的裁判权主体引入到侦查程序中，设置侦查法官，赋予法官对重大侦查行为的司法审查权，以审判权制衡检警的侦查权。首先，在法院系统内部设立地位相对独立的侦查法官，或在各级法院刑庭中增设相对独立的侦查司法审查小组，条件成熟时可设侦查事务裁判庭，独立于刑事审判业务庭，仅负责对侦查活动进行司法审查和授权。

其次，对所有不受被侦查人意思约束而进行的强制性侦查措施，如搜查、扣押、监听等，由法官发布裁定，对强制性侦查行为进行司法控制。侦查人员必须事先向侦查法官申请令状，但不立即进行会有碍公共利益时，可在采取措施后立即报告法官以获得司法追认，由法官对涉及犯罪嫌疑人的重大侦查措施的合法性、合理性进行审查。

再次，对拘留、逮捕等羁押性重大侦查行为实行严格的司法裁定制度，侦查法官可以未经侦查人员申请主动进行严格审查，此类令状不可事后取得。

最后，对于不当侦查行为，犯罪嫌疑人或相关权利受害人都可以向法院诉讼，申请撤销；对于任何侦查法官签发的司法令状，当事人不服的，可以向上一级法院提出上诉，以保证司法权能够为当事人提供司法救济。

（三）完善犯罪嫌疑人的程序权利

首先，明确赋予犯罪嫌疑人以完整意义上的沉默权。从本质上，沉默权与中国在侦查实践中的“零口供”有异曲同工之妙。可确立犯罪嫌疑人在被讯问过程中可以自由选择陈述或不陈述，以及如何陈述，不受来自讯问者一方的强迫与压制，如若犯罪嫌疑人没有被告知此项权利而作出陈述，该陈述应当被排除。

其次，赋予犯罪嫌疑人以程序知情权。中国刑事侦查中对于被拘留和被逮捕者，已规定了较为完善的指控罪名和理由告知制度，但对于未被采取羁押性强制措施者，法律仅规定辩护律师可以向侦查机关了解嫌疑人涉嫌的罪名；刑事诉讼法律并未就侦查阶段的侦查机关的告知义务作规定，这对于保护犯罪嫌疑人的权利是极为不利的。侦查机关在确定犯罪嫌疑人后，不论其有无被采取刑事强制措施，都应主动告知犯罪嫌疑人被指控的罪名、理由以及在侦查阶段应享有的诉讼权利。为了确保侦查人员履行告知义务，规定侦查人员如不履行告知义务，所获得的犯罪嫌疑人供述应当予以排除。

最后，完善犯罪嫌疑人的辩护律师体制，保障犯罪嫌疑人辩护权的全面实现。在相关刑事诉讼制度中，侦查阶段为犯罪嫌疑人提供法律帮助的律师应有一定的证据调查权。在侦查机关采取重大侦查措施时，律师有权在场，这些重大的侦查措施包括勘验、搜查、扣押和讯问，这可以增强律师的调查取证能力、有利于案件事实真相的查明、防止非法取证等行为的发生。

（四）进一步保障被害人证人的程序权利

建立被害人、证人的保护制度，保障参与侦查程序公民的合法权利。侦查启动的程序决定必须告知已知的被害人，告知其所享有的提起刑事附带民事诉讼的权利，告知其扣押、搜查等侦查活动的在场权以及申请调取证据权等，侦查终结做出的决定须通知被害人方。建立起证人保护制度，保证所有案件的证人免受该作证行为而遭受人身、财产的不法侵害。

（五）完善非法侦查行为的救济制度

构建侵犯程序权利的违法侦查行为的裁判制度。授予法官对侦查程序性事项的裁判权，对严重违反侦查程序规则的行为，法官有权作出否定性程序性判决。依照违法行为的性质、所侵犯的具体程序权利、造成的后果等，对该侦查行为的效力进行评价；同时，配置特定的民事、行政、刑事责任以及赔偿责任。〔1〕

对程序权利受到违法侦查行为侵犯的公民，应建立起国家赔偿制度。被违法侦查行为所侵害的侦查程序当事人，有权因此而获得损害赔偿。在相关制度构建时，一方面，法律应明确规定受侵害人可以获得国家赔偿；另一方面，应明文规定受侵害人可以从违法行为者处获得损害赔偿，包括财产性的和非财产性的损失补偿，还可以请求适当方式的名誉弥补。

---

〔1〕 参见唐磊、赵爱华：《论刑事司法中的秘密侦查措施》，载《社会科学研究》2004年第1期。

第七章　侦查权运作机制演进文化简论

在中国传统社会中，针对刑事案件进行专门性调查活动并无程序法可循，但传统司法官员所进行的“传”“执”“取保”“捕系”等刑事强制措施并非肆意妄为。“文化偏在内，属于精神方面”，[1]它构成了人类赖以生活和活动的物质环境和精神环境，在没有程序法的中国传统法制框架下，传统侦查文化成为代代相传的“规矩”，是一种以特殊样态呈现并延续的“程序”，并构成中国传统专制社会秩序得以建立的基础。作为一项刑事司法活动的传统侦查，其本身就是一种特殊的传统法律文化形态，它同时又型塑着中国传统法律文化，并将之文明化为独特的中国传统侦查文化。同时，由于传统侦查与传统法律之间的亲缘关系，而“法律就是地方性知识”。[2]不同时期、不同地域都有各自不同的“地方性知识”，这些不同的“地方性知识”与不同的文化模式相融合，孕育和发展出了不同的侦查文化。同时，各个历史时期的不同政权又孕育了各具个性的侦查文化。在比较法律文化的视野下，与其他国家不同历史时期的侦查文化对比之中，我们可以更为清晰地描述出中国传统侦查文化鲜明的个性特征。

在中国传统侦查制度中，现代侦查程序没有生存的空间。在传统侦查制度现代转型的过程中，中国引入西方侦查制度，

---

〔1〕 钱穆：《中国文化史导论》，商务印书馆1994年版，前言第1页。

〔2〕 地方，并不是仅仅指空间、时间、阶级和各种问题，而且也指特色，即把对所发生的事件的本地认识与对可能发生的事件的本地想象联系在一起。参见[美]克利福德·吉尔兹：《地方性知识：事实与法律的比较透视》，邓正来译，载梁治平编：《法律的文化解释》，三联书店1998年版，第126页。

开始建构现代侦查程序。清末民初，对于查明刑事案件事实、收集证据、缉捕犯罪嫌疑人的专门性调查活动，还没有统一使用“侦查”一词。同时，1928年之前的相关法律往往把侦查程序分为“侦查”“预审”两个阶段，[1]而“侦查”又称为“犯罪搜查”或“侦查处分”等。从这一时期侦查权制衡机制变迁整体来看，侦查程序主要是围绕着是否“诉讼化”这一中心展开：[2]侦查程序是构建成一个控、辩、审三方主体参与的审检制衡的诉讼程序，或是建立一个仅由控辩两方主体参与的“行政治罪”程序。在“检警一体化”的侦查权内部，检察官的侦查权与警察侦查权之间也形成了具有一定张力的制衡机制。

一、比较视野下的中国传统侦查权运作机制演进文化探微[3]

（一）传统侦查文化中的“民本主义”[4]

囿于中国传统体制和传统法律文化的制约，中国传统侦查文化没能发展出充分体现“人本主义”的现代程序精神。但是，传统中国传统侦查较早地摆脱了对神的依赖，充溢着对人的关切，是一种体现民本主义的法律文化样态。以“民惟邦本，本固邦宁”为基础发展起来的“民本主义”是中国法律文化的核心精义之一，[5]“它发端于商周时期神权衰落之际，在春秋战国‘百家争鸣’时期成为儒家‘仁政’学说的核心内容，并最终被吸收成为封建正统法律思想的重要组成部分”。[6]它浸润了中国传统侦查文化，造就了一个高度关注“人”的侦查文化，并型塑了一个以言词证据为中心的传统侦查措施体系。

---

〔1〕 中国传统侦查文化，自然包括一切与传统侦查有关的制度、器物、思想等。但由于文化之宏观和抽象，却没有办法对中国传统侦查文化做一个精准的法律定位，也无法准确地描摹其内涵外延。本处多次与倪瑞平研究员进行过细致深入的探讨，中国传统法律文化的研究部分也凝结着他的智慧。

〔2〕 参见李玉华、杨军生：《司法鉴定的诉讼化》，中国人公安大学出版社2006年版。“诉讼化”，指的是满足合理诉讼构架的变革过程。一般而言，诉讼化的目标是要使程序具有现代诉讼的基本特征：裁判主体的独立，当事人的参与，诉讼过程的公开。

〔3〕 在写作过程中，上海市公安局倪瑞平研究员都进行了悉心指导，文章框架和具体观点都得益于他的指点。

〔4〕 “民本主义”与“人本主义”是两个具有不同内涵的词语，“人本主义”往往相对于“神本主义”而一同出现，“人本主义”包含了“以人为本”的现代人文精神，而这在中国传统专制社会中显然是难觅其踪的。但中国传统文化中却不乏“民本主义”“民为本”“君为轻”等即为其呈现形态。但是，严格来说，“民本主义”却并不能与“神本主义”构成一对范畴，在行文中，笔者有意忽略了“民本主义”与“人本主义”之间的殊异，在同等意义上使用将“民本”与“人本”。

〔5〕 《尚书·五子之歌》。

〔6〕 李俊：《民本主义与传统司法论略》，载《中国青年政治学院学报》2007年第2期。

首先，中国传统侦查文化较早地将关注重点从神转向人，在“敬天保民”治狱观的指导下注重发挥人的主观能动性。在传统侦查滥觞之初，同其他国家一样，人们尚处于蒙昧初开之际，侦查活动依赖于神的指示，证据判断上广泛地实行神明裁判方法。王集世俗、宗教权力于一身，既是人间的最高统治者，也是上天在人世的代表，左右着侦查等司法活动。在侦查活动中，夏商两代广泛地引入贞人，在侦查过程中，他们向神祈求判断是非真伪的超凡力量。周代吸取殷商极端推崇神权、刑罚酷虐而亡国的教训，在人类知识能力提高的基础上，提出“敬天保民”和“明德慎罚”的治狱观念，直接指导这一时期的侦查活动：一方面，以发达的侦查官制保证权力的有效行使；另一方面，侦查关注对物证和人证的提取和收集，现场勘验检查、拷讯等常规侦查措施开始出现，“五听”讯问法也得以创生，这些充分体现了传统侦查对人力量的高度关注。

其次，中国传统侦查文化对“民本主义”的践行，使传统侦查措施体系较为发达。其一，对“人”力量的充分认识，使传统侦查主体的主观能动性得到高度关注，突出表现为其主持下的现场勘验检查体制日渐发达。早在秦汉时期，就发展起了较为完整的现场勘验检查制度；到了南宋时期，出现了世界上第一本法医学著作《洗冤集录》，这些都是传统侦查并不依赖神的指示进行证据调查，它高度重视人的作用。其二，对“人”力量的认知，表现为对来源于被害人、证人、犯罪嫌疑人的言词证据予以高度关注，并发展出了较为科学的言词证据取证策略方法——“五听”“钩距”“察情据证”等。但是，对言词证据的过度关注使中国传统侦查文化出现了违反人性的畸变，那就是为了获取当时认为重要的言词证据，不惜对被讯问者施以残忍的拷讯。其三，“以民为本”，在侦查等司法活动中必须做到“慎刑”，这在侦查讯问领域中以拷讯的极端形式呈现。为了实现“无冤”，必须先使犯罪嫌疑人认罪，由其作出“口服”和“心服”的供述，那就得“用情以讯之”。传统侦查及其运作的传统法律文化都是以“有罪推定”为基础的，当犯罪嫌疑人被认为“有罪”却“坚不吐实”时，要使犯罪行为人供述，承认自己有罪是违反“自利”的人性的，为了取得体现犯罪嫌疑人“心服”的口供，刑讯便变得必要。[1]虽然，传统侦查文化尚未能

---

〔1〕 参见王立民：《法律思想与法律制度》，中国政法大学出版社2002年版，第34页。

完全排除神示证据的影响，但关注人在侦查破案中的作用，发展出了较为丰富发达的言词证据收集措施体系，这些都在一定程度上说明了中国侦查文化“以民为本”，而非“以神为本”。

最后，中国传统侦查文化将关注重点从神转向了人，随着“民本”儒学观的发展，愈加淡化了超自然力量对侦查的影响。战国时代的百家争鸣，使儒家思想得以繁荣，其民本观念获得了大批鼓吹者的推崇；汉的“独尊儒术”使“民本”浸入到中国传统文化的方方面面，包括传统侦查文化中，并形成了“慎刑”的治狱理念。“天人合一”“不语怪力乱神”等儒家思想在将人地位提升的同时，将超自然的神明放置到了传统侦查文化的角落。作为“传统中国的社会和政治动力的枢纽”，[1]科举考试更使儒家思想通过官吏的选拔和治理实践得以浸润进中国传统社会的方方面面，大批儒生出身或深受儒家思想影响的官吏切实地影响着中国传统侦查文化的品格。他们对世界的认知具有相当高的水平，甚至出现不少具有唯物思辨能力的司法官员。在侦查实践中，他们排除神明和迷信的不当干扰，甚至利用犯罪嫌疑人的迷信心理，巧妙设置场景，施加心理压力，从而成功破案。如宋代的陈襄即利用庙里的“神钟”，通过编造钟神能辨别犯罪的传说，向犯罪嫌疑人施加心理压力，从而侦查破案：[2]

襄举进士，调浦城主簿，摄令事……民有失物者，贼曹捕偷儿至，数辈相撑拄，襄语之曰：“某庙钟能辨盗，犯者扪之辄有声，余则否。”乃遣吏先引以行，自率同列诣钟所祭祷，阴涂以墨，而以帷蔽之。命群盗往扪，少焉呼出，独一人手无所污，扣之，乃为盗者；盖畏钟有声，故不敢触，遂服罪。

相比于中国传统侦查文化中的“民本主义”，其他东西方古代国家侦查文化中的宗教色彩过于浓郁，神明裁判相对较为发达。古代东方社会孕育了世界上最主要的几种宗教：佛教、伊斯兰教、希伯来教、道教和基督教。在不少古代东方国家，宗教与政权结合在一起，世俗力量成为宗教的附庸，宗教教义和信仰成为最高的法律，并形成宗教法体系。在古代东方国家，法律文化沦为宗教文化的附庸，侦查更是难以脱离神明裁判而独立发展。当中国传统侦查

〔1〕［美］吉尔伯特·罗兹曼：《中国的现代化》，国家社会科学基金“比较现代化”课题组译，江苏人民出版社2005年版，第229页。

〔2〕《宋史·陈襄传》。

文化从神明的单一崇拜中解放出来时，它们尚处于神意的一元统治下。

西方传统社会以基督教为精神支撑，宗教形成了自己的一整套社会秩序，宗教与世俗力量并列。“当教会法成为一个独立的法律体系时，社会中仍有一个与其对峙的世俗法律体系。”〔1〕教会法体系与世俗法律体系共同调节着当时的古代西方社会，虽然没有实行政教合一，但基督教义深深地渗透进西方传统侦查文化中。基督教以人格化的上帝为单一中心，上帝创造了人，因而对人享有绝对权威，上帝与人的纵向关系便是基督教关注的首位。在这样的法律文化环境中，西方传统侦查文化自然难以将关注焦点从“神”转向“人”，侦查人员的注意力无法越过神而直接投向人与人之间的横向关系。直到13世纪，欧洲大陆通常侦查犯罪的主要方法仍然是火审、水审等神明裁判法，而它们都是建立在对上帝信仰的基础之上。所以，在中国之外的古代东西方侦查文化中，都是以一元化的神为其关注中心，其侦查方法和手段也是以神明裁判为核心展开。

（二）传统侦查文化中的“专制集权”

中国传统侦查文化的价值取向是秩序，而这种秩序是等级制的，其中心问题和最高原则是确保专制王权至高无上的统治地位。〔2〕传统侦查文化中的“专制”与“民本”构成一对相反相成的制衡机制，而中国传统社会虽历经数四千年王朝更替、世道轮回，却从不曾摆脱君主制集权专制的宿命。从这一意义上可以说，“专制”才是中国传统侦查文化的根本品质。

首先，“民本主义”在制约“专制主义”的同时，又沦为“专制主义”的工具。在人的自我约束还未充分发展之前的很长时间内，外界的权威是必不可少的。如果没有宗教来提供这一权威，那么必然由世俗的权威来取而代之。中国传统文化较早地摆脱了对神的敬畏，并借助于儒学，发展成为一种相当理性而早熟的“民本主义”思维方式，对于一个在很多方面都不太成熟的传统中国来说，人过早地从神或超自然的权威下解放出来，那就必须建立起另外一种敬畏：对人权威的敬畏。民众对天或神敬畏的缺位，正好为权力金字塔上端的专制者提供契机，由他来填补神留下的空白，结果使君主滋生出毫无节制的专

〔1〕 参见王立民：《古代东方法研究》，北京大学出版社2006年版，第88～89页。

〔2〕 参见胡世凯：《“明主治吏不治民”——中国传统法律中的官吏渎职罪研究》，中国政法大学出版社2002年版，第160页。

制欲望。"民本"将传统侦查从神权下解放出来，但却将侦查置于人的统治和威压之下，所谓传统侦查文化中的"民本"无异于"专制"的另一种方式的表述。[1]

其次，在传统中国的侦查文化中，权力因素很早就侵入侦查权力配置领域，并内化为传统侦查文化中的专制品格。在古代东西方其他国家中，虽然其侦查职能配置也与政治权力分割有关，但宗教权与世俗权同在，宗教对世俗君主的专制构成了有力的牵制，其世俗社会的传统侦查文化中的专制因素较为薄弱。而在中国传统社会中，起源较早的农业文明依赖于良好的水利条件，大江大河的治理又需要强大的动员和调度机制，这孕育了中华文明中的专制集权因素。早期的专制集权带来了丰收和喜悦，但缺少民主的监督和制约，专制集权如洪水猛兽，控制了民众社会生活的每一领域。随着社会形态的演进，专制集权却并没有从中国传统文化中消解，而是愈益强大，并侵入侦查等司法领域，将侦查活动改造成为专制的法律表达方式之一。在中国传统侦查职能分配中，传统政治权力起着直接的决定作用：传统侦查职能隐含于司法审判职能中，而司法权又被分散地分配给按照"专制主义"精神组织起来的各级政权机关。随行政建制的变迁，传统侦查职能的配置随之调整。但无论是郡县制、省府州县制，侦查职能都是围绕着封建权力的专制内质来运作的。

最后，中国传统侦查文化中虽没有出现过发达的、典型的法定证据制度，但并不意味着侦查职能官吏拥有较大自由裁量的空间，苛严的侦查责任机制构成了专制权力控制侦查的最有效方式。在中世纪欧洲大陆的传统侦查文化中，盛行法定证据制度。1215年，第四次拉特兰宗教会议废除了神判法在刑事案件侦查的适用，为了防止低素质司法官吏的自由裁判造成冤案，便设计了严格的法定证据制度，对每个证据的证明效力进行细致确定，预先设定其证明能力，通过严格的计算公式，运用简单的数学运算，折算出众多证据的综合证明能力。这种不考虑案件千变万化的具体实际而预先设定证明力的做法必然是一种不科学的方法，但这能够完全排除司法官吏在侦查过程中的自由裁量因素，有效地对侦查权进行专制控制。在中国传统侦查文化中，虽然尊奉口供为"证据之王"，也曾出现过"定罪必取输服口供"的潜规则，但从来也没有以法

[1] 参见马作武：《传统法律文化的价值评价》，载《学术研究》2003年第12期。

律预先规定证据的证明效力，从未出现过典型的法定证据制度。但我们不能就此断言传统中国专制权力放弃了对侦查人员的专制控制，因为中国传统侦查文化中存在苛严的司法责任机制，以“治吏”来达到“治民”的专制控制目的。仅以《唐律疏议》为例，它规定了“众证定案”，虽未形成严格的法定证据体系，但侦查人员受制于严格的程序性控制——违法启动侦查、未能及时处置侦查紧急情况、违法拷讯犯罪嫌疑人、违法逮捕、不当使用械具、违反侦查文书格式，都作为刑事犯罪处理，要承担较重的司法责任。〔1〕专制权力对侦查官吏司法权的严格控制，并不是为了保证犯罪嫌疑人的权利，也不仅是为了实现“无冤”的清明政治，而是为了保证最高权力对各级官吏的刑狱治理活动进行专制控制。

在古代其他东西方国家的侦查文化中，专制集权色彩较中国要淡薄，这来源于两个方面的制约：一方面，上帝或其他神明被赋予超越凡俗的至高权力，人都是神的卑微奴仆，宗教中的神权超越了人世间的一切权力，集权和专制的程度远远无法与同时期的中国相比。其传统侦查文化将关注的重点放在神与人之间的纵向关系上，神的权威是无与伦比的，神明在侦查活动中发挥着广泛而深刻的影响，水审、火审、宣誓、决斗等侦查方式一度盛行。及至中世纪时期，在“纠问式”刑事诉讼模式的影响下，西方世界的传统侦查文化发生了巨变，在侦查活动中，法定证据制度的建立使得人的作用受到广泛地关注，证据“可以按照精确的算术法则进行组合”。〔2〕但遗憾的是：即便是在西方古典时期的拷问中，“除了表面上有一种对事实真相的坚定而急切的寻求外，还隐含着一种有节制的神裁法机制：用肉体考验来确定事实真相”。〔3〕包括侦查在内的司法活动都受制于这样一个现实，即“基督教世界中的臣民不仅生活在教会法下面，而且也受制于若干世俗的法律制度”。〔4〕在其侦查文化中，神的权威、宗教力量并没有减退，多元化的侦查权力配属使得任何一方都无法专制和独裁。

---

〔1〕 胡世凯：《“明主治吏不治民”——中国传统法律中的官吏渎职罪研究》，中国政法大学出版社2002年版，第94～98页。

〔2〕 [法]福柯：《规训与惩罚》，刘北成、杨北缨译，生活、读书、新知三联书店2007年版，第39～40页。

〔3〕 [法]福柯：《规训与惩罚》，刘北成、杨北缨译，生活、读书、新知三联书店2007年版，第45页。

〔4〕 [美]伯尔曼：《法律与宗教》，梁治平译，中国政法大学出版社2003年版，第12页。

无论是东方的真主，还是西方的上帝，其超自然的神格权威依然凌驾于一切世俗权力之上，君主权力一直被教权所压制，专制集权没有中国那样的发挥空间。在这样的文化背景中，侦查权力也被分散地配置给隶属于宗教神权、世俗君权的不同司法官吏，并受制于无所不在的神明，传统侦查文化中的专制因素没有得到充分地发育。

另一方面，在古代东西方，没有任何一个古代国家的专制传统沿袭时间之长、集权程度之严重及得上传统中国。与古代中国一样，古代东方国家也曾广泛地实行专制集权。“在两河流域，那里的国家尽管有过统一和分裂，但实行的都是专制制度。”[1]在实行宗教法的国家，专制君主除掌握有国家政权外，还往往控制着宗教权，拥有了教权和政权的专制君主对侦查职能直接操控。但是没有任何国家的中央集权和专制统治能够如传统中国那样沿袭数千年之久，传统侦查文化中的专制因素往往因王朝或文明的倾覆而烟消云散。而古代西方的民主传统使专制君主政权成为短暂的历史片段，罗马、雅典等西方国家在远古时代就开始出现民众大会、贵族会议等民主形态的政制，君主集权并不足够强大。在西方社会发展到领主制时代，国家林立，更缺乏专制集权的向心力基础；中世纪时代的西方笼罩在宗教黑幕之下，神权与王权的斗争使得君主专制成为泡影。西方社会中的民主传统因素和分散的权力格局使得专制没有立足之地，这与中国王朝更替中所延续的君主专制和中央集权传统恰好形成强烈的反差，它也无法形成中国传统侦查文化中的“专制集权”特色。

（三）传统侦查文化中的“工具主义”

在中国传统法律文化中，法律被视为一种治理工具，“尽管政府大力支持各种客观化的制度以维持行为的准则，但并没有发展出独立的司法制度，也没有出现过法律高于一切的概念。法律只是国家的工具而已，而且法律和其他的强制性工具都是由缺乏法律知识的官员去执行的”。[2]传统侦查得以展开和演绎的法律文化背景尚且如此，侦查也被作为一种工具对待，这使传统侦查文化中充斥着“工具主义”。

一方面，这种“工具主义”倾向使传统侦查沦为行政治理的附庸，传统侦

〔1〕 王立民：《古代东方法研究》，北京大学出版社2006年版，第95～96页。

〔2〕［美］吉尔伯特·罗兹曼：《中国的现代化》，国家社会科学基金“比较现代化”课题组译，江苏人民出版社2005年版，第86页。

查职能分散配置于各级官僚机构，并没有获得独立发展的空间。传统侦查在定型后，它一直是在“纠问式”刑事诉讼体制下运行，是“控审合一”，刑事司法官员往往兼具侦查职能、控诉职能和审判职能，侦查职能从来都没有作为一项独立的国家职能来运作。而传统中国实行的又是“司法、行政合一”的权力配置方式，“司法权与行政权目标与价值上的重合，也使它们的社会功能及基本特性保持了一致性，甚至利用司法权实现行政目的”。[1]这一些因素决定了侦查权不能够脱离审判权、行政权而独立运行。

另一方面，中国传统侦查文化重控制、重文牍，轻手续、轻人权，在传统刑事司法中从未发展出独立运作的侦查程序，也没有实现过“程序法治”。虽然，传统侦查制度较为丰富，主要侦查手段的施行有一定的范式可供遵循。在秦朝，《封诊式》已对现场勘查主体、流程以及公文书的格式等作了较为严格的规定。唐代曾对讯问的“五听”侦讯法作了规范，“诸察狱之官，先备五听”，要求司法官员把“五听”作为首选手段；唐律还对侦查讯问的适用条件、拷讯的流程、工具、部位、次数、总数以及禁用范围都作了严格的规定。封建社会中后期，侦查规范多沿袭唐宋之制，加强了对尸体检验和侦查拷讯的规范化要求。此外，传统法律还对违法进行侦查的行为，特别是违法造成冤狱的违制行为规定了较为严格的刑事责任。

但是，传统侦查并没有体现程序法治、人权保障等现代程序精神，而是呈现出特定的残酷性和非人道性。虽然传统法律为不少重要侦查行为提供底线，但极为粗疏。一方面，很多传统侦查行为没有细致的法律规范，尤其是秘密侦查措施和基础性侦查措施，几乎找不到任何法律依据，其运作的自由空间极大；另一方面，一些传统侦查行为即便已有法律规制，但相关规范分散于各种律令、诏敕中，也并不统一，且传统侦查行为规范的变更比较频繁，[2]这不利于传统侦查的“法治化”。

古代东方国家将法律视为辅助宗教教化民众的工具，带有“工具主义”特点，传统侦查文化也乏善可陈。但在西方古代法律传统中，法律具有自身的意义和价值，程序具有独立存在的意义，侦查并不仅仅是统治者治理工具，它具有超越“工具主义”的独立程序价值。西方诸国虽然文明发育要比东方稍晚，

〔1〕 沈国琴：《中国传统司法的现代转型》，中国政法大学出版社2007年版，第40页。
〔2〕 任惠华：《中国古代侦查》，中国检察出版社2004年版，第114页。

但侦查职能却具有较强的独立性：早在雅典时期，即有分工较为明确的专门司法审判机构“阿留帕克”，专门对故意杀人、毒害、放火等重大案件进行侦查审理；“埃非特”法院则专门对误杀、教唆杀人致残、杀害异邦人等案件的侦查审判。[1]西方诸国次第进入封建社会后，逐渐形成了多元的传统侦查文化。公元前5世纪末，灭亡西罗马帝国的日耳曼人的一支——法兰克人建立了日耳曼诸王国中最为强大的法兰克王国，独立于行政官的法官成为刑事司法的核心人物，负责包括侦查在内的刑事司法职权。起初，法官仅是案件侦查的“主持人”，以神明裁判的方式侦查犯罪。随着刑事诉讼制度的发展，“纠问式”诉讼模式代替了“弹劾式”诉讼模式，法官不仅主持了审判，而且主动侦查案件、收集证据，法定证据制度约束了法官在案件侦查中的主观能动性的发挥，使法官成为使用计算公式得出判决结论的“半自动机器”。随后，欧陆战争不断，又有中世纪黑暗的宗教法庭制度，刑事司法的残酷和不人道充斥在侦查活动中，但古罗马时代的程序观念和制度还是在后世的侦查文化中得以延续。法国明确规定了检察官的职责和权力，以其主导控诉并进行侦查活动，检察官作为专业侦查机构在案件侦查中广泛地使用“告密人”，[2]侦查向专业化和独立化的方向发展。

英国侦查也较早地发展出了超越“工具主义”价值的独立程序。公元一世纪到五世纪，英格兰东南部受罗马帝国统治。朱特人和盎格鲁、撒克逊等日耳曼部落占领了不列颠群岛，并相继建立了七个分立的王国，在七世纪开始形成封建制度。1066年，日耳曼人在诺曼公爵的率领下征服了不列颠群岛，建立了诺曼底王朝的封建统治；12世纪后半期，亨利二世进行司法改革，英国逐渐形成了不同于欧陆国家的司法制度，对侦查最具意义的就是按照诺曼人的习惯组建大陪审团，由其负责查明案情和向法院提出指控。大陪审团制度实际上是从制度上肯定了侦查职能与审判职能的分离，且不实行神明裁判或法定证据制度。英国的普通法传统使得其高度关注程序，其侦查文化中“程序法治”色彩浓郁。

（四）传统侦查文化中“重经验、轻科学”

中国传统侦查非常注重经验的积累，并发展起较为丰富的传统侦查措施

---

〔1〕 王立民：《古代东方法研究》，北京大学出版社2006年版，第92页。

〔2〕 何家弘：《外国犯罪侦查制度》，中国人民大学出版社1995年版，第170～171页。

体系和谋略体系。[1]早在西周时期，中国就发展出了“五听”讯问法，它是长期积累经验。到秦朝时，中国又进一步发展出“笞掠为下”、不提倡拷讯的取证策略。在秦的《封诊式》中，规定了：讯问之先，令其“各展其辞”，自由供述；接着，再对“无解”之处进行诘问，“尽听书其解辞”“毋（无）解者以复诘之”，如此反复。实际上，这种讯问方法正暗合了现代讯问中广泛运用的反复讯问、利用矛盾、穷追不舍的策略方法。中国传统侦查均有开拓性成就。负责侦查的官员还将军事谋略运用到实践中去，通过计谋的运用分化犯罪团伙，侦查破案；侦查人员还不惜利用人们迷信神明的心理弱点，智擒案犯。传统侦查人员十分注重侦查经验的总结和整理，目前传世的传统侦查名著有：五代和氏父子汇编的《疑狱集》，宋代郑克编撰的侦查名著《折狱龟鉴》，宋代桂万荣编写的《棠阴比事》，南宋提刑宋慈所著的《洗冤集录》是“13世纪产生于中国的一部著名法医学著作”，[2]更是千古流芳。

虽然，中国传统侦查有多项技术曾一度居于世界前列。但整体而言，中国传统侦查对科学技术并不重视，侦查科学水平相当有限。首先，自然科学水平限制了传统侦查的科学化发展。中国封建社会的侦查虽然取得了一些成就，也适用到了医学、人类学等自然科学方法外，但它大多是一种哲学和社会科学方法的不自觉应用，尚不能完全称作现代意义的科学技术。[3]传统社会科学技术水平相对低下；缺乏精密的仪器、发达的解剖技术、科学的物理化学等方面的有力支撑。侦查技术的整体水平不高。此外，除了清朝对仵作进行较为规范的训练之外，其他历史时期的传统侦查技术训练基本上一片空白，这样低质量的人才培养机制是不可能发展出高水平的侦查科学技术的。

其次，即便在有一定科技含量侦查行为的运作过程中，侦查人员也不能深刻认知其所包含的科学性。不少传统侦查技术手段的采取并不是基于对侦查原理、科学技术的深刻认知。如三国时吴主孙亮对老鼠屎的检验，就没有考虑到新鲜老鼠屎也可以里外皆湿的情况。唐时张楚金对剪贴文书的检验，也只是因为他偶然地将该书证迎向光亮之处，才发现其系伪造。正如郑克在《折狱

---

〔1〕 王立民：《法律思想与法律制度》，中国政法大学出版社2002年版，第181页。

〔2〕 [美]D.布迪、C.莫里斯：《中华帝国的法律》，朱勇译，江苏人民出版社2003年版，第255页。

〔3〕 刘光明：《中国古代秘密侦查技术源流探析》，载《湖北警官学院学报》2003年第3期。

龟鉴》中所言："此非智算所及，偶然见之耳。"[1]

最后，在绝大多数中国传统侦查著作中，科学性和学术性都有所欠缺。一方面，侦查著作为数不少，但是质量不高。除了宋代的《洗冤集录》、元代的《结案式》外，尚无精深的传统侦查行为的系统论著；在有限的论著中，还存在诸如"滴血认亲"的不科学内容。另一方面，侦查著作学术性有所欠缺。确有不少书籍论及传统侦查行为，如《折狱龟鉴》《疑狱集》《棠阴比事》等，但其基本上是案例汇编的性质，不少内容流于经验总结，而且其中所载的大量侦查行为也仅是个案经验，不具有普遍约束力。

与中国传统侦查文化忽视科技不同，西方侦查科技在近代时期得到长足的发展。在摆脱了中世纪黑暗的宗教统治后，西方世界通过"启蒙运动"和"文艺复兴"实现了观念和意识的飞跃，侦查科学技术也获得了高速发展。1622年，意大利的巴迪尔撰写了《怎样根据字迹判断写字者性格和气质》一书，它是世界上最早的一部与笔迹学有关的著作，笔迹学从此成为一门科学的侦查技术。19世纪，西方刑事照相技术也得到发展。"用照片登录罪犯，拍照死者，辨认和识别罪犯和尸源，这些都给警察的工作提供了过去从未有过的帮助。特别是利用照片破案取得成功，使各国警察深受鼓舞，于是加速了照相在世界各地警察部门中的应用。"[2]统计学被引入侦查领域中，法国的贝蒂隆在1883年创造了科学的"人体测量法"，并应用于建立刑事犯罪档案。[3]人体测量法后来逐渐衰落，指纹鉴定法后来居上，进一步推进了近代侦查的科技化。近代西方国家注重侦查科学的发展，现代意义上的侦查学学科得以创生。1893年，奥地利的侦查学教授汉斯·格罗斯将他自己和前辈同犯罪做斗争的技术和策略加以系统总结，出版了《司法检验官手册》，这是世界上第一本理论体系较完整的侦查专著，在书中首次提及"侦查学"这一术语，还提出了勘验犯罪现场必须遵循"先静后动"的顺序规则等著名观点，这标志着现代意义上的侦查学科的诞生。笔迹学、摄影术、统计学、指纹学、法医学、生物化学等现代科学不断发展，将侦查科技化推上了新的发展台阶。

---

〔1〕《折狱龟鉴·卷三》。

〔2〕朱宝礼、周云彪主编：《刑事图像技术》，中国人民公安大学出版社2002年版，第6页。

〔3〕李东海：《刑事犯罪信息》，中国人民公安大学出版社2003年版，第18～19页。

（五）中西传统侦查文化的沟通与融合

由于特殊的社会历史条件、独特的权力配置格局，中国传统侦查从未脱离审判活动而呈现独立发展的状态，但中国传统侦查措施、策略、方法却曾一度领先世界。显赫一时的传统侦查文化支撑起了中国传统专制秩序，它对于绵延数千年的传统文明也起到了一定的保障作用。但在法制现代化的滚滚大潮中，近现代中国不断地推进传统侦查的现代转型，侦查现代化的步伐仍在继续。我们有必要充分认识和发掘传统侦查文化，但也要以批判式自省的态度认真对待传统侦查的时代局限，并挖掘其嬗变对于当前侦查体制变革所具有的镜鉴意义。

同时，中西方传统侦查文化的嬗变的规律对于中国侦查现代化进程也极有意义：它们都随着国家萌生而得以创生，随着刑事诉讼的变迁而变迁。首先，依托于国家，原始社会萌生的侦查在奴隶社会真正获得了国家的属性，并在神示证据制度和“弹劾式”诉讼构架下获得了一定的生存空间，随着人类文明和法律文化的发展，而逐渐成为一种独特的侦查文化形态。其次，随传统专制社会的到来，司法权力愈益集中。在“纠问式”诉讼构架下，传统侦查职能得到进一步强化，口供主义证据制度盛行，侦查技术和谋略得到长足的发展，并在各自的社会条件和法律传统中获得侦查文化个性。最后，当人类社会从古典时代向现代转型，科技的飞速发展将传统侦查推进到了专业化和科学化阶段，现代民主政体和司法独立机制得以普遍建立，传统法律文化所赖以为生的政制和权力结构解体，体现民主、人权、正义的新型法律文化得以缓慢型塑，并实现了侦查职能独立化、侦查机构专业化、侦查程序法治化，传统侦查文化也实现了从传统向现代的跃进，中国当前所推行的侦查体制变革正是侦查现代化的重要步骤。

此外，在体制嬗变过程中，中西方侦查文化不断实现纵向和横向的联动。一方面，在纵向上，传统侦查文化的每一次演进都是建立在前一时期侦查文化的基础上，后一时期的侦查文化是前一时期侦查文化的延续和发展，前一阶段侦查文化是后一阶段的基础和积淀。传统侦查文化的形成离不开传统侦查意识、侦查观念、侦查认知、侦查组织、侦查机构、侦查人员、侦查制度等因素的综合作用。而任何一项侦查制度的创生、侦查观念的产生都不可能一蹴而就，它离不开长期的侦查实践和法律文化的积淀，更离不开它所更替的上一历史时期的侦查文化基础。中国所进行侦查体制改革不能无视中国传统侦查文化的强大历史惯性，现代侦查体制也必须从传统侦查文化中汲取历史养分。

另一方面，在横向上，不同地区、不同邦国的传统侦查文化对同时期的其他政权产生深刻影响，先进国家往往通过军事征服、文化拓殖等方式，将强势侦查文化移植到后进国家。中国早在唐、宋时期就已发展出灿烂一时的传统侦查文化，并深深地影响了朝鲜、日本、越南等国家。近代的法国也通过军事征服将其刑事诉讼法典所确立的侦查模式、侦查组织和侦查文化向其他国家传播。在近代传统侦查文化解体过程中，侦查文化的这种横向联动表现得尤为明显：西方侦查率先实现近代化，新式侦查技术和侦查模式勃兴，西方传统侦查文化也最先在近代化过程中解体。在西方列强向全世界扩张的过程中，被拓殖的后进国家或主动或被动地移植其新式侦查体制，原来的传统侦查文化随新侦查体制的引进而逐渐解构。在中国侦查体制现代化变革过程中，向法治先行国家学习，并适度借鉴其运作成功的现代侦查制度，对构建凸显"人本主义"精神的侦查程序尤有现实意义。

二、中国传统侦查权力架构论略

早在前国家的初民时代，受到犯罪行为侵害的被害人自行抓捕罪犯，完成犯罪的侦查和惩治活动。随着国家时代的到来，奴隶社会中以王为代表的统治者掌握着国家的一切权力，不再允许被害人自行侦查、惩治犯罪。在传统中国刑事司法框架中，传统审判权则依附于传统行政权，传统侦查权并没有获得独立发展。但是，作为一种刑事司法权能，中国传统侦查权随传统官制的发展而形成特定的构造。[1]从构造角度分析中国传统侦查权，能够充分地展现传统侦查权内部各要素的"排列和组合"，以及侦查权各要素在传统侦查权格局中所处的地位和相互关系。[2]

传统侦查权构造直接体现在传统侦查管辖格局上，[3]传统侦查的级别管辖和地域管辖构成了中国传统侦查权的纵向构造和横向构造。传统侦查的级别

〔1〕 构造，指的是事物内部各组成要素之间组织和运作的相互关系，体现的是各个组成要素间的动态运作和静态形式的有机统一。参见黄豹：《侦查构造论》，中国人民大学出版社2007年版，第5～6页。

〔2〕 刘善春：《行政诉讼价值论》，法律出版社1998年版，第70页。

〔3〕 在下文的论述中，笔者将在同等意义上使用"侦查级别管辖"与"侦查权力纵向构造"，"侦查地域管辖"与"侦查权力横向构造"。

管辖体现了侦查权的纵向构造，它从纵向上划分上、下级之间侦查主体之间的权限和分工，解决某刑事案件应由哪一级侦查机关行使侦查权的问题。而传统侦查的地域管辖则反映了侦查权的横向构造，它从横向上划分同级侦查主体之间侦查权限和分工，解决某刑事案件应由哪一个侦查机关行使侦查权的问题。传统侦查权横向构造是在纵向构造基础上划分的，只有在级别管辖明确的前提下，才能确定地域管辖。

（一）传统侦查权的纵向构造

在中国传统社会中，政权组织结构的层级建制直接地影响了侦查权的配置，[1]传统侦查权纵向构造也随之呈现层级式特点。

1.传统侦查权纵向构造的制度实践

秦汉时期，特定案件侦查的级别管辖格局就已经存在。在中央层级，廷尉一般侦查皇帝交办的诏狱。地方上发生的一般刑事案件，往往由郡守、县令（长）自行侦查。遇有疑难案件，郡县侦查机关才会将案件移送廷尉。魏晋南北朝时，州郡县的地方三级建制开始形成，侦查权纵向构造也呈三级布局。廷尉或大理在中央承担了重大政治案件和朝官犯罪的侦查，而刺史和州牧承担了地方重大案件的侦查工作，一般刑事案件的侦查则还是由基层的县令及其属官负责。宋代，州府有权对辖下的各类案件行使侦查权。[2]宋朝法律规定：凡是人命要案等大辟罪以上，须由长吏、通判、幕职诸官同录问详断，称为“聚录”。[3]大辟罪同案犯在5人以上者，还须差邻州通判、幕职官，再行侦讯。[4]

《唐律疏议》规定低级别侦查官吏不得对高级别官员案件行使侦查权：[5]

诸在外长官及使人于使处有犯者，所部属官等不得即推，皆须申上听裁。若犯当死罪，留身待报。违者，各减所犯罪四等……【疏】议曰：“在外长官”，谓都督、刺史、折冲、果毅、镇将、县令、关监等。长官及诸使人于使处有犯者，所部次官以下及使人所诣之司官属，并不得辄即推鞫。

---

〔1〕 在中国古代，虽然政权建制屡经更迭，由郡县制而州郡县，继而州县，后省道府州县，但政权建置都呈层级式。

〔2〕 参见苗书梅：《宋代州级属官体制初探》，载《中国史研究》2002年第3期。

〔3〕 参见吕志兴：《宋代司法中的分权与监督制度初探》，载《中央政法管理干部学院学报》2000年第3期。另参见（宋）李焘编：《续资治通鉴长编》（第2册），中华书局2004年版，第1156页。

〔4〕 参见（宋）李焘编：《续资治通鉴长编》（第3册），中华书局2004年版，第1675页。

〔5〕 《唐律疏议·职制》。

按照明朝的相关律例规定："京外官五品以上有犯必奏闻请旨，不得擅勾问罪。在八议者，实封以闻。惟十恶不用此例。"[1]刑部享有超越地方府县的优先侦查权，"刑部追取人，府县不当却。"明弘治以前，在基层的乡发生的轻微刑事案件则由申明亭管辖，"本管里甲、老人"[2]可以对所管辖的轻微刑事案件如斗殴、窃盗、赌博等进行侦查，并采取必要的刑事强制措施。

清朝的有关法令对侦查权纵向构造有所涉及。首先，京师案件的侦查管辖级别是按照可能判处刑罚为标准来划分。京师案件笞杖罪案件由步军统领衙门、五城察院负责侦查审理，而京师徒流死罪案件则由刑部负责侦查。[3]其次，地方侦查级别管辖，则按照犯罪嫌疑人的身份等级来确定。这在职官犯罪案件的侦查管辖划分中体现得较为明显，清朝法令规定："凡参革发审之案，查明被参之人，如系同知、游击以下等官，遴委知府审理；系道府副将等官，遴委道员审理。统令就近提齐款证，秉公确讯。其案内牵连被害之人，无关轻重者，该道、府审明录供之后，即分别保释，只将重罪要犯，带至省内，由司复勘。"[4]最后，对于"高官""大员"的侦查，则限制较为严格。《大清律例》"应议者犯罪"附例规定："三品以上大员，革职拿问，不得遽用刑夹，又不得不刑讯之事，请旨遵行。"[5]

2.传统侦查权纵向分配的确定标准

在中国传统侦查领域中，不同案件由不同级别的侦查主体组织侦查，[6]有一定的标准可供遵循：其一，刑事案件的性质。恶性政治案件、涉及皇族的犯罪等往往作为"诏狱"，由中央级别的侦查主体管辖。"十恶"之中的谋反、谋叛、谋大逆等政治罪行，多由中央级别的侦查机关，如廷尉、大理、刑部等会同其他中央朝官侦查处断。

其二，罪行的轻重程度和可能判处的刑罚。可能会被判处死刑、较重徒流

---

〔1〕《明史·刑法志》。

〔2〕《教民榜文》中规定了基层审讯轻微刑事案件的组织方式，并对特别法庭的座次也做出了规定："其座次，先老人，次里长，次甲长，论齿序坐。如里长年长于老人者，坐于老人之上。"转引自李交发:《中国诉讼法史》，中国检察出版社2002年版，第32页。

〔3〕参见那思陆:《清代中央司法审判制度》，北京大学出版社2004年版，第93～99页、第163～172页。

〔4〕《大清律例·名例》。

〔5〕《大清律例·名例》。

〔6〕参见王长水主编:《侦查学》，郑州大学出版社2004年版，第26页。

刑的犯罪案件，往往由高级别侦查主体侦查审断。

其三，案件涉及面和社会影响的大小。刑事犯罪活动涉案面广，造成跨州、跨省不良影响的案件，往往由中央级别的侦查主体管辖；涉案面仅及于一县一乡的，其往往由低级别侦查官来负责侦查。

其四，各级侦查主体在政权体系中的地位、职责。传统侦查权纵向构造往往与侦查主体的级别成正比，侦查主体的官署级别高的，往往管辖大案要案。但是，"以卑督尊"的御史可以对比自己官品级别高的官员职务犯罪行使侦查权。

其五，侦查对象的身份等级。在职务犯罪侦查中，被侦查的犯罪嫌疑人的官品、职位、爵位等都会影响到侦查管辖的级别，它最能折射出传统社会的身份等级色彩。

（二）传统侦查权的横向构造

传统侦查权的横向构造，指的是对刑事案件地域管辖权的横向上划分。传统侦查地域管辖，具体指的是：在不同地域的同级侦查主体之间，侦查刑事案件的分工和权限。[1]在中国传统刑事司法领域中，侦查权的横向构造是依托于地方政权建制而发展起来的。

1.传统侦查权横向构造的制度实践

秦时，郡县的主官或其属官——丞、令史、典史、游徼等——在进行侦讯、现场勘查、缉捕等侦查活动时，[2]不得越出郡县境，不得插手其他郡县的刑事案件。《睡虎地秦墓竹简》的《法律答问》篇明确记载："郡县除佐，事它郡县而不视其事者，可（何）论？以小犯令论。"[3]这就对地方平级侦查主体之间的侦查管辖权做了划分，地方侦查主体只对本行政区域内的刑事案件享有侦查管辖权。

在汉朝，侦查权的横向分配与行政权区划一一对应。张家山汉简中的《具律》规定："诸欲告罪人，及有罪先自告而远其县廷者，皆得告所在乡，乡官谨听，书其告，上县道官。"[4]举报罪犯，提起诉讼，一般都要到有侦查权的当地官府进行。地方发生的刑事案件，由案发地的侦查官进行侦查、逮捕和讯问，其他

---

〔1〕 参见王长水主编：《侦查学》，郑州大学出版社2004年版，第27页。

〔2〕 参见张晋藩主编：《中国司法制度史》，人民法院出版社2004年版，第15页。张兆凯主编：《中国古代司法制度史》，岳麓书社2005年版，第25页。

〔3〕 睡虎地秦墓竹简整理小组编：《睡虎地秦墓竹简》，文物出版社1978年版，第212页。

〔4〕 参见阎晓君：《〈奏谳书〉所反映的汉初政区地理与司法管辖——张家山汉简研究之三》，载《烟台师范学院学报》（哲学社会科学版）2004年第4期。

郡县不得插手。此外，汉律中也有关于侦查权横向划分的规定，“二千石行不得出界”，〔1〕郡县以及封国内一定级别官员不得私自出境，也禁止他们越境侦查。

唐律也规定了传统侦查权的横向分配，并对侦查权横向冲突做了协调。对于“案发两地”或异地追捕囚犯的情形，确立了一些地域管辖原则：“轻从重。若轻重等，少从多。多少等，后从先。”唐律规定：“诸鞫狱官，停囚待对问者，虽职不相管，皆听直牒追摄。”《疏议》曰：“虽职不相管，皆听直牒。称‘直牒’者，谓不缘所管上司，直牒所管追摄。”此外，在涉及多个犯罪行为地的情况下，则“诸鞫狱官，囚徒伴在他所者，听移送先系处并论之。谓轻从重。若轻重等，少从多。多少等，后从先。若禁处相去百里外者，各从事发处断之”。〔2〕

明清时期，法律严禁侦查人员越境执法。明时，锦衣卫不得参与外省州县刑事案件的侦查，“缉事官校，惟察不轨、妖言、人命、强盗重事。他词讼及在外州县事，毋得与”。〔3〕清朝时，明确规定负责京城侦查工作的步军统领衙门的番役不得出境缉捕，这可以从《清史稿·武亿传》的相关记载中得到佐证：〔4〕

(乾隆)五十七年，大学士和珅领步军统领事，闻妄人言山东逆匪王伦未定死，密遣番役四出踪迹之。于是番役头目杜成德等十一人横行州县，入博山境，手铁尺饮博，莫敢谁何，(武)亿悉执之，成德尤倔强，按法痛杖之。喧传其事者曰：“亿卤莽刑无罪，将累上官。”巡抚吉庆遂以滥责平民劾罢之，而不直书其事……大学士、公阿桂谓吉庆曰：“例禁番役出京畿，奈何责县令按法之非，且隐其实而劾强项吏，何也？”吉庆深自悔，而格于部议，遂归。

从阿桂所言的“例禁番役出京畿”可知：清朝法令禁止京城地方侦查人员越界侦查。

2.传统侦查权的横向分配的确定标准

纵观中国传统侦查权的横向构造，可以观测到划分管辖权的“犯罪地”标准。只有犯罪地的侦查主体才有资格行使侦查管辖权，其他同级政区的侦查官无权插手。在涉及数个犯罪地时，采取“主要犯罪地”“最初案件受理地”的

〔1〕参见阎晓君：《〈奏谳书〉所反映的汉初政区地理与司法管辖——张家山汉简研究之三》，载《烟台师范学院学报》(哲学社会科学版)2004年第4期。

〔2〕《唐律疏议·断狱》。

〔3〕《明史·刑法志》。

〔4〕《清史稿·武亿传》。

侦查权横向分配标准。虽然在中国传统的犯罪观念中，尚无犯罪预备地、犯罪实施地、犯罪结果地的细致划分，但是当数个地方的侦查主体都有侦查权时，往往交给最先捕捉到犯罪嫌疑人、最初受理的侦查主体。涉及多人结伙作案的，可以由主要犯罪地或首犯所在地的侦查主体来管辖。这可以从清代人吴炽昌所辑的《续客窗闲话》记载的"'巧令'巧断"案得到佐证：[1]

有刘姓少年，入赘到李家为婿。外出为仆役，积累了四百多两银子。丈人知女婿手中有钱，顿生异心，以代管为名，吞没女婿四百两银子。刘氏夫妇含冤告官，但除妻子证言，别无他据，被赶出县衙。

刘某悲愤填膺，听说邻县县官公正廉明，善于断案，到处传颂，被誉为"巧令"，便前去诉冤。"巧令"听完诉状后说："你不在我的县内，此案我无能为力。""巧令"笑道："你如果一定要让我审明此案，就要暂时坐牢……"于是"巧令"吩咐把他收禁在监，然后写了一封公文给刘某所在县的县官，内称："我县捕获大盗张三，供称劫得银钱四百余两，寄存在贵县某村窝主李某家中。希即派捕捉李某，搜取赃银，一并解来我县。"那县官接到文书，见是强盗重案，不敢怠慢，就亲自前去抓捕李某，果然搜出四百两银子，火速派人押送邻县，交给"巧令"。

在以上的案例中，李某的"侵占罪"应由该犯罪行为发生地的县衙侦查，"巧令"本无权行使侦查管辖权。但是，"巧令"却通过捏造"张某盗案"，同时假称李某犯窝赃罪，[2]获得对李某案件的侦查管辖权，从而变通了侦查权横向上的区域限制。

（三）传统侦查权构造特征

在传统社会中，刑事实体法和刑事程序法融为一体，侦查依附于审判活动。法官主动侦查、审判案件而不需要检察官的控诉。在一些地方，甚至一般的政府行政官员都有权侦查、审理犯罪案件。在这样的侦查运作过程中，犯罪嫌疑人、被害人、证人都沦为国家发现犯罪事实的客体，动辄遭到侦查官员的刑讯。在这样的体制环境中，犯罪嫌疑人、被害人、证人等参与者的各项基本

---

〔1〕 参见北京大学法律系法律史教研室编：《中国古代案例选》，山西人民出版社1981年版，第224～226页。

〔2〕 相比于"盗案"，李某的"窝赃罪"就不是主要罪行了。以"盗案"发生地的县有权管辖该案，而非"窝赃罪行发生地"的县，这本身就说明了在当时侦查实践中，涉及多个罪行的，侦查管辖权由主要罪行或重罪发生地侦查主体所享有。

权利无从保障。这一时期，侦查权机关是唯一的侦查程序主体，其他各侦查参与者都沦为侦查客体，只有配合侦查权运作的义务，侦查权制衡无从提起。

在中国传统侦查权构造中，侦查权分配已有横向和纵向划分，传统侦查管辖也已有地域管辖与级别管辖的大致轮廓。中国传统专制社会及其权力分配等因素深刻地影响了传统侦查，使中国传统侦查权构造呈现出如下特点：

其一，传统侦查权配置分散。一方面，在中央刑事司法系统中，最主要的侦查主体是三法司——刑部、御史台（有时称为都察院）、大理寺（有时称为廷尉或大理院）。除了侦查主体的三法司外，三公九卿、六部尚书以及其他重要的政务官员都有权参与重大案件的侦查。在皇帝交办诏狱案件中，甚至内廷宦官都能获得巨大的侦查权限。

另一方面，地方侦查权由行政官兼理。有些朝代设置了诸如“求盗”“仵作”“司理参军”“巡检”“提点刑狱使”等较为专业的侦查人员，但是侦查权仍然由地方行政首长牢牢把持。在传统社会中，行政与刑狱紧密结合在一起，地方行政性官员兼理司法事务，行政长官的重要考绩标准之一就是处理刑事案件的“刑名”事务，侦查主体无法独立行使侦查权。

其二，传统侦查权按级别划分。传统侦查职能与地方治安等其他行政职能相交叉，侦查管辖区与行政区合一。[1]虽然，传统社会的政权建制屡经更迭，传统侦查权配置也随之变更，或郡县两级配置，或州郡县三级配置，或省道府州县多级配置，但都体现了侦查级别管辖的层次性，体现了不同级别侦查机构对侦查权层层分解。

其三，在中国传统侦查权构造中，职务犯罪侦查权相对发达。与庞大的封建王朝的官僚体系相适应，传统中国形成了发达的官制。为了有效运作这一官僚体制，高度集权的专制君王必然要求建立发达的监察制度，这为官员犯罪的侦查权提供了一个充分发展的基础。秦时，汉设御史大夫监察地方官吏，他们有纠举职官犯罪的侦查权限。汉时，把全国划分为十三部，设刺史定期巡察所辖的郡国，监察郡守、国相、诸王不法行为；在郡级地方政府中增设督邮一职，掌管县内官吏犯罪的侦查事宜。魏晋南北朝时期，中央政府不定期地派遣御史巡察地方，并赋其以风闻言事、纠举弹劾的侦查权。唐时，监察御

---

〔1〕 参见李卫平：《关于司法管辖区制度的几点思考》，载《河南社会科学》2004年第4期。

史以“六条”巡察州县，遇有非法行为，即予以纠查；后来，唐中央政府设置十道巡按，代表中央巡察州县，对地方官的不法行为进行侦查。元朝将全国分为二十二道监察区，每道设提刑按察使一人，后改为肃政廉访使，负责对所属地区路、府、州、县经常性的巡察，发现犯罪，即行侦查。明时，从十三道监察御史中选派巡按御史，代天子出巡，“大事奏裁，小事立断”，对地方官员的违法犯罪进行侦查。无论是“部”，还是“道”，都是一种不同于层级式侦查权力配置的特殊侦查管辖区，职务犯罪侦查权的特殊运作方式有利于打击地方官员的犯罪活动，保证了中央对地方官吏的有效控制。

其四，中国传统侦查权构造反映了传统社会的身份等级色彩。传统侦查权纵向分配同犯罪嫌疑人的身份等级息息相关，以血统和品级确定刑事案件的侦查管辖权。东汉时候，贵族、六百石以上官吏的犯罪案件实行特殊侦查管辖，必须先“请”——报请中央和皇帝，由其指定侦查管辖的具体机关。〔1〕清朝规定：“凡参革发审之案，查明被参之人，如系同知、游击以下等官，遴委知府审理；系道府副将等官，遴委道员审理。统令就近提齐款证，秉公确讯。其案内牵连被害之人，无关轻重者，该道、府审明录供之后，即分别保释，只将重罪要犯，带至省内，由司复勘。”〔2〕

其五，传统侦查权的独立性极差。中国传统社会的政权建制比较成熟，官制也相对庞杂和发达，传统侦查权构造也形成了横向、纵向兼具的“差序格局”。但是，中国传统侦查权构造十分脆弱——在王权和行政司法合体的权力构架下，经不起其他权力的侵蚀和干扰：一方面，传统侦查权极易被君权所左右。在地方上，行政、司法合体的权力分配格局使侦查事务往往由行政官员兼理，专业要求较强的侦查活动常被普通行政权所左右。在中央，虽然最主要的侦查主体是三法司，但它们的侦查权并没有得到充分保障。在“诏狱”的侦查过程中，皇帝往往会指定其他官员侦审案件，这打乱了正常的侦查权力构造。另一方面，传统侦查权横向划分极易被军权所干扰。中国传统侦查源自军事活动，侦查活动与军事活动经常在传统刑事司法领域中发生交合。不少传统侦查官同时负有军事职能，传统侦查活动中也大量地使用军事侦察行为，也有

---

〔1〕 参见阎晓君：《〈奏谳书〉所反映的汉初政区地理与司法管辖——张家山汉简研究之三》，载《烟台师范学院学报》（哲学社会科学版）2004年第4期。

〔2〕《大清律例·名例》。

不少传统侦查谋略源自军事谋略和兵法。此外，虽然大一统是中国传统社会的主流，但是间或存在乱世，军阀割据区域中的侦查活动渗透了浓厚的军事色彩。即便在的安定政治格局中，武将、军人也屡屡干预地方刑事案件的侦查审断，使得侦查权运作的正常秩序得不到充分保障。

三、现代侦查运作机制在中国的早期实践

"现代化一经在世界上任何一地展开，其影响便无可避免地渗及全球各处，不管这种影响靠的是武力还是人心所向，或是二者兼而有之。因此，所有不是先行者的国家都成了后来者，而所有后来者又都发现，自己社会结构中的一些主要因素被那些与现代化相联系的巨大感召力和压力悄悄地破坏了。"[1]19世纪后半期，中国被西方国家强行纳入到现代化的大潮之中，发生了"三千年未有之变局"。[2]列强根据《中英五口通商章程》《中美望厦条约》《上海英法美租界租地章程》和《洋泾浜设官会审章程》等一系列不平等条约，在上海、汉口、天津、苏州、杭州、沙市、福州、厦门等地取得了开辟租界的特权。[3]在租界内，实行着特殊的经济、政治、司法制度，形成不受中国传统法律管辖的"国中之国"。列强将其本国现代侦查制度移植到了这块中国土地上，这虽然是对中国传统侦查权的侵犯，但在客观上刺激了中国局部地区传统侦查制度的现代转型。

（一）领事裁判权对传统侦查制度的冲击

传统中国与现代西方构成一对冲突的范畴，鸦片战争之前，对立的双方并没有发生直接碰撞。19世纪中后期，中西方两种体制进行激烈对抗，"西方是两种社会制度冲突中的赢家，但冲突的双方都把对手的制度视为劣等。接踵而来的鸦片战争和不平等条约，通过强行规定港口城市为外商提供方便，使中国的主权遭到了严重的损害"。[4]根据这些不平等条约，帝国主义国家强迫清政府陆续把一切重要城市和省会开辟为"通商口岸"，并在许多"通商口岸"划出"租界"，在租界内实行不同于中国法律制度的统治。此外，列强还通过

---

〔1〕［美］吉尔伯特·罗兹曼主编：《中国的现代化》，国家社会科学基金会"比较现代化"课题组译，江苏人民出版社2005年版，第4页。

〔2〕张鹏园：《湖南现代化的初期进展》，岳麓书社2002年版，第137页。

〔3〕上海市历史博物馆等编：《中国的租界》，上海古籍出版社2004年版，第21页。

〔4〕［美］吉尔伯特·罗兹曼主编：《中国的现代化》，国家社会科学基金会"比较现代化"课题组译，江苏人民出版社2005年版，第185页。

各种途径扩大“治外法权”，严重地侵害了中国的司法主权。其中，尤以“领事裁判权”最为恶劣，它对中国传统侦查制度现代转型产生的影响也最为深远。

领事裁判权始于1843年的《中英虎门条约》，美、法、俄、德、日等国相继取得了这一特权。凡享有领事裁判权国的侨民，在中国境内成为刑事司法所追诉对象的时候，不受中国司法权的管辖，而是由本国驻华领事法庭管辖。日本、意大利、比利时、荷兰、瑞士、瑞典、挪威、丹麦、葡萄牙、西班牙等国家纷纷在中国设立领事法庭。在领事法庭中，一般都以领事充任审判官，只有日本和意大利派出职业法官专任领事法庭的审判官。“中国通商以来，即许各国领事自行审判，始不过以彼法治其民，继渐以彼法治华民，而吾之法权日削。近且德设高等审判司于胶州，英设高等审判司于上海，日本因之大开法院于辽东，其所援为口实者，则以中国审判尚未合东西各国文明之制，故遂越俎而代谋。更以东三省今日情形言之，长春以南遍地有日人，长春以北遍地有俄人，既遍住日、俄之人民，势将设日、俄之法院。”〔1〕这些国家的领事法庭在处理刑事案件时，一般都以西方国家的现代刑事诉讼制度为依据来侦查、审判案件。在英、美、日、意等国所设的领事法庭中，还引入职业法官，采取不同于中国传统方式的司法体制，在客观上有利于传播西方现代司法体制和侦查制度。

其一，在领事裁判机构设置方面，英美法系国家各有特色，并引入了各自不同的现代侦查制度。“顾领事既非司法官吏，且于其各本国内亦无裁判权限。故英美两国有另设在华正式法院之举。”〔2〕英国设领事法庭，美国设司法委员会，两国的领事裁判法庭对本国商民的轻微刑事案件有管辖权。英国不但在中国各通商口岸设置领事法庭，还于1865年将高等法院与上诉法院设到了上海，它受理在华英人的一切民刑事案件，“即属于地方法院者，亦得受理之；而以离婚谋杀等特定案件，为其专属之管辖。”〔3〕同时，英国引入了职业法官和辩护律师制度，把英国现代控诉制度引入驻华领事法庭中来。美国也在中国各地设置法庭，并于1906年设置了地方法院性质的“美国在华法院”，“第一审受理不属于各地法庭管辖之民刑案件。凡得在领事法庭起诉之案件，亦

---

〔1〕 故宫博物院明清档案部编：《清末筹备立宪档案史料》(下册)，中华书局1979年版，第823页。

〔2〕 梁敬錞：《在华领事裁判权论》，商务印书馆1934年版，第78页。

〔3〕 徐公肃、秋瑾章：《上海公共租界制度》，载蒯世勋编：《上海公共租界史稿》，上海人民出版社1980年版，第155页。

得向该法院起诉。”[1]美国在华法院由以下人员组成：法官一人、检察官一人、执达吏一人、书记官一人、委员一人。英美国家的法官、律师、检察官制度都被引入到领事裁判法庭中，随之引入中国的还有：法官对侦查进行司法审查的制度、检察官侦查犯罪的制度、律师参与侦查程序的制度等。

其二，在大陆法系诸国中，德国在华领事裁判权较有特色，其现代侦查制度对中国传统侦查制度的冲击最为有力。德国在天津、汉口的两个专管租界采取强制管辖，对所有进入租界的外国人采取属地管辖，完全采行德国的现代侦查体制。“这样，在德租界中德人已在一定程度上夺得属地司法管辖权，与其他租界相比，德租界的殖民化程度已更深了一层。”[2]完整的德国现代侦查体制得以在中国土地上运作，这对中国传统侦查的管辖权侵害无疑是极为严重的，但是对于中国侦查制度现代转型的启蒙作用也是最为强有力的。此外，法、奥、意、比、日等大陆法系国家也纷纷建立领事法庭，对其本国商民为被告的刑事案件进行管辖，而不论其在租界内与否；但是，领事法庭并不对其租界内的其他国家商民为被告的案件进行管辖。这些国家也在租界和租借地也引入各自国家的现代侦查体制，但对中国传统侦查制度冲击则不如德国那么强烈。

其三，列强并不满足于已取得的领事裁判权，还谋求将司法管辖权扩展到租界内发生的一般案件，这进一步瓦解了中国传统侦查制度。上海租界组建初期，界内中国人犯罪案件必须送交上海县官署，由中国司法官员以传统刑事司法方式进行追诉。在1854年小刀会起义时，英、美、法等国驻上海领事机关乘机攫取了对于租界内中国人诉讼案件的审判权。“凡界内一切较轻案件，均须先由英领审理，并由英领处以拘役等刑。其较重者移送界外华官讯判。”[3]1863年，美国领事与上海道台订立协议，第3款称：“中国官厅对于居住美租界内中国居民的管辖权，吾人当绝对承认。惟拘票非经美领事加签，不得拘捕界内任何人等。”虽然美国租借地属于中国领土，但清政府官员的传统逮捕权限受到美国领事的限制，这限制了中国传统侦查权的行使，可以视为中国传统侦查制度逐渐瓦解的一个重要表征。

---

〔1〕 徐公肃、秋瑾章：《上海公共租界制度》，载蒯世勋编：《上海公共租界史稿》，上海人民出版社1980年版，第156页。

〔2〕 费成康：《中国租界史》，上海社会科学院出版社1991年版，第130页。

〔3〕 Kotenev, *Shanghai: Its Mixed Court and Council*, p.45. 转引自徐公肃、秋瑾章：《上海公共租界制度》，载蒯世勋编：《上海公共租界史稿》，上海人民出版社1980年版，第158～159页。

其四，会审公廨等进一步瓦解了中国传统侦查制度。随着列强治外法权的不断扩展，为了更充分地行使领事裁判权，列强还专设"会审公堂""会审公廨"等中外混合法庭性质的司法机构。[1]1869年，清政府与英、法等国订立的《上海洋泾浜设官会审章程》，设立会审公廨，管理各国租界内钱债、斗殴、窃盗、词讼各等案件。在会审公廨可以审判钱债、斗殴、窃盗等罪在枷杖以下的案件，外国领事可以"径定监禁数年者"。"租界内之中国人犯，公廨委员得派差迳提，不用巡捕。惟为外人服役之华人，应先通知该管领事，令其到案，不得庇匿。如为领事服役之华人，须经其允准，方得拏捕。"[2]这严重侵害了中国的传统逮捕权：一方面，无约国人诉讼的管辖权被领事裁判权所强行占领；另一方面，不同对象使用不同的拘提手续，且要受到领事的限制，这严重削弱了中国传统侦查权的效力。

（二）租界侦查制度对传统侦查制度的冲击

列强在中国纷纷建立租界、租界地等，并将之建成"国中之国"。它们在租界内实施特殊的法律，引入西方现代侦查制度，这直接冲击了中国传统侦查制度。第一，租界内外国人犯罪的侦查权被完全剥夺：租界内的"有约国"商民涉嫌犯罪的，租界警察可以迳行逮捕，交送其本国领事法庭进行裁判。德国在天津、汉口等专管租界内有特殊规定：以持证逮捕为原则，但对于现行犯的"有约国"犯罪嫌疑人可以无证逮捕。[3]在租界范围内，任何一个"有约国"犯罪嫌疑人都不受到中国传统侦查制度的约束。

第二，在租界之外，针对外国人犯罪案件的侦查权受到严重限制，突出地表现在对传统逮捕权的限制上。一方面，在通商口岸以外的地区，"有约国"外人犯罪的，除了法国人、挪威人外，中国官府方可逮捕。另一方面，在租界以外的通商口岸内，除了法国人、挪威人、意大利人、比利时人之外，中国官府及其本国领事才可逮捕。在对外国人犯罪的案件中，即使在中国官府的管辖区内，传统侦查制度也不能完全适用。

---

〔1〕 杜水源、宫万路：《中国近代侦查制度创立的历史背景》，载《江西公安专科学校学报》2003年第5期。

〔2〕 任惠华：《中国侦查史》（古近代部分），中国检察出版社2004年版，第127～128页。

〔3〕 这种无证逮捕被严格限制在两种情形：一是不穿军服的军人；二是有逃亡之虞，日后难以缉捕归案的。参见［日］今井嘉幸：《中国国际法》，冯大树译，神田印刷厂1915年版，第153页。转引自费成康：《中国租界史》，上海社会科学院出版社1991年版，第129页。

第三，对租界内华人、“无约国”外人以及无国籍人，中国传统侦查权的适用也受到严格限制。上述犯罪嫌疑人在名义上接受中国司法权的管辖，但是，中国当局并不能对他们直接行使传统侦查权，中国差役不得在租界中直接逮捕犯罪嫌疑人，对上述人犯的逮捕必须由租界警察来执行。1863年，订立了《美租界划定章程》，该章程规定：美国领事签署签票前，中国的差役不得在美租界内拘捕任何中国居民。对于逃入租界的中国犯罪嫌疑人，捕役不得直接追捕，而是要先将签票交给该国领事馆审核后签字同意后，方可在警察的协同下拏捕人犯。

第四，租界警察当局有权对界内中国犯罪嫌疑人行使侦查权，这严重侵犯中国传统侦查权。租界内华人犯罪案件本属中国司法当局管辖，但租界当局规定：对于租界内发生的刑事犯罪，租界当局有权搜查犯罪嫌疑人的房屋，有权检验被害人的尸体，有权对华人犯罪嫌疑人进行无证逮捕。租界当局有权对华人犯罪嫌疑人进行长达二十四小时的拘禁，有权在逮捕后进行预审，以查明犯罪事实的有无。有权对中国侦查当局的逮捕申请进行审核，领事有权决定是否协助中国当局逮捕租界内中国犯罪嫌疑人。[1]

“对于摇摇欲坠而又在推行重大改革方面犹豫不决的清王朝来说，外来冲击的政治后果毫无疑问是灾难性的。但外来冲击又把现代化的榜样摆到了中国人面前，给中国人为现代化奋斗提供了长期性的推动力。”[2]领事裁判权、会审权、租界侦查权等直接侵害了清王朝的传统侦查权力，并催生了租界内侦查制度的现代转型。在租界内华人刑事案件和涉外刑事案件的处理过程中，由外国人来主持，他们按照其本国的实体法和程序法来处理案件。1864年上海道派员与英领事组织“洋泾浜北首理事衙门”审理案件时，“诉讼程序，无明文规定，惟事实上采取西方诉讼程序原则”。[3]在实施西方现代刑事诉讼程序解决刑事案件的过程中，现代侦查理论和侦查制度也得以在中国传播，这进一步瓦解了中国传统侦查制度。

（三）现代侦查制度的上海实践

上海租界的现代侦查职能是附生于巡捕房，它随着租界发展而渐成规模。

---

〔1〕 费成康：《中国租界史》，上海社会科学院出版社1991年版，第132～133页

〔2〕［美］吉尔伯特·罗兹曼主编：《中国的现代化》，国家社会科学基金会“比较现代化”课题组译，江苏人民出版社2005年版，第185页。

〔3〕 徐公肃、秋瑾章：《上海公共租界制度》，载蒯世勋编：《上海公共租界史稿》，上海人民出版社1980年版，第161页。

严格来说，上海租界并不能算是真正意义上的"租界"（concession），它系"居留地"性质（settlement）。1845年上海道台与英国领事Balfour商定《第一次土地章程》时，即在其中规定雇用更夫巡夜，此为上海公共租界现代警探之滥觞，也是近代中国传统侦查制度现代转型的先声。1848年，英国领事将之扩至二十人，并设两名更长。1853年，太平军进攻上海，上海爆发了小刀会起义，清朝官员纷纷出逃，租界为自保起见，始设巡捕队。[1]英、美、法三国领事以保护上海租界为由，乘机于1854年拟定《上海英美法租界租地章程》，在租界内组织起了行政委员会（Executive Committee），后更名"工部局"，下设若干专业委员会负责各项事务。其中，"会捕局""巡捕房"是专门行使侦查和维持治安的机构。1854年，领事将警察的指挥权交给工部局。1855年，租界巡捕当局增设水上巡捕，1861年增设骑警。[2]巡捕之外，另设"包打听"，协助侦查办案，"包打听为巡捕耳目，系工部局雇佣者。专探各事，如失窃剪绺等案，亦任查缉，职司刺探而衣裳华丽，缘其辛工亦丰厚焉"。[3]

初期，巡捕房侦查权极为有限，"华人在租界内犯罪，逮捕后，应立即呈报领袖领事"，"并只有中国地方官得以逮捕裁判"。[4]1853年小刀会起义时，上海租界当局乘机夺取对华人犯罪的逮捕侦讯等侦查权。1856年，驻沪领事团规定：对华人犯罪有权进行侦查预审，查有确切犯罪证据的华人，方移送上海地方官府审判。1863年，美租界获得对华人和无国籍犯罪嫌疑人逮捕的签票权，没有领事的签票同意，中国差役不得进入租界逮捕嫌疑人。1886年，上海道同意逮捕中国犯罪嫌疑人必须由工部局巡捕房协助执行。1896年，法租界巡捕房独揽了所有犯罪嫌疑人的逮捕权。后来，巡捕房侦查权逐渐扩大，有权侦查和预审租界内发生的一切刑事案件。[5]

英美租界1863年合为公共租界，初设巡捕房，后更名为公共租界警务处，它是工部局人数最多的职能部门，而刑事案件侦查又是公共租界警察最为重

---

〔1〕 徐公肃、秋瑾章：《上海公共租界制度》，载《上海公共租界史稿》，上海人民出版社1979年版，第122页。

〔2〕 王家俭：《清末民初我国警察制度现代化的历程》，台湾商务印书馆发行1977年版，第30页。

〔3〕 （清）葛元煦：《沪游杂记》，郑祖安标点，上海三联书店2006年版，第47～48页。

〔4〕 See G.Lanning, S.Couling, *The Story of Shanghai*, p.322. 转引自：徐公肃、秋瑾章：《上海公共租界制度》，载《上海公共租界史稿》，上海人民出版社1979年版，第122页。

〔5〕 韩延龙、苏亦工等：《近代警察史》，社会科学文献出版社1999年版，第4～5页。

要的职能。它不仅负责刑事案件的侦查预审，而且还负责大多数案件的起诉。这就使得带有英美法系侦查制度的典型特征。[1]该机构负有罪案侦查职能，不但拥有搜查权、检验尸体权、逮捕权、讯问权，而且对于其他租界警察当局和华界侦查当局的侦查行为有协助权。

在公共租界的侦查组织体系内，设有缉捕股及特务股（crime and special branches）为罪案侦查总部，[2]负责管理公共租界的一切罪案登记、处置以及各警区缉捕的联络工作。它由一名西籍副处长（deputy commissioner）为主任，设有帮办处长（assistant commissioner）辅助其执行职务，下设有侦探督察员（detective superintendent）、巡官（inspectors）等若干侦查警官。在基层侦查组织体系中，将整个公共租界分被划分为甲、乙、丙丁四个警务区，每区都设侦探官，他与该警务区的警长合作，负责登记犯罪事件、侦缉犯罪事宜，并接受警务处等上级业务部门的指导。

在法租界的巡捕房中，也设有专业侦查机构，并划分了相对专业的职能部门。在法租界工部局巡捕房中，设刑事处，其下设职能部门有：行政、外勤、正俗、文书等股和强盗班。各股和强盗班设督察长，由其处理职权内的相关事务。强盗班下设探长，探长管辖各具体负责的探员，强盗班则专事侦查和缉拿重要强盗人犯。[3]

租界当局聘请越来越多的外国人加盟巡捕房，这在客观上有助于西方现代侦查学识和体制的引入。1854年，工部局警队雇用香港巡官S.Clifton为督察员（superintendent），并聘西人警察八名。1855年有西人警察112名，1916年开始用日本警察30人。至1930年，在公共租界的侦查体系中，主管特务股和侦缉股的副处长必须是西籍警官，佐理全处侦查管理工作的帮办处长中只有一名华籍警官，侦查督察员8名全部为西籍警官。正探长7人中，有3人是西籍，1人日籍，3人华籍；14位探长中，西籍8人，华籍6人；41名副探长中，西籍25人，日籍1人，华籍15人；123名探目中，西籍48人，日籍4人，印度籍1人，华籍70人；试用探目19人中，全部为西籍；探员238名中，有日籍9人，印籍2人，华

〔1〕 在英国的现代侦查制度中，就将刑事案件的侦查起诉权交由警察行使，但由法官对重大侦查行为进行司法审查。孙长永：《侦查程序与人权》，中国方正出版社2000年版，第67页。

〔2〕 Criminal Investigation Department，在工部局会议纪要中简称CID。

〔3〕 王立民：《上海租界法制史话》，上海世纪出版集团、上海教育出版社2001年版，第55页。

籍227人。[1]这就造成了公共租界警务处等重要职务皆操诸西人之手的不合理局面。在法租界的巡捕房中，华籍探警占多数，西籍占少数，但高职位均为西籍警官所占据。法租界的警察系统中，设有警察总督、总巡、巡捕长、督察长、总探长、探长等职，但巡捕长以上警官必须要是法国人，且要由法国驻沪总领事委派。一方面，这反映了租界内的侦查体制和机构的殖民化，华籍侦探均居底层，受西籍之指挥；外国侦查在中国领土上进行侦查，这的确构成对中国司法主权的侵犯。另一方面，这种殖民化却在客观上将中国租界侦查体制的现代转型；由受过训练的外国人按照西方现代侦查组织、侦查理念、侦查技术建立起来的侦查职能机构，并以外国人主导该专业侦查组织，确实有利于推进中国局部地区的侦查制度近代化。

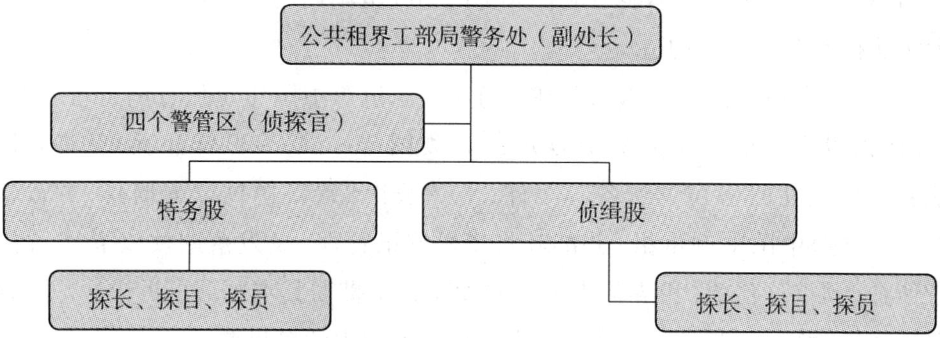

上海公共租界工部局警务处的侦查组织结构图

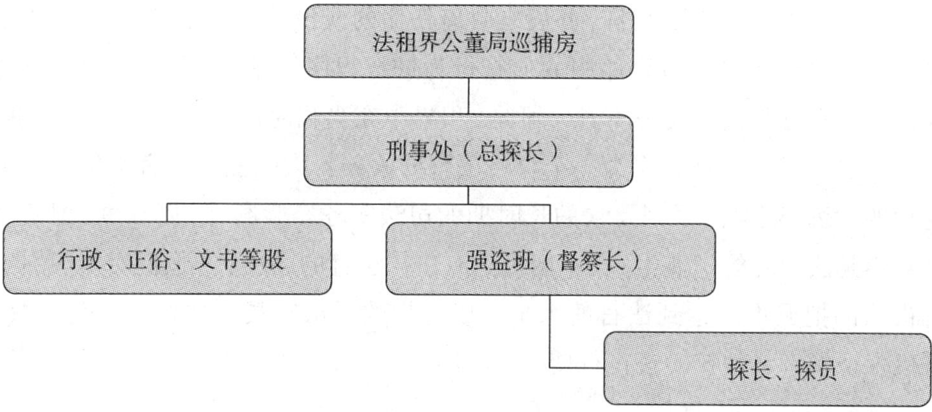

上海法租界巡捕房的侦查组织结构图

〔1〕 上海市历史博物馆等编：《中国的租界》，上海古籍出版社2004年版，第19～20页。

（四）初建时期现代侦查制度的特征分析

总体来说，在租界建立的侦查体制并非是西方国家在本国施行的现代侦查制度，它存在诸多结构性缺陷：第一，租界本身就是一个多国法律文化共存的多元综合体，现代侦查制度的运作必须依据体系化的法律，必然融汇了不同国家的文化模式、文化积淀、和侦查文化。即便是在其本国，有些国家侦查制度未必能有出色的表现。而租界是一个多元文化交融的地方，它无法兼容众多风格迥异的现代侦查体制。

第二，不论租界后来有多大的规模，它本身并不是作为一个都市来定位和发展的，其体制更多的是基于市镇自治的模式建立起来的，其侦查体制多少也受到这种定位的影响，往往体现了最基本的秩序维持需要。所以，侦查组织体系构建不具有开放性，不能适应扩大了的租界范围内的侦查业务需求，并且也无法从根本上完善其构造。

第三，在租界内的侦查过程中，仍存在刑讯等中国传统侦查的野蛮手段。《洋泾浜设官会审章程》第1款规定："遴委同知一员，专驻洋泾浜，管理各国地界内钱债斗殴盗窃词讼各等案件，立一公馆，置备迦杖以下刑具，并设饭歇……并照中国常例审讯，并准其将华民刑讯管理，及发落迦杖以下。"在进行侦查、预审过程中，租界侦查人员并没有完全贯彻其本国刑事诉讼法的人权保障精神，酷烈的刑讯手段并不比中国传统侦查中的拷讯要逊色。

第四，租界内侦查人员的整体素质并不高。"附设在领事馆内的领事法庭多以领事馆为庭长或审判官，并设有政府任命的或民选的会审员等。"[1]法德等国家的法官要对预审程序中的侦查行为进行程序控制，英美法系法官也对强制性侦查行为进行司法审查。可是，租界中充当临时法官的大多数是领事，他们在多大程度上具有作为一个合格法官的素养？大陆法系法官必须经过学院化的训练，英美法系则要求的长时期的司法实务经验磨练，而领事、副领事多数不是法学院的毕业生，在本国极少有出任法官的经历，[2]他们对本国刑事诉讼法的把握难以达到法官的水平。以这样的司法官员来主持领事裁判权，难以保证领事裁判权的公正行使。

---

〔1〕 费成康：《中国租界史》，上海社会科学院出版社1991年版，第126页。

〔2〕 马长林：《晚清涉外法权的一个怪物——上海公共租界会审公廨剖析》，载《档案与历史》1988年第4期。

第五，在现代侦查体制移植过程中，租界当局出于殖民心态，并没有贯彻西方现代侦查程序和刑事诉讼的精义——平等、自由、权利。《密勒氏评论报》批评公共租界巡捕房的“自身现代化的失败”，“巡捕房中外国人占绝大多数，其中大部分是英国人；这个机构变成了一个自我服务的官僚机构，而忘了警察应该服务于公众”“似乎作为在中国土地上的上海公共租界没有自己的利益，而这显然损害了这一个国际社区的利益”。[1]租界殖民地本质决定了其侦查制度也必然是带有鲜明殖民色彩的，它难以保证其真正的程序平等和司法公正。

但无论如何，租界引入了具有现代性因素的侦查制度，为中国提供了一个学习西方现代侦查制度的平台。在租界内的侦查制度中，侦查人员多多少少改变了“口供中心”传统侦查观，租界也引进现代侦查科学技术，设立如指纹室等现代侦查技术设备，并培养了一大批中国侦查人员。租界内西方现代侦查制度实践多多少少都起到了瓦解中国传统侦查制度的功用，并为中国传统侦查制度的现代转型提供了借鉴。

四、近代中国侦查权运作程序机制的建构

在传统侦查制度现代转型的过程中，中国引入西方侦查制度，开始建构现代侦查程序。清末民初，对于查明刑事案件事实、收集证据、缉捕犯罪嫌疑人的专门性调查活动，还没有统一使用“侦查”一词；同时，1928年之前的相关法律往往把侦查程序分为“侦查”“预审”两个阶段，而“侦查”又称为“犯罪搜查”或“侦查处分”等。从这一时期侦查权制衡机制变迁整体来看，侦查程序主要是围绕着是否“诉讼化”这一中心展开：[2]侦查程序是构建成一个控、辩、审三方主体参与的审检制衡的诉讼程序，或是建立一个仅由控辩两方主体参与的“行政治罪”程序。在“检警一体化”的侦查权内部，检察官的侦查权与警察侦查权之间也形成了具有一定张力的制衡机制。

（一）侦查程序中审检制衡程序机制的初建

在清末刑事司法改革之初，引入了大陆法系的公诉前程序设计，以“搜查

---

〔1〕《密勒氏评论报》，1927年10月15日，第174～175页；1927年11月5日，第226页。转引自［美］魏斐德：《上海警察，1927～1937》，章红等译，周育民校，上海古籍出版社2004年版，第62～63页。

〔2〕李玉华、杨军生：《司法鉴定的诉讼化》，中国人民公安大学出版社2006年版，第151页。“诉讼化”指的是满足合理诉讼构架的变革过程。一般而言，诉讼化的目标是要使程序具有现代诉讼的基本特征：裁判主体的独立，当事人的参与，诉讼过程的公开。

犯罪”指代公诉前犯罪调查的侦查活动，并把它列为检察厅的法定职责；[1]把预审规定为衔接侦查和起诉的一个中间环节，并将之设定为检察官和审判官共同参与的程序。在侦查阶段，检察官可以采取非强制侦查行为；在预审阶段中，则可以采取强制性侦查行为。“于其（预审）形式，则有原告官，有被告人，裁判官介于其中，实施审理，不可不谓为具备诉讼之性质也。”[2]这种预审制度体现出控、辩、审三方主体参与的诉讼程序特征。

1906年，检察官的侦查权得以初步确立，但检察官、法官、警察这三者之间的权力尚未实现合理制衡。同年，清廷颁行了《大理院审判编制法》，确立了检察官、巡警和大理院推事共享侦查权。该法并没有规定细致的侦查程序规则，尚未建构起刑事诉讼程序的三角构架，但检察厅局的设置标志着中国现代侦查权力主体的引入，打破了传统侦查由审判官一手操控的“纠问式”诉讼构造，在部分案件预审中形成了控、辩、审三方参与的诉讼构造，有利于搭建现代侦查所要求的诉讼程序框架。

随着清末刑事司法改革推进，检察官的侦查权得到了进一步扩张，侦查程序也得到了进一步发展。1907年颁行的《各级审判厅试办章程》规定了侦查程序文书、侦查主体、侦查权限、侦查行为等：

刑事厅票如下：……拘票，拘执犯徒罪以上之被告及抗传不到或逃匿者用之；搜查票，搜查罪人及证据用之。凡审判官皆有发厅票之权。刑事厅票由检察官或预审推事指挥司法警察官执行之。凡逮捕现行犯之责者，可不待厅票而逮捕之。

凡地方审判厅第一审刑事案件之疑难者，应行预审。凡预审案件，除预审推事、检察官及录供者莅庭外，不准其他人旁听。

检察官统属于法部大臣，受节制于其长，对于审判厅独立行其职务，其职权如下：……二，收受诉状，请求预审及公判；三，指挥司法警察官逮捕犯罪者；四、调查事实，搜集证据……

检察厅之补助机关如下：司法警察官，营翼兵弁，地方印佐各员。

其有不知姓名或知其形状及犯罪行迹或遗物，足资凭信者，均可请求搜查或预审。若全无犯罪行迹时，须俟警察访查确实后起诉。

---

〔1〕 倪铁：《侦查学的近代化探源》，载《犯罪研究》2007年第3期。

〔2〕 熊元翰：《刑事诉讼法》，安徽法学社1911年版，第162页。

检察官应由法部发给执照，遇有现行犯，事关紧急时，得指挥巡警、兵弁搜索逮捕。

相比于《大理院审判编制法》，《各级审判厅试办章程》有几点进步：首先，不再提法官（推事）的侦查权，而是规定推事对“刑事案件疑难者”有权预审，对预审阶段中的强制性侦查行为进行司法审查，以监督检察官侦查行为的合法性。这一制度意味着剥夺了审判人员原来所享有的侦查权，而赋之以预审参与权，以法官这一中立主体来约束检察官的强制性侦查行为。这一举措进一步分离了侦查权和审判权，从而有利于防止法官变成超级追诉者。同时，法官参与预审，对强制性侦查行为进行审批，有利于制衡检察官侦查权，对犯罪嫌疑人权利保障也有一定的积极意义。

其次，在逮捕中引入“令状制度”，[1]要求侦查人员必须获得审判厅签发的厅票，才能逮捕犯罪嫌疑人。对逮捕这一重大侦查行为进行司法控制，这体现了控、辩、审三方参与的诉讼程序特点。逮捕是对犯罪嫌疑人侵害极大的侦查行为，它临时性完全限制了公民处分的自由。在传统侦查中，该重大侦查行为是由侦、诉、审职能合一的官吏决定和实施，缺少权力制衡，容易给无辜者造成不必要的折磨。该法及其后的《司法警察职务章程》都规定：“凡逮捕人犯应以审判衙门所发印票为凭，由检察厅备文送交该管巡警衙门转饬司法警察人员执行。”厅票制度使得中立的司法官得以对强制性侦查行为进行审查，以审判权制衡侦查权，从而加强了对侦查权的控制和约束。但我们也不能过高评价该“令状制度”：一方面，司法警察仍享有较大的机动处置权，紧急情况时警察可无证逮捕。另一方面，“令状制度”的适用面极窄，并不适用于其他强制性侦查行为，如搜查的实施无须令状，只要司法警察长官同意，即可实施。

再次，在预审活动中，要求检察官、录供者、预审推事莅庭以决定对被追诉者的侦查处分，控、辩、审三方参与预审程序，形成了诉讼程序所要求的三方构造。在预审中，作为控方的检察官提出证据和事实，由中立的法官进行评断，以决定是否继续对犯罪嫌疑人进行侦查，是否将犯罪嫌疑人提交审判，从而构成了控、辩、审三方参与的诉讼程序。但是，这一预审程序的局限也很明显：一是预审遵行秘密原则，犯罪嫌疑人的程序参与权极其有限，无法切实地

〔1〕 参见汪海燕：《刑事诉讼模式的演进》，中国人民公安大学出版社2004年版，第399页。

影响到该预审处分的决定；二是该预审仅适用于疑难案件，程序保障并不能普及每一个犯罪嫌疑人。但是，该预审程序设置毕竟改变了传统侦查人员“一言堂”的局面，一定程度上保障了犯罪嫌疑人的权利。

最后，它强化了检察官的侦查权，并明确规定其侦查权限和侦查指挥权。值得一提的是，该法为侦查行为的实施确立了具体的适用条件：全无犯罪行迹时，由警察进行访查；不知姓名，但有确凿形状、行迹、遗物等证据的，可以由检察官进行侦查，“均可请求搜查或预审（《各级审判厅试办章程》第104条）”。该法也为检察官和司法警察的侦查权做了初步划分：检察官享有法定侦查权，司法警察负责绝大部分刑事案件的实际侦查任务，而检察官享有指挥司法警察进行侦查的指挥权。“司法警察官、营翼兵弁、地方印佐各员”均为检察厅的“补助机关”，检察官可以在事关紧急时，“得指挥巡警、兵弁搜索逮捕（《各级审判厅试办章程》第100条）”。

（二）侦查程序中审检制衡程序机制的反复

1910年的《刑事诉讼律》（草案）虽未能在清末刑事司法改革中颁行，但却在民国时期被援引，对后世产生较大的影响。“如果说《刑事民事诉讼法》（草案）是从诸法合体到刑诉法单独成规的缓冲地带，那么宣统二年《刑事诉讼律》（草案）再度变革，从刑民合一的结构中独立出来”，[1]该法开创了侦查、预审合一的侦查程序立法体例。在该法草案中，基于“侦查乃不许强制之预审，预审乃许用强制之侦查”的程序理论，将“侦查”和“预审”都确立为检察官的职权，并为它们规定了较为完整的程序规范：

首先，将侦查、预审都划归检察官管辖，将法官排除出侦查程序。该法规定：“刑事原告之职务由检察官执行。”检察官负责“侦查处分”“预审处分。”[2]侦查程序中没有法官的一席之地。检察官拥有侦查权，可以进行侦查和预审。根据《刑事诉讼律》（草案）第261条的规定，检察官“因告诉、告发、自首及其他事实而逆料有犯罪者，应速开始侦查证据及犯人之处分”。犯罪嫌疑人也拥有程序主体的诉讼身份，但律师不得介入侦查程序，“被告人于提起公诉后，得随时选任辩护人（第55条）”。这大大地提升了检察官在侦查程序中诉讼地位，使其有操控侦查的权力，有利于侦查效率的提高。另外，法官被

---

〔1〕 郭成伟等：《清末民初刑诉法典化研究》，中国人民公安大学出版社2006年版，第300页。
〔2〕 尤志安：《清末刑事司法制度改革研究》，中国人民公安大学出版社2004年版，附录。

排除出预审阶段，原来侦查程序的三方格局被破坏。在侦查程序中，独立而中立的审判权缺位，侦查权缺乏有效的权力制约，这就增加了犯罪嫌疑人被侦查人员蹂躏的危险。

其次，将检察官主导的侦查程序划分为侦查、预审两阶段，设置了不同的程序运行标准。在侦查阶段，检察官以任意性为行为准则，“侦查中得实施发现证据及犯人之一切必要之处分。除有特别规定外，不得实施强制处分”（第274条）。任意性侦查的例外有：一是有急速处分的情形。“现行犯不在犯所之被告人”“调查现行犯所发现之共犯”“无一定住址之被告人”“犯窃盗、强盗、逃脱各罪之被告人”“假释中之被告人”“检证死体所发现之被告人”（第194条）。二是“应指定事宜请求所属地方检察长之命令”，检察官可以进行“检证、搜索、扣押”“拘摄、羁押被告人”“传唤、拘摄、讯问证人”“传唤、讯问鉴定人及通事”（第276条）。

在侦查阶段的证据调查措施完结后，检察官可以迳行进入预审阶段。“初级检察官关于初级审判厅管辖案件认为侦查处分既完备者，毋庸请求，开始预审……终结侦查处分”（第279条）。在预审阶段，检察官可以采取强制性侦查措施，“实施发现证据及犯人一切必要处分。但以断定被告案件之应否付公判为限。公判时不易调查及为被告人准备辩护所必要之各事宜，亦应调查”。（第301条）

最后，对重大侦查行为实行组织体制内的自我监督，对刑事强制措施进行侦查组织内部的审批控制。该法为讯问、传唤、拘摄、羁押、检证、搜索、扣押及保管、证人证言提取等主要侦查行为设定了较为完整的规范。如讯问条文规定了具体的流程和步骤，还强调保护被讯问犯罪嫌疑人的权利，“与其以机会令被告人陈述有利之事宜”（第64条），“禁用威吓及诈罔之言”（第66条）等。为刑事强制措施设定了“令状”制度，“检察官、司法警察官侦查或预审中，非有地方检察长或预审检察官之拘票不能拘摄被告人”（第194条）。要求对犯罪嫌疑人采取刑事强制措施必须获得传票、拘票、押票等法律令状。但是，这种侦查组织内部审批的监督力度极其有限，并不能够有效防止检察官滥用侦查权。

对于紧急事项的侦查处置，该法也做了规范，并以无证拘摄、无证逮捕作为“令状”原则的例外。在“急速处分”部分规定：

检察官、司法警察官、司法警察吏，当执行职务发现仍在犯所之现行犯，应行下列处分，但得以命令拘摄之被告人为限：第一，检察官不给拘票，命司法警察官拘摄被告人；第二，司法警察官不给拘票，即行拘摄被告人或命司法警察吏拘摄之；第三，司法警察吏不待拘票及拘摄之命令，即行拘摄被告人。（第195条）

现行犯仍在犯所者，虽非该管官吏，亦许逮捕。逮捕被告人者，应速交付地方以下检察官、司法警察官或司法警察吏。（第196条）

清末民初实施侦查、预审合一的侦查程序，得到了一些学者的推崇和赞誉。如日本学者冈田朝太郎对之大加称赞，他说："以预审作为起诉前准备公诉之处分，由检察厅行之。按之法理，征诸实际。有各国之长而无其短，此为中国刑诉法之特色，实为世界最新之法例。"[1]但是，将侦查程序全部交由检察官掌握，固然能够提高侦查效率，但却失去了中立第三方——法官——的严格把关，仅仅由检察长对强制性侦查行为进行内部监督，很难保障犯罪嫌疑人的程序权利。

中华民国建立后，南京临时政府加强了司法警察制度的建设，但对侦查程序并没有改进，仍沿袭前清旧制。依据1912年4月3日的《新法律未颁行前暂适用旧有法律案》，剔除了与民国政体相违背的内容，对前清《法院编制法》《刑事诉讼律》（草案）等仍予以援引，这就保留了清末《刑事诉讼律》所确立的"行政治罪"侦查程序。但是，南京临时政府颁行了《中国民国临时约法》和大总统的一些刑事诉讼法令，确立了侦查程序中犯罪嫌疑人的程序主体地位，强调程序保障人权的功能。

北洋政府时期，仍援引前清《刑事诉讼律》（草案），但在检察官的侦查权方面变动颇多，侦查程序也做了较大幅度的修改。将《刑事诉讼律》（草案）所确立的检察官管辖侦查、预审的侦查程序拆分成两部分：以检察厅管辖"侦查"，以审判厅管辖"预审"，这就使"侦查""预审"模式重新回到了前清《各级审判厅试办章程》所确立的控、辩、审三方参与格局。

1915年，北洋政府颁行《高等以下各级审判厅试办章程》，援用1907年颁

---

〔1〕 熊元翰：《刑事诉讼法》，安徽法学社1911年版，第161页。

行的《各级审判厅试办章程》,[1]审判厅管辖预审的程序规则获得新生,检察厅和检察官参与预审的权力被压缩:一方面,检察厅进行预审的主导权被剥夺,"凡地方审判厅第一审刑事案件之疑难者,应行预审"(第22条)。由审判厅的法官控制预审阶段。另一方面,检察官预审莅厅权被剥夺,仅有预审终结后、决定前的咨询程序参与权。"凡预审案件,除预审推事、书记官、速记生莅厅外,不准他人旁听"(第25条)。"预审时毋庸检察官莅厅,但终结后决定前,预审推事应咨询检察官意见并附送诉讼记录;检察官接受咨询书后,应于二日内提出意见书并还付诉讼记录;预审推事接受意见书后,再行调查者终结时。仍应为咨询程序;预审推事于决定后三日内应以正本送交检察厅"(第22条)。检察官的预审权被严重削弱,使得它难以在侦查程序中迅速地采取强制性侦查行为,在一定程度上影响了侦查程序的效率性。但该法重新引入中立的第三方主体——审判厅的推事——参与侦查程序,以审判权制衡侦查权,有利于保障犯罪嫌疑人的程序权利。

1921年,侦查程序建设得以推进,但预审仍由法官控制。1921年年底,北洋政府颁布了,并于次年在其控制的各省份颁布实施。"作为中国历史上第一部由中央政府颁行、具有法典性质的刑事诉讼法",[2]该法在侦查、预审分立的基础上,进一步完善了侦查的程序设置:首先,将"侦查处分"改为"侦查",将之规定在第一审公诉程序中,以侦查取代原来法律中的"侦查处分",这体现了侦查认知的进一步发展。其次,对检察官所管辖的"侦查"程序规则进一步细化,涉及检察官的管辖权、"检警一体化"、犯罪嫌疑人权利等;明确了侦查措施秘密原则,推事并不介入检察官主导的侦查阶段,该部分程序运行强调效率优先。最后,建立起一个较为合理的预审程序。在预审阶段中,专设预审推事,将预审推事与审判推事分开,防止先入为主,这有利于审判权行使的公正性。在检察官侦查后,认为证据足以认定有犯罪嫌疑的,才申请有管辖权的法院进行预审,推事并不主动启动预审;允许犯罪嫌疑人聘请辩护人,"讯问被告得许辩护人在场"(《刑事诉讼条例》第272条)。这一方面有利于保证检察官的侦查权能够快速高效地运作;另一方面也形成了一个三方参与的侦查程

---

〔1〕 于树斌:《对清末至民国刑事诉讼中预审制度的建立与废止的考证》,载《中国人民公安大学学报》(哲学社会科学版)1995年第5期。

〔2〕 郭成伟等:《清末民初刑诉法典化研究》,中国人民公安大学出版社2006年版,第277页。

序，预审最能够体现它的诉讼程序特征，这就使犯罪嫌疑人的程序权利得到了一定程度上的保障，较为完整的控、辩、审三方主体参与的侦查程序初步形成。

1928年，预审被取消，法官不再参与侦查程序，侦查的诉讼程序特征完全消失。1928年，南京国民政府颁行《中华民国刑事诉讼法》，经过1933年的修订，该法一直在中华民国时期得以适用。该法的起草者认为："其预审程序，均可视为侦查程序之延长。就法律之规定而论，凡在预审中可以实施之处分，侦查中皆可得为之。"〔1〕合并了侦查和预审，实行"侦审合一"体制，〔2〕取消了诉前侦查程序的三方参与、程序公开等。同时，该法规定检察官垄断整个诉前侦查程序，并明确规定了"侦查，不公开之"，检察官的侦查权力扩展到了极致。这实际上是再度恢复了清末《刑事诉讼律》(草案)所确立的侦查程序：把法官排除出侦查阶段，将侦查程序完全置于检察官的控制之下。一方面，这有利于节约程序流转上的时间，有利于提高侦查程序运作的效率。另一方面，强制性侦查行为由检察机关单独决定，不再经过司法审查，审判权也就不再能够在侦查程序中制衡侦查权，这在一定程度上放纵了南京国民政府时期侦查权的法外肆虐。

(三)侦查程序中检警侦查权制衡程序机制

在清末民初侦查制度现代转型的过程中，除《大理院审判编制法》为法官保留了部分侦查权之外，其他立法都将现代侦查权配置给检察官和司法警察。"检察官为侦查人员，负有侦查犯罪的职责，警察只是检察官的辅助人员。"〔3〕侦查权配置的"检警一体化"仅仅是"任务上的从属关系，非为一般行政法上的'职务协助'关系，而警察从事犯罪侦查工作，亦是检察官的辅助人员及延伸的手臂，故从属与辅助两种关系兼而有之"。〔4〕警察也具有自主侦查权，并非完全听命于检察官，他们也可以在特殊情况下自行侦查。检察官拥有侦查指

〔1〕 谢振民：《中华民国立法史》，中国政法大学出版社2000年版，第1014页。

〔2〕 在当代，侦查学者广泛地将侦查、预审合称为"侦审"，它与传统刑事司法体制中的侦查、审判的"侦审合一"并不是同一概念。参见曹文安：《预审制度研究》，中国检察出版社2006年版，第316页。

〔3〕 李春雷：《中国近代刑事诉讼制度变革研究》，北京大学出版社2004年版，第111页。

〔4〕 林璨璋、林信雄：《侦查管理：以重大刑案为例》，五南图书出版股份有限公司2004年版，第281页。

挥权，而警察拥有一定范围内的自主侦查权，这两者在侦查权内部形成了权力的分立与制衡。

1.检察官对警察侦查权的控制

第一，检察官有权调度警察对犯罪现场进行勘验和检查。《检察厅调度司法警察章程》将犯罪现场勘验确立为检察官的法定职责，司法警察协助检察厅检验尸伤。《检察厅调度司法警察章程》第64条、第65条、第66条和第67条规定："凡毙于道路者是否有刑事情形，应由发见（现）之巡警一面保守一切证据，一面报告该管长官电告检察厅从速派员前往检验。""凡检验尸伤，司法警察各员应俟检察官到场会同办理；如有重伤几死迫不及待者，得先录取生供并取具保辜限状。""凡应相验各案，未经检察官相验以前其尸身应由警署派人看守，一面传尸亲、人证，预备一切事宜，以便检察官定时前往从速勘验。"现场勘查的保护、清理工作由警察执行，实地勘验检查的侦查权则由检察官全面掌握，犯罪现场的证据提取也是在检察官的指挥下进行。

第二，检察官有权调度司法警察从事搜查、扣押等侦查活动。《检察厅调度司法警察章程》第32条、第38条、第43条规定："凡审判厅应行查取证据时，由检察厅知照该管检察厅转饬司法警察人员，会同检察官前往。""司法警察搜查证据，不得用强制手段，须听检察官之调度。""遇命盗重案，除逮捕外，其一切可为证据之物件应设法保存，勿使湮灭或移动位置，以待检察官莅勘。如必须将尸身及各物移动时，应先拍照，仍绘具图说，俟检察官诣勘时报告。"

第三，检察官有权指挥司法警察采取刑事强制措施，进行逮捕、取保候审、拘传等。《检察厅调度司法警察章程》第17条、第23条、第57条、第58条、第62条规定涉及相关刑事措施的运作程序。"凡逮捕人犯，除现行犯外，应以警察厅印票为凭。""遇有刑事重要案件，不论发生地是否在本管地方，但经检察厅调度逮捕，司法警察应即遵照办理。"检察官对于取保候审具有实施和处分的决定权，"轻微刑事案件者令取具铺户水印保结""对不能依前条规定取保者，司法警察亦得将实情报明检察厅商审判官酌令呈缴相当保证金，在外候讯""凡传取之保人及证人到案，应十二十四小时前通知本人；若被传不到，并无不得已之事由者，应即报明检察官处分"。检察厅指挥司法警察护送人犯："凡由警察区送交检察厅之人犯，如经庭讯须听候再讯者，应由检察厅派人押回原送之警厅，饬区取保候传。"

第四，在针对身份特殊的犯罪嫌疑人——皇室、职官、外国人、军人等犯罪嫌疑人——进行侦查的过程中，司法警察必须严格服从检察官的调度指挥。一方面，针对特殊人群的逮捕必须由检察官严格控制："左列各项人等之现行犯罪须分别办理：一、宗室觉罗，送交该管检察厅；二、职官，由警署送交该管检察厅；三、外国人，除系警署逮捕者由警署解送所属国该管官署外，系检察厅调度逮捕者，均由检察厅自行办理，但仍交司法警察解送；四、军人，由警署送交检察厅，并知照该管官。"（第18条）另一方面，在涉外刑事案件的侦查过程中，司法警察的侦查行为必须由检察官严格控制："凡外国人在中国内地犯罪，应由司法警察搜集证据，偕同证人，报告检察厅将该人犯拘送最近口岸之该国领事讯办。"（第28条）"凡外国人在租界内对中国人有犯罪情事，应速报告检察厅请该国领事照约办理，并一面禀知本管长官。"（第29条）

第五，检察官对司法警享有侦查指挥权，并逐渐建立起相关配套制度。一是检察厅对驻厅司法警察有财政控制权，"驻厅之司法警察人员其薪饷及执行事务应需各费用，由检察厅支给"（第14条）。二是检察厅对司法警察有奖惩建议权，"其功过赏罚，则应由检察厅核定后汇送至该管巡警官照警章一律办理"（第14条）。"司法警察执行职务，有不尽力或处分不当之际，检察官可戒饬之或予记过。其所为有犯惩戒处分者，则详查事实，报告警署长官，以资督励"（第77条）。检察官虽然没有直接掌握司法警察的人事任免权，但通过财政薪金控制权、功过赏罚建议权，能够在一定程度上对司法警察的侦查行为进行指挥和监督。

2.警察对检察官侦查权的制衡

一方面，通过调度司法警察的侦查指挥权，检察官试图牢牢控制司法警察的侦查行为。另一方面，司法警察并不完全被动地服从和听命于检察官，它通过以下几种途径对检察官的侦查指挥权进行制约，以保证"检警一体化"侦查权力内部的平衡：

其一，分立司法警察和检察厅署，"检""警"两组织机构分立、侦查业务一体。近代侦查"检警一体化"中的检警组织分立模式并非一蹴而就，早在清末刑事司法改革之初，现代警察和检察制度得以引入，并在新式刑事诉讼制度中发挥着重要作用，"检警一体化"的侦查权配置格局也得以开创。在1910年的《司法警察职务章程》出台之前，奉天省各级检察厅局不但拥有司法警察的侦查指挥权，而且还有人事组织、财政薪饷的控制权。但检察厅局所附设的司法巡警，经费无法保障，并且人数有限，不能完全胜任侦查，远不如布满城乡的普通警察的耳目有效。基于此，检察厅局主动将司法警察的组织人事权退回警察局，而只保留业务调度指挥权。“司法巡警事务皆应以行政官厅任之，毋庸于巡警中特标司法之名，亦毋庸于司法中另立巡警一部。”[1]

1910年，颁行了《检察厅调度司法检察章程》，该法也沿袭了“检警一体化”体制。该法设立了驻检察厅局的司法警察，但其人事组织权由该管巡警官署控制，检察厅局只有经费控制权和业绩考核评价权：“驻厅之司法警察人员，其薪饷及执行事务所需费用，由检察厅支给；至其功过赏罚，则应由检察厅核定后汇送至该管巡警官照警章一律办理”（第14条）。一方面，检警机构分立有利于侦查业务的专业化发展；另一方面，这也可以此防止控诉权“操诸一端，”能够有效地避免“检”“警”任一方的专断独裁，对于防止侦查权滥用具有重要意义。

其二，设置调度指挥程序，通过“事前转饬”或“事后知照存案”制度，对检察官的侦查指挥权进行程序性限制。1907年，颁行了《司法警察职务章程》，该法规定：“凡检察厅需用司法警察人员时，应先知照巡警厅转饬办理”，巡警虽然有协助检察官进行侦查的职责，但是必须经过巡警厅的“事前转饬”。

在“转饬”程序基础上，《检察厅调度司法检察章程》对检察厅的调度指挥权进一步细化，设置了较为完整的程序规则。一方面，继续规定了“转饬”制度，“凡检察厅须调度司法警察人员时，应先行文知照该管巡警官转饬遵照”（第5条），“检察厅或预审推事，遇有案情涉于嫌疑之人及人犯所在地有不明确者，可随时摘录事由，移知警署转饬侦知、拘捕”（第20条）。另一方面，对于紧急情况下调度司法警察，法令也规定了特殊的变通程序，但要求事后必须“知照存案”“若临时调度不及行文者，得以电话或专函代之；其在道路仓猝调度，得用法部执照指示办理，但事后仍由本厅行文知照存案”（第5条）。

其三，司法警察保留了较大范围内的自主侦查权。这表现在司法警察官享有同检察官相同的侦查权。虽然检察官具有优于司法警察官的侦查权，但是“凡司法警察长官于执行检察事务时，与检察厅长官有同一之职权”（第3

---

〔1〕 徐世昌：《东三省总督徐世昌奏奉省各级审判检察厅遵章退还司法警察折》，载《法官须知之司法警察》（中国人民公安大学图书馆馆藏）。

条)。“凡司法警察人员当执行检察事务时,对于检察厅长官应受其调度与对于巡警长官同”(第4条)。司法警察官可以批准搜查:“凡左列(下列)各项,司法警察各员经本管长官之许可,得迳行搜查:一、现行犯在警厅区询问时发觉之证据;二、在警厅区告诉告发或自首应行查取之证据;三、巡警侦探所得之证据”(第33条)。1914年,颁行了《增订检察厅调度司法警察章程》(教令第44号),将享有侦查权的司法警察官范围扩大至“警察官长、宪兵官长、军士”。

其四,司法警察具有紧急情况下侦查处分权。“检警一体化”有其特定的含义,并不是每一侦查行为都必须由检察官指挥。事实上,清末民初的法律都为司法警察留出了灵活处置的适当空间。针对现行犯和紧急者,司法警察可以不经检察官批准直接采取紧急侦查措施:“司法警察搜查证据,不得用强制手段,须听检察官之调度;但现行犯及事关紧急者不在此限”(第38条)。“被告人关系事项与本案无涉,但可籍以供检察官之参考者,均可封缄发送;于搜查事件之宜秘密者亦同”(第42条)。1908年颁行的《法部等奏定司法警察职务章程》第8条规定:“凡有现行犯在警厅区询问时供出之案内要犯及巡警侦探确实之要犯,有逃走之虞者,经该管长官之许可后,先行逮捕,俟交送检察厅取有收据时并补发拘票。”此外,遇有现行犯以及紧急情况时,警察可以主动采取侦查措施。

为了充分调动司法警察的积极性,及时有效地收集证据、捉拿犯罪嫌疑人,在服从检察官指挥的前提下,1921年的《刑事诉讼条例》也赋予了司法警察必要的机动权力。[1]1928年,南京国民政府修订了《刑事诉讼法》,该法对司法警察及司法警察官的自主侦查权做了进一步扩充。《刑事诉讼法》第208条、第209条及第210条规定:

左(下)列各员,于其管辖区域内,为司法警察官,有协助检察官侦查犯罪之职权:一、县长、市长。二、警察厅长,警务处长,或警察局长。三、宪兵队长。前项司法警察官,应将侦查之结果,移送该管检察官,如接受被拘提或逮捕之犯罪嫌疑人,认其有羁押之必要时,应于二十四小时内移送该管检察官,但检察官命其移送者,即时移送。

左(下)列各员,于其管辖区域内,为司法警察官,应听检察官之指挥,侦

〔1〕 李春雷:《中国近代刑事诉讼制度变革研究》,北京大学出版社2004年版,第113页。

查犯罪：一、警察官长。二、宪兵官长，军士。三、依法令关于特定事项得行司法警察官之职权者。前项司法警察官，知有犯罪嫌疑人者，应报告前条之该管检察官或司法警察官，但得不待其指挥，迳行调查犯人情形及必要之证据。

左（下）列各员，为司法警察，应受检察官及司法警察官之命令，侦查犯罪：一、警察。二、宪兵。三、依法令关于特定事项得行司法警察之职权者。司法警察官，知有犯罪嫌疑人者，应报告该管检察官或司法警察官，但得不待其命令，迳行调查犯人情形，并收集证据。

虽然，司法警察官必须将侦查结果移送检察官，并在二十四小时内将应羁押的人犯解送检察官，还须听从检察官的指挥或命令而行事。但是，不论是一般的司法警察，还是司法警察官，都可以对现行犯和有犯罪嫌疑者"迳行调查犯人情形，并收集证据"，司法警察官还可迳行拘提或逮捕犯罪嫌疑人。我们可以发现：清末民初，警察实际上拥有较大范围内的自主侦查权。

（四）侦查程序控权机制重构：以近代中国路径为镜鉴

在中国侦查程序走向现代化的过程中，在制度改革中不断摸索适合中国的权力制衡机制。在清末民初侦查制度变革频繁的特殊历史时期，中国在初建的现代侦查程序中已经构建起审检、检警权力制衡机制，虽然该权力制衡并不完善，但这在一定程度上制约了侦查权力的肆意行使，也有利于保障犯罪嫌疑人的程序权利。这对时下的侦查权制衡体制改革也具有积极的借鉴意义，可赋予检察机关更为广泛的侦查权和侦查监督权，逐步建构"检警一体化"的新型侦查权力格局；时机成熟时可引入侦查法官制度，赋予其重大侦查行为的审批权，对检警侦查权进行严格的司法控制。

1.侦查权内部警检侦查权制衡机制优化

当前检察与警察之间的侦查权制衡机制极不平衡，造成警察侦查权自由裁量空间极大，检察机关对警察侦查权的制约面临窘境。在绝大部分刑事案件的刑事诉讼过程中，侦查权由公安机关领受，侦查程序也基本由公安机关垄断。作为法律监督机关，当前中国的检察机关可行使针对职务犯罪的侦查权，并可对所有侦查权力运作进行监督，但其方式手段却仅仅限于审查批捕等几种，不享有侦查指挥权和控制权，更没有对违反侦查程序警察的处罚权。检察机关通知公安机关立案启动侦查，但公安机关可以撤销案件；检察机关要求公安机关协助侦查，公安机关找借口推诿；检察机关发给公安机关的违法纠正通知书得不到公安机关的重视，甚至形同废纸。[1]检察机关既要独力运作职务犯罪侦查权，又要注意侦查业务部门与侦查监督部门之间的分权制衡问题，这既造成检察机关侦查部门的机构繁冗，也影响了检察机关办理公诉等其他业务的精力。

近代中国“检警一体化”的侦查权制衡机制为当前侦查权整合提供了可资借鉴的模式——不改变现行公安机关和检察机关的行政隶属关系，整合检警侦查职能，实现侦查权的“检警一体化”。主要可从以下几方面入手：第一，赋予检察机关以诉讼法上完整的侦查权，检察官既可指挥警察从事侦查事务，也可在必要时直接采取侦查措施。第二，侦查措施执行权配属公安机关，检察官受到自身侦查技术及侦查经验的限制，不适于充当一线侦查员。而公安机关则有分布极广的基层机构作为执行侦查任务的依托，有广泛的刑事情报来源和高效迅速的行动能力，有能力执行各项侦查措施。第三，检察官对执行侦查任务的警察有监督权，不仅可以纠正警察不当侦查行为，而且有权对警察违法侦查行为进行惩戒。

2.侦查权外部法官审查权制衡机制优化

当前我国侦查程序运作过程中，没有法官的身影，审判权并不构成侦查权的外部制衡力量。缺乏审判权的有效外部制衡，我国当前侦查权运作存在以下弊病：首先，我国当前侦查措施的采取——不管是拘传、取保候审、监视居住、拘留和逮捕等刑事强制措施，还是搜查、扣押、冻结等强制性临时处分犯罪嫌疑人权利的侦查措施——侦查机关都可以经过内部审批手续自行决定、自行执行，无须取得法院的授权和审查。其次，除了逮捕措施需要向检察机关报批外，窃听、拘留等一些重大侦查行为只要获得领导内部批准即可，当前绝大部分的侦查行为都是单向、不公开进行的，当事人难以获得抗辩机会。最后，当前侦查过程中的犯罪嫌疑人权利缺乏有效的司法救济程序，犯罪嫌疑人的合法权利受到非法侦查行为侵害时，或者针对犯罪嫌疑人的刑事强制措施不当时，被侵权人只有向有关机关提出申诉或上访，而无法经由诉讼途径获得司法救济。

在侦查制度改革推进到一定阶段时，可借鉴清末民国时期的预审法官制

---

〔1〕 马贵翔：《刑事司法程序正义论》，中国检察出版社2002年版，第142～143页。

度，同时参酌一些大陆法系和英美法系国家的做法，重新设置侦查法官，赋予法官对重大侦查行为的司法审查权，以审判权制衡检警的侦查权。首先，在法院系统内部设立地位相对独立的侦查法官，条件成熟时可设侦查事务裁判庭，负责对侦查活动进行司法审查和授权。其次，对搜查、身体检查、扣押、窃听等重大侦查行为实行司法令状制度，侦查人员必须事先向侦查法官申请令状，但紧急情况下可以事后补授权。再次，对拘留、逮捕等羁押性重大侦查行为实行严格的司法令状制度，侦查法官可以未经侦查人员申请主动进行严格审查，此类令状不可事后取得。最后，对于不当侦查行为，犯罪嫌疑人或相关权利受害人都可以向法院诉讼，申请撤销；对于任何侦查法官签发的司法令状当事人不服的，可以向上一级法院提出上诉，以保证司法权能够为当事人提供司法救济。

图书在版编目(CIP)数据

程序法治框架中的侦查权运作机制论衡 / 倪铁著
. —北京:法律出版社,2017
(华东政法大学65周年校庆文丛)
ISBN 978-7-5197-1379-9

Ⅰ.①程… Ⅱ.①倪… Ⅲ.①刑事侦查—权利—研究
—中国 Ⅳ.①D918

中国版本图书馆CIP数据核字(2017)第222627号

程序法治框架中的侦查权运作机制论衡
CHENGXU FAZHI KUANGJIA ZHONG DE
ZHENCHAQUAN YUNZUO JIZHI LUNHENG

倪 铁 著

责任编辑 屈 瑶
装帧设计 汪奇峰

出版 法律出版社
总发行 中国法律图书有限公司
经销 新华书店
印刷 固安华明印业有限公司
责任校对 王沁陶
责任印制 陶 松

编辑统筹 学术·对外出版分社
开本 720毫米×960毫米 1/16
印张 15.75
字数 240千
版本 2017年10月第1版
印次 2017年10月第1次印刷

法律出版社/北京市丰台区莲花池西里7号(100073)
网址/www.lawpress.com.cn
投稿邮箱/info@lawpress.com.cn
举报维权邮箱/jbwq@lawpress.com.cn
销售热线/010-63939792
咨询电话/010-63939796

中国法律图书有限公司/北京市丰台区莲花池西里7号(100073)
全国各地中法图分、子公司销售电话:
统一销售客服/400-660-6393
第一法律书店/010-63939781/9782 西安分公司/029-85330678 重庆分公司/023-67453036
上海分公司/021-62071639/1636 深圳分公司/0755-83072995

书号:ISBN 978-7-5197-1379-9 **定价**:49.00元
(如有缺页或倒装,中国法律图书有限公司负责退换)